中产阶级文化的起源

1660—1780年
约克郡的哈利法克斯

[美]

约翰·斯梅尔

－著－

陈勇

－译－

上海人民出版社

中译本再版前言

　　此次中译本再版，译者不禁感慨万端，时隔十七年之久，真是光阴似箭。修订过程中细细拜读原文和译文，回顾历史并思考现在，觉得又有一些新的感受，权当中译本再版前言。

　　《中产阶级文化的起源——1660—1780年约克郡的哈利法克斯》，以英国工业革命摇篮地之一的哈利法克斯教区为个案，由点及面，由小到大，逐步推开，探寻英国中产阶级文化的起源。作者约翰·斯梅尔教授从教区看国家，又从国家看教区，微观与宏观结合，考察教区之"点"与国家之"面"在经济变革、社会变革和文化变革方面的相互联系和作用。

　　此期英国的经济变革带来文化观念和社会结构的重大变化。哈利法克斯教区及其所属英格兰王国的中间阶层逐渐产生与上层贵族和下层平民显著不同的观念形态，包括人生观、价值观、行为举止规范、道德取向和文化偏好。经历一个多世纪的变迁，中间阶层在经济实力增强和文化变迁基础上分化重组，最终形成中产阶级。

　　鉴于中译本初版前言已对全书做过总括性介绍，此处仅就文化建设和社会建设两方面做点补充。

一

　　在文化建设方面，哈利法克斯教区可谓多种多样。企业文化中的质量意识即为其中之一。毛纺织工场主在生产经营的实践中，越来越认识到质量的重要性。造就大品牌，提高产品的知名度，不但有利于毛纺织品的规模生产，也有利于产品的对外出口。由此，工场主的品牌观念日益增强。18 世纪 30 年代后期，毛纺织工场主塞缪尔·希尔坚持在自己生产的毛呢产品上打上 SAM: HILL（塞缪尔·希尔）商标，着力维护产品的良好信誉（第三章，见边码第 66 页）。

企业必须树立强烈的市场意识。毛纺织工场主们进行市场调研，广泛收集市场信息，摸清海内外不同地区和国家对于毛纺织品种类和规格的市场偏好，通过创新改进产品，提高产品的市场竞争力（同上章，见边码第 67 页）。

充分发挥民间组织的作用，是 18 世纪中叶英格兰文化建设的又一显著特征。社团的涌现成为当时英格兰一道亮丽的社会风景线，以至于到了"无地无社团"的地步。当时社团的类型多种多样，包括交友、互助、慈善捐助、救济、改善道德、矫正不良行为、读书、欣赏音乐等等。例如，公共读书需要空间，图书馆便因时而起。仅在哈利法克斯教区，一批中产阶级成员就以捐款方式创办教区流通图书馆，捐助者获得会员身份，可以入馆阅读图书，交流读书心得，提高群体的文化素养（第五章，见边码第 144—146 页）。约克郡西区其他若干教区的情况也相类似。

培育良好的社会风气在文化建设中非常引人注目。1759 年 2 月 13 日的《哈利法克斯联合日报》刊文，以关爱女性的姿态和口吻，严厉谴责赌博恶习。文中写道："只要观察一下赌牌时的女士，你在她的面容上看不到迷人的魅力。她的精力是那样全神贯注，而内心是那样焦虑不安（因为你肯定知道，一位淑女对此很少能漠然视之），以至于随着输赢她忽而异常激愤，忽而大声狂笑。我已多次见到喜怒这两种情况，事实让我确信，增进女性特有的魅力和吸引力的办法，在于她们不要把大量时间耗费在牌局上面。"该文的犀利和生动，使读者感到警醒，又觉得忍俊不禁（第七章，见边码第215—216页）。

树立理性的消费观念，是哈利法克斯教区中产阶级看重的文化建设。他们反对奢靡，鞭挞上层贵族的挥霍无度，但在提倡节俭的同时又注重生活品质和健康，而不是对自己一味吝啬抠门。塞缪尔·希尔在致友人的信中说，"好好生活；享受一切有益于健康的美好事物"，例如广增庭院绿植，到适合健身的斯卡伯勒度假。他建议对方不要总喝便宜的麦芽酒，而应选用利于增强体质的真正上等的伦敦黑啤酒。他说："享有充分的健康同远离各种疾病一样，具有十分重要的意义。"他强调，健康不仅关乎个人身体的好坏，而且是一种庄严神圣的责任，"尽可能延年益寿是我们蒙上帝之恩的责任"（同上章，见边码第214页）。

哈利法克斯中产阶级还对家庭教育问题进行了深入思考。18世纪下半叶奥文登镇区的毛呢工场主约翰·萨克利夫，在笔记本里尖锐指出富裕人家溺爱后代造成的严重危害："随着这个世界年轮的增长，人类后代的不良行为也在增加。财富造就了溺爱，溺爱导致了纵欲，而纵欲是毁灭之母。当财富挥霍一空时（他们）就不择手段来重新攫取财富，因此犯罪并不仅仅是先天固有和与生俱来的平民品质。"（同上章，见边码第205页，"他们"为译者所加）尽管其言语流露出对下层民众的贬损甚至污名化，但就教育后代防止奢靡之风和败家子现象而言，仍具有强烈的警示作用。

珍惜时间，形成强烈的时间观念，是中产阶级文化建设中强调的另一问题。他们反对浪费时间，虚度光阴。约翰·萨克利夫的笔记本特地抄录了一段意大利谚语自勉自励："永远不要把你今天能做的事情……推到明天去做，决不忽视小事和成本。"（同上章，见边码第206页）其话语中透露出惜时如金和注重细节效益的心声。

当下国内正在推进中国式现代化，文化建设具有全局性战略意义。中国的文化建设既要吸收本国传统文化的精华，又要吸收消化外部文明的优秀成果。本书所涉哈利法克斯和英格兰文化建设的方方面面，有些值得重视，有些令人警觉，有些似曾相识，有些触动心灵，例如质量和品牌意识、市场和竞争意识、时间观念、家庭教育观念、生活消费观念、消遣休闲观念。这些方面对于我国来说，均可适度吸收借鉴。

二

在社会建设方面，中产阶级的形成对于哈利法克斯教区和整个英国工业社会的确立具有重要意义，本书对此进行了多方阐述。英国工业社会的确立，掀起了波及全球的工业化浪潮，产生了世界范围的深远影响。而中产阶级的形成，使英国社会逐步呈现橄榄型，促进了国家的现代化进程和社会相对稳定。

我国对社会中间层不用中产阶级这一说法，而称"中等收入群体"。扩大中等收入群体的规模和比重，是新时代维护社会和谐稳定的必然要求。中国目前约有4亿中等收入人口，绝对规模世界最大。在2035年中国基本实现社会主义现代化的总体目标中，中等收入群体显著扩大是一项重要的社会指标。

扩大中等收入群体的过程在现实世界并非总是一帆风顺，世界银行针对某些发展中国家的现实，已经发出了避免陷入"中等收入陷阱"的警告。中等收入陷阱表现为一个国家从低收入阶段进入中等收入阶段后，经济持续减速或缓慢增长。中国能否越过或已经越过陷阱，学界众说纷纭，尚无一致意见。面对世界百年未有之大变局，我们至少要有花大气力认真应对的各项准备和方案。

作为社会建设分支的乡村建设，依然是摆在人们面前的重要任务。中国近代先人如梁漱溟、晏阳初、卢作孚等进行过各种形式和模式的探索与实践，众多发展中国家也将乡村建设作为重大的发展战略问题予以谋划。民族要复兴，乡村必振兴。当下新形势下我国的乡村振兴，是城乡一体化有机结合的新型乡村振兴，需要不断攻坚克难，砥砺前行。哈利法克斯地处乡村，属于英国工业革命中乡村振兴的案例，对其进行历史观察，或许不乏参考价值。

以上仅为个人再读本书时的新感受，侧重现实关照，星星点点，不成体系。学问乃天下公器，再版译文若有错谬之处，敬请行家读者继续指点教正。

门生赵涵近年远渡重洋，负笈英国华威大学（Warwick

University）攻博，又携归奉献，回到母校武汉大学任教，修订再版过程中与其数度切磋，获益有加。首都师范大学晏绍祥教授、湖北人民出版社姚梅总编、厦门大学文科期刊中心陈勤奋编辑、商务印书馆潘永强博士和上海师范大学冯雅琼博士提出许多宝贵意见，受益良多。老伴卢世珊财政专业出身，数字类知识有长处，本人译书进行中也请她谈谈对译文的感觉，或许可忝列为首位社会读者。上海人民出版社吴书勇先生始终大力支持译著的再版工作，多方协调和具体指点。在此，笔者一并致以诚挚谢意。

陈　勇

2023 年 4 月于珞珈山南麓寓所

中译本前言

古希腊哲人亚里士多德曾经说过："唯有以中产阶级为基础才能组成最好的政体。"在他看来，"中产阶级（小康之家）比任何其他阶级都较为稳定。他们既不像穷人那样希图他人的财物，他们的资产也不像富人那么多得足以引起穷人的觊觎。既不对别人抱有任何阴谋，也不会自相残害，他们过着无所忧惧的平安生活"。他进一步论证道，在希腊城邦中，"凡邦内中产阶级强大的，公民之间就少党派而无内讧"。大的城邦一般中产公民较多。小邦公民则非穷即富，中间阶级或不存在，或少得微不足道。凡是存在较多中产阶级分享较大政权的平民政体，比寡头政体更为安定和持久。而在没有中产阶级和穷人占绝对多数的平民政体中，"内乱就很快会发生，邦国也就不久归于毁灭"。因此他认为："最好的政治团体必须由中产阶级执掌政权。"①

亚里士多德关于中产阶级与政治体制和社会稳定关系的论述，对后世思想家和学术界产生了悠远而深刻的影响。在西方近代社会转型和世界现代化进程中，社会结构的变迁引起人们的普遍关注。社会中间层人数的增多与比例的扩大，既是近现代社会发展的产物，又直接关系到政治和社会稳定。或者说，它已经成为现代社会成熟与否的一项突出标志。当代社会学家们认为，传统社会的社

---

① 亚里士多德：《政治学》，商务印书馆 1965 年版，第 206、207 页。

会结构呈金字塔形，低下的生产力和不合理的社会制度形成了大量贫困人口，极少数拥有特权的上层社会成员占有大量财富，无论在人口比例还是在社会财富的拥有量上均形成强烈反差，贫富差距悬殊，社会关系紧张而尖锐对立。到了现代工业社会，在欧美发达国家，新中间阶层的壮大被称为"白领革命"，导致社会结构发生重大变化，呈现洋葱头型的形状。社会中间层的人数大大增加，新中间阶层与工人的界线已近乎消失，形成所谓"90%属中流"的社会均质化现象。[①] 由于中间阶层人数的剧增，社会关系和社会矛盾总的说来趋向缓和，有利于社会的稳定和发展。

　　社会中间层成为主要社会成员的历史过程，以及与之相连的社会结构从金字塔型向洋葱头型的转变，自然引起史学界的兴趣。然而，这种研究存在的难度不小。撇开亚里士多德有关古典时代城邦"中产阶级"的概念不论，自西欧近代早期的"中等阶层"（middling sort）到近现代的新旧"中产阶级"（middle class），其成员构成和社会属性经历了一个复杂的演变过程；更不用说在概念的界定诠释与国别区域差异的认识方面，至今仍存在种种不同看法，有人称之为"中产阶级的混乱"。[②] 也正因如此，中产阶级起源和

①　富永健一：《社会学原理》，社会科学文献出版社 1992 年版，第 290—291 页及图 9 社会阶层变动图式。美国自 20 世纪 80 年代以来，社会上最富有的阶层约占 6.7%，最贫穷阶层大约占 6.2%，其余 87.1% 的家庭大致都处于一种中间阶层或曰"中产阶级"的地位。见李强：《关于中产阶级和中间阶层》，载《中国人民大学学报》，2001 年第 2 期，第 18 页。洋葱头型也称为橄榄型。

②　K. G. Davies, "The Mess of the Middle Class", in *Past and Present*, no.22（Jul., 1962），pp.77-78.

发展演变的历史，成为近年来西方史学界研究的热点问题。从史学史的角度来看，最有影响的早期著作，当属 1935 年美国史家路易斯·B·赖特所著《伊丽莎白时代英国的中产阶级文化》。[①] 尽管赖特书中有关 16 世纪晚期英国中产阶级形成的观点因起点过早已为当代学者所修正，但是该书仍然被认为是研究中产阶级文化认同感最好的入门书。[②] 及至 20 世纪八九十年代，一批有关西欧特别是英国近代中产阶级研究的著述相继问世，将该领域相对沉寂多年的研究引向深入。其中，利奥诺·达维多夫和凯瑟琳·霍尔的《家运》(*Family Fortunes*, 1987 年初版，2002 年修订版)、彼得·厄尔的《英国中产阶级的形成：1660—1730 年伦敦的商务、社会和家庭生活》(*The Making of the Middle Class: Business, Society and Family Life in London, 1660–1730*, 1989 年版)、乔纳森·巴里和克里斯托弗·布鲁克斯主编的专题论文集《中等人家：1550—1800 年英国的文化、社会和政治》(*The Middling Sort of People: Culture, Society and Politics in England, 1550–1800*, 1994 年版)、约翰·斯梅尔的《中产阶级文化的起源：1660—1780 年约克郡的哈利法克斯》(*The Origins of Middle-Class Culture: Halifax, Yorkshire, 1660–1780*, 1994 年版)，以及玛格丽特·R·亨特的《中等阶层：1680—1780 年英国的商业、性别和家庭》(*The Middling Sort: Commerce, Gender, and*

---

① Louis B. Wright, *Middle-Class Culture in Elizabethan England*, Chapel Hill: The University of North Carolina Press, 1935.

② Jonathan Barry, Introduction, in Jonathan Barry and Christopher Brooks (eds.), *The Middle Sort of People, Culture, Society and Politics in England, 1550–1800*, Palgrave Macmillan, 1994, p.18.

the Family in England, 1680–1780、1996 年版），均属该领域最有代表性的著作。

《家运》初版时有一副标题："1780—1850 年英国中产阶级的男人与妇女"，该书以新兴工商业城镇伯明翰与埃塞克斯和萨福克两郡为考察地点，以伯明翰的凯德伯里家族和埃塞克斯郡的泰勒家族为主要研究对象，分别从宗教与观念、经济结构与机遇以及日常生活与性别三方面对中产阶级的特征进行了比较全面的探究。由于史料扎实，研究细密，《家运》的问世获得西方史学界普遍好评，被视为英国近代中产阶级研究的代表作。但是，作者达维多夫和霍尔的目光主要集中在英国中产阶级已经相对成熟的 19 世纪上半叶，他们没有对其起源的早期历史进行深入研究，特别是没有对 18 世纪尚在交替使用的"中等阶层"与"中产阶级"概念的关系和差异做出历史的解说。这些问题涉及 16 至 18 世纪（近代早期）社会中间层的历史演变。因此，随后厄尔等人上述著作的重心均置于这一时期，形成近年来中产阶级历史研究的一大特色。

在这类著作中，北卡罗来纳大学历史系主任约翰·斯梅尔教授所著《中产阶级文化的起源》一书，因其鲜明的个性和架构而引人注目。本书选择英国工业革命摇篮地之一、约克郡西区的哈利法克斯教区为主要研究范围，以 17 世纪主要由当地约曼呢绒工匠构成的中等阶层作为历史铺垫和参照系，重点阐述了 18 世纪由商业、制造业和专业人士组成的中产阶级兴起发展的过程。①

---

① 英国地方行政机构十分复杂，中层设郡，郡下为教区（parish），教区内又划分为若干镇区（township），哈利法克斯教区当时的情况见本书第二章，包括地图。

概括说来，《中产阶级文化的起源》包含以下一些特点：

首先，本书从史学理论和方法的角度出发，对于研究阶级形成包括中产阶级形成的学术史进行了全面梳理和辨析，并且提出了自己有关阶级形成的文化理论。作者充分肯定英国马克思主义史家E·P·汤普森在阶级形成研究方面所做出的杰出贡献，认为汤普森所撰写的《英国工人阶级的形成》一书"使阶级和阶级形成的历史研究发生了革命性的变化，其意义对于18世纪和19世纪早期社会史或经济史的几乎所有方面来说始终都是巨大的"（见本书"前言"）。与此同时，斯梅尔也相当重视晚近西方后现代思潮中可以借鉴与吸收的成分。他认为后现代思潮的"语言学转向"使史家重视"话语""语言"或"文化"在阶级形成中的作用，甚至赞同阶级是一种"政治修辞"的说法。然而，他并不同意单纯以话语研究阶级，因为"有关阶级的政治修辞只有在与人们的经历产生共鸣时才起作用，而经历是以实际为基础的"，"人们可以证明经济关系在形成社会意识方面具有特别重要的作用，并且同时保留语言学转向的洞察力"。

斯梅尔试图消弭马克思主义与后现代主义在阶级形成问题上的分歧，因为他认为两派之间虽然存在尖锐对立，"但是双方大体同意，物质实体和语言／文化均应纳入历史分析之中"（"前言"）。他既不赞同包括汤普森在内的马克思主义史家关于社会经济变迁独立于文化之外造就一个阶级经历的观点，也不赞同主张语言学转向的史家关于文化独立于社会经济经历之外造就阶级意识的观点，而是认为"阶级经历和阶级意识产生于同一个过程，一个集团在此过程中同时理解和建构它的社会经济实际"。在他看来，阶级经历是一个集团理解其经济和社会关系的产物，因而"如同阶级意识一样，阶级经历也是一种文化建构"。斯梅尔称上述观点是自己提出的"关于阶级形成的文化理论"，它借助了美国人类学家克利福德·格尔兹的文化概念，并且吸收了法国社会学家皮埃尔·布迪厄、英国社会学家安东尼·吉登斯、美国人类学家马歇尔·萨林斯的实践理论和文化变迁理论，将文化看成是一个社会集团理解其经历的方式，而文化建构又是一个持续的历史过程。这样，社会经济实际或社会经济变迁、阶级经历、阶级意识，便成为考察阶级形成的核心概念和关键词。至于判断阶级形成的标准，斯梅尔仍然坚持汤普森的定义，即"作为共同经历的结果（不管这种经历是从前辈那里得来的还是亲身参与的），当一些人感到并明确表示彼此之间具有与他人不同（甚至往往对立）的共同利益时，阶级就产生了"。[1] 也就是说，明确的阶级认同感是判断一个阶级是否最终形成的标志。他认为，"当那些个人和集团先是通过经历，最终通过意识，造就使自己处于社会等级某一位置的结构时，阶级认同便产生了。这些个人和集团既逐步建构他们的社会经济实际，同时又被社会经济的实际所建构"（见本书第一章）。

其次，运用地方史的视角，对英国中产阶级文化的起源进行多方位的考察。地方个案研究是近年西方盛行的历史研究方法。以地

---

[1]　E. P. Thompson, *The Making of the English Working Class*, Harmondsworth, 1968, p.8. 也见 E·P·汤普森：《英国工人阶级的形成》，钱乘旦等译，译林出版社 2001 年版，前言，第 1—2 页。

方原始档案为主要材料，对具体个案进行扎实的"挖井式"的深钻细研，是对"宏大叙事"造成的粗线条研究方法的强烈反弹和矫正，有助于恢复史学研究的严谨学风，揭示历史的本来面目。然而本书地方史视角的意义并不仅限于此。斯梅尔在书中指出，"假如做出一种令人信服的阶级形成论述需要分析社会经济实际与阶级认同的关系，那么除了运用文化理论外，我们还需要更加关注立论的情境（context）。我认为，中产阶级文化起源于地方而非全国性的情境"（见第一章）。英国中产阶级文化是从若干地方分别产生的，"在 18 世纪，并不存在一种单一的中产阶级文化。更确切地说是形成了多种多样的地方文化，每一种文化都是对当地情境的特殊回应，特别是对当地资本主义生产关系产生方式的特殊回应"。既然中产阶级文化的起源是地方性的，那么自然应当从一个个地方入手来进行研究。为此，本书运用大量地方档案，包括家庭遗嘱、法庭卷宗、税收记录等原始材料，对哈利法克斯教区中等阶层和中产阶级的纺织业生产活动、商业交易、信贷、日常消费、住房、宗教生活、娱乐、社团组织、政治生活、家庭和社交进行了细致入微的叙述，提供了一幅幅鲜活的历史画面，真实地再现了当时的社会场景。书中的图片也颇为珍贵。例如，插图 1 提供了 17 世纪属于中等阶层的乡村呢绒工匠住宅的直观景象，其殷实状况历历在目；插图 3 更显示了 18 世纪当地中产阶级住宅的豪华气派。这些建筑物保留至今，为人们探究英国近代早期社会中间层的生活提供了可以实地考察的历史遗址。不过，地方性的中产阶级文化并非只具个性而不具共性，"这些地方性的中产阶级文化呈现出某些共同的特征，在18世纪晚期和19世纪，这些共同特征的认同和明确表达导致了英国中产阶级文化的形成"。因此，尽管全书重心集中在哈利法克斯一个教区，但作者的考察视野却十分开阔，这在本书最后部分"结语"所含的两章（第七、八章）中得到充分体现。

其三，本书对当时中等阶层与中产阶级的关系进行了独到的研究。如上所述，中等阶层与中产阶级的称呼在18世纪的英国社会仍经常交替使用，那么两者之间的关系究竟如何？仅仅是对同一群体的不同叫法，还是实际上混淆了两种不同的社会中间集团？作者为此做出了深入的辨析和阐述，从历史的动态考察中得出了自己的结论。斯梅尔认为，中等阶层不同于中产阶级。就17世纪哈利法克斯的情况来看，要寻找中等阶层与未来中产阶级的内在联系是成问题的，因为以呢绒工匠为主体的中等阶层在经济利益上尚不具备一种共有的不同于"他人"的认同感，他们的社会经济经历也不可能支撑一种阶级认同。这种中等阶层的文化观是一种平等主义的文化观，其成员在社会交往中并不严格排斥地位低于他们的下层劳动者，而是经常与后者同饮共乐，甚至在穷人遭受乡绅欺负的情况下挥拳相助。他们对股票投机和暴富之人颇有反感，对于致富者陷入破产境地流露出某种快意。他们的经济潜台词是"一个人不应比他的邻居生活得更好"（见第二章，尤其见海伍德日记记载的斗鸡场面，边码第33页）。

中产阶级的情况则不相同。18世纪上半叶哈利法克斯新兴的商界和专业界人士"逐步形成了一套新的社会关系、一套新的经济实践、一系列新的嗜好和欲望——简言之，即形成了一种新的文化"

（见第二编"结晶"）。此后几十年里，他们在公共领域和私人领域中逐步形成了可以明确表达的不同于其他社会集团的阶级认同感，"公开宣布自己作为一个阶级在世界的存在"。竞争伦理、谋利动机和经商欲望成为这个阶级鲜明的特征，在政治上他们已经开始谋取地方和议会的政治权力，形成了自己的政治文化。因此，"中产阶级的文化起源应当置于18世纪，置于工业革命刚刚开始的时期"（见第一章）。在有关英国中产阶级研究的成果中，像本书这样细致和动态地区分中等阶层与中产阶级的历史著作尚属少见，因而《中产阶级文化的起源》被誉为"研究近代早期社会阶级的新贡献"。①

社会结构的变动总是与社会变迁紧密相连，社会大变革时的情况更是如此。本书将英国近代社会转型和工业革命的发生与社会中间层的扩大演变联系起来考察，除了具有学术自身的研究价值外，也可为当代中国的社会变革和社会转型提供一定参考。扩大中等收入者的数量已经成为中国政府的政策与社会的呼声，这对于全面建设小康社会和推进现代化建设进程，防止社会严重的贫富分化，维系社会的稳定，建立和谐社会，均具有重要意义。从这个意义上讲，翻译本书并非与中国的现实发展无关。

译书之难，学人皆知。本书翻译过程中曾与诸多友人切磋请教，获益甚多。清华大学刘北成教授，浙江师范大学王加丰教授，南京大学杨豫教授，武汉大学曾昭智教授、陈国樑教授和张德明教授，以及远在美国加州大学尔湾分校和卡内基-梅隆大学攻读博

---

① Margaret R. Hunt, *The Middling Sort: Commerce, Gender, and the Family in England, 1680–1780*, Berkeley: University of California Press, 1996, p.5.

士学位的学生王文生与高燕，在选材、资料和译文方面提供不少帮助。上海人民出版社的吴书勇先生始终大力支持译书的出版，付出了辛勤劳动。谨此一并致谢。由于本书作者运用大量当代西方社会学、文化学和人类学的理论方法和地方历史档案，而译者学养有限，翻译过程中虽兢兢业业，仍难免出现疏漏和错误，敬请方家读者批评指正。

陈　勇

2005 年元旦于武汉大学

珞珈山南麓寓所

目　录

插图、地图、图表目录

◇──────────────◇

插图

地图

图表

---

① 目录中图名为简化形式。——译者注

统计表目录

缩写语和旧历

BIC/CP Borthwick Institute of Historical Research, York/Cause Papers.（博斯威克历史研究所，约克/诉讼文书。）

BIY/OW Borthwick Institution of Historical Research, York/Original Wills.（博斯威克历史研究所，约克/遗嘱原件。）

　　除了另外注明外，所引用的原始遗嘱均为庞蒂弗拉克特教区机构（deanery of Pontefract）验证。引文注明死者的姓名、住地、验证的年月。遵循此类档案的惯例，我同时采用旧历和新历引用1至3月期间验证的遗嘱，例如，"1717年/1718年3月"。

BIY/PR Borthwick Institute of Historical Research, York/Probate Registers.（博斯威克历史研究所，约克/遗嘱验证簿册。）引文注明遗嘱的卷数和页码。

CDA Caderdale District Archives, Halifax Central Library.（考尔德戴尔地区档案，哈利法克斯中心图书馆。）

PRO Public Record Office, London.（公共档案局，伦敦。）

THAS Transactions of the Halifax Antiquarian Society.（哈利法克斯文物学会会刊。）

WYAS West Yorkshire Archive Service.（西约克郡档案中心。）引文注明文献馆藏的档案分部。

　　1752年历法变更之前的日期均以旧历引注，年代则以1月起始。拼写和标点作了现代处理。

前　言

　　1964 年 E·P·汤普森《英国工人阶级的形成》的出版，无疑使阶级和阶级形成的历史研究发生了革命性的变化，其意义对于18 世纪和 19 世纪早期社会史或经济史的几乎所有方面来说始终都是巨大的。但是从 20 世纪 80 年代中期开始，由该书创建的领域发生了变化。例如，一些史家终于开始谈论中产阶级形成的问题，这是一个汤普森奇怪地避而不谈的问题。然而，这样做需要对其著作的主旨进行重大变更，因为在他的论述以及由此产生的该书大量篇幅里，中产阶级几乎成了一幅讽刺漫画，成了一个因生产手段的关系而如此这般行事的阶级。简言之，汤普森在改变我们对工人阶级思考的同时，却长期保留了中产阶级的旧画面。我觉得，汤普森等人采用的是一种二维空间的中产阶级（a two-dimensional middle class），因为正如近期研究所显示的那样，中产阶级的形成是一部复杂的、并且往往是模糊不清的历史。考虑到一个明显的问题：中产阶级认同感的产生必然与工人阶级的情况不同，它不仅仅与一个集团有关，而是与两个集团——上层阶级和工人阶级都有关系。这种双重关系提醒人们，任何打算撰写《英国工人阶级的形成》姐妹卷的人都将面临一项并非容易完成的工作。

　　然而，该领域其他方面的变化向人们暗示，这样一卷著作最终不太可能产生，因为受后结构主义鼓舞的历史学家们开始对汤普森的核心概念"阶级"发起了挑战。他们认为，阶级的概念，更无需说它的历史实体，不再是史家值得关注的目标。尽管本书是一本关于阶级的著作，但我却对后结构主义理论提出的种种问题表示理解。这种紧张状态造成了一些使人进退两难的困境，但是眼下我所接触的证据始终未能在学术上产生非此即彼的满意答案。在我看来，一方面，一种抽象性悄悄渗入了哪怕是成熟的马克思主义分析之中——这种分析不愿意或不能够从多重意义的角度看待社会及其话语或文化；另一方面，大多数后结构主义的论述在解释工业革命期间发生的重大社会和经济变迁时则缺乏理论深度。随后我将会说明，18世纪中叶的哈利法克斯究竟发生了哪些变化，而对于解释这些变化而言，马克思主义和后结构主义都是必不可少的。

为了进行这种解释，我建构了一种阶级形成的文化理论（a cultural theory of class formation）。这是有关阶级的理论，这里所说的阶级是汤普森意义上的具有社会认同感（social identity）的阶级，而社会认同感产生于共同的社会经济经历（common socioeconomic experience）；不过，这种理论吸收了文化理论中许多深刻的见解，甚至从根本上超越了汤普森著作中比较成熟的阶级观。或许，这种在持续论战中实行休战的尝试，会使马克思主义者和后结构主义者队伍双方都感到失望，但我仍强烈希望读者保持开放心态。虽然论战十分激烈，但是双方大体同意，物质实体（material reality）和语言／文化（language/culture）均应纳入历史分析之中。问题是，这些争论在范围上常常越过了形成这种综合所及的重点和概念性术语。

最后，我认为，社会经济实体（socioeconomic reality）与一系列相关概念的关系是一种处于半自主状态的关系（semiautonomous relationship），两者本身都不能对历史变迁提供恰当的解释。分析者的任务是提供一个能包含这一假设在内的理论构架。人们可以从马克思主义理论或后结构主义理论向中间立场伸展，但我打算以一种包含修正的文化分析在内的理论折衷入手，这一分析是靠实践理论得出的。这种阶级形成的文化理论促使我们去探究：经历在哪些方面构成了对人们自身有利的世界，以及这种构成的世界从哪些方面影响了个人的行为——这些个人行为接着又构成了他们经历的实际。

　　本人在此书写作过程中受益甚多，以至于下列名单免不了有所省略，对此深表歉意。这些助益之所以不胜枚举，部分原因在于提供研究资助机构的慷慨大度。它们包括斯坦福大学、富布莱特基金会、社会科学研究委员会、马贝勒·麦克劳德纪念基金、惠廷基金会，以及北卡罗来纳大学（夏洛蒂）基金会。我同样感谢哈利法克斯文物学会荣誉秘书约翰·哈格里夫斯准许我复制该学会馆藏的两份幻灯片。部分观点已经以《哈利法克斯的斯坦斯菲尔德家族：一项中产阶级形成的个案研究》（《英格兰》第 24 卷，1992）和《制造商还是工匠？》（《社会史杂志》第 25 卷，1992）的论文形式发表，尽管这两篇文章与本书内容仅稍许有些类似。

　　我从哈利法克斯中心图书馆考尔德戴尔档案部和约克的博斯威克历史研究所的工作人员那里得到了大量个人的、但恰恰是重要的帮助。我几乎无法找到比这两地更适宜和更有益的研究环境。

　　在学术研究方面，我深深受益于有关教师和同事。迈克尔·麦

xv

克唐纳首先指导我选择哈利法克斯作为研究方向，并且帮助我将单纯的热情转化为多少有点从事真正历史研究的样子。保尔·西弗不断进行鼓励和提供指导。我也要感谢从事哈利法克斯研究的群体。他们决不狭隘地固守自己的地盘，而是始终慷慨地与他人共同分享自己的观点、看法和资料；我希望作出的贡献能够像自己的受益一样多。艾伦·贝特里奇，一位哈利法克斯的研究者兼档案人员，在相互矛盾的文献解释方面多次给予帮助并向我指点其他有价值的材料。罗南·贝内特将他有关 17 世纪哈利法克斯法律实施方面的研究成果与我自由分享。最后，帕特·赫德森自始至终提供了善意的批评和建议，其研究工业革命的出色著作在本书里多次被加以引用。

本书写作还得到了其他方面的帮助和鼓励。金斯顿大学人文科学系为我提供了工作场所和充裕的写作时间，并以他们的热情款待使我获得最充分的调剂。伦敦历史研究所"长 18 世纪研讨会"会议期间和会后进行的讨论是十分有益的。在这个充满生气和知识渊博的集体里，我特别感谢彼得·曼得勒、德罗尔·沃尔曼、阿曼达·维克里、苏珊·布朗和约翰·希德。约翰·斯泰尔在哈利法克斯和约克郡纺织业方面的学识使我受益；对他所发表著作的若干引用，远不足以反映我从他驾驭这类史料方面得到的帮助。

我也感谢那些阅读和评论本书各部分手稿的同事和朋友。这里应当再次提到德罗尔·沃尔曼、约翰·斯泰尔和帕特·赫德森。菲利普·埃辛顿和瓦莱里·基维尔森阅读了本书相当部分内容，提供了非常宝贵的意见和同样可贵的支持。北卡罗来纳大学（夏洛蒂）的许多同事提供了建议和批评方面的帮助。特别感谢安娜·克拉克，她通读了全部手稿；我庆幸自己在校内有这样一位兴趣与专长如此相近的朋友。劳拉·斯梅尔使我避免了许多句法和文体上的错误。

最后，我感谢过去几年来在写作本书之余使我过得如此愉快的人们。马季、理查德、汤姆、本和艾米都慷慨地向我以及本人成长中的家庭敞开了他们的大门和生活。而在这些年里，克里斯蒂娜·赖特在对我的迁就方面没有多大回旋余地，她为我解除了大量负担；没有她，我就不可能完成本书的写作。

约翰·斯梅尔

北卡罗来纳　夏洛蒂

导　论

第一章

理论与方法

致哈利法克斯教区居民

诸位先生：

在下列篇幅中，你们可以获得对于自己所在地区最实际的观察，我在这一地区已经与你们共同生活了数年；如果这些观察有益于你们的事业或消遣，我将感到十分愉快。

约翰·沃森牧师以上述语言作为他那不朽的著作《约克郡哈利法克斯教区的历史与古迹》的开篇词，该书于1775年出版；在将近800页的书里，作者详细记载了教区地理、德鲁伊特祭司和罗马人的历史遗存、教会和诸多礼拜堂辖区、习俗、镇区与庄园、慈善布施，特别是那些显赫的家族。具有典型意义的是，沃森是靠捐助出版这本史书的。在该书问世15年前一份"致公众"的广告里，他宣布了自己的修史意图，并且希望感兴趣的捐助者告诉他以1个基尼（guinea）的价格获取该书复本的意愿。尽管沃森的计划在教区之外也引起了某种关注，但是大部分捐助者均为积极参与哈利法克斯兴旺的毛纺织业的居民。[1] 有些人，如约翰·爱德华兹、杰里迈亚·霍尔罗伊德、约翰·普里斯特利、戴维·斯坦斯菲尔德和乔治·斯坦斯菲尔德，都是毛纺织品制造的大工场主，他们推行广泛的分发制生产。另外一些人，如威廉·格里姆、威廉·波拉德、乔舒亚·赫德森、塞缪尔·沃特豪斯与约翰·沃特豪斯，以及纳撒尼尔·霍尔登，是纺织业界的商人。还有一些人，如医学博士西里尔·杰克逊和律师詹姆斯·卡尔，则是正在成长的专业人士阶级（professional class）的成员，他们凭借为这个活跃的制造业地区提供服务谋生。因此，通过沃森向"哈利法克斯诸位先生"致辞背后的社会实际考察，显示了一群具有商业背景的人们组成的公众，他们人数众多、兴致勃勃，并且怀着对自己教区"所有权"（ownership）的十足信念来购买沃森的古史著作。然而，这个集团的存在也引发了一些饶有兴趣的问题：他们来自何方？他们对《哈利法克斯史》的资助，如何反映了他们对于自身所在的社会世界的理解？

假如我们迅速返回近一个半世纪前的内战发生时期，那么涉及一个牧师及其"公众"的另一个事件，为我们提供了当时的哈利法克斯与沃森时代业已变化模样的某种对照。1642 年 12 月 18 日的一个星期天，科莱小礼拜堂（Coley Chapel）的祈祷仪式被一名报信者打断，他带来了邻近市镇布拉德福德遭受王室军队进攻的消息。听到这一消息后，牧师立即发动他的会众，于是这些人返回家中，拿起他们可以找到的武器，前往参加布拉德福德保卫战。[2]

布拉德福德保卫战与沃森的《哈利法克斯史》这两个事件的对照给人留下非常深刻的印象。我们面对的是一个埋头于遗嘱和契约事务，而不是鼓动其会众与内在的反基督者作战的教区助理牧师（curate）。我们面对的是一个由英国国教徒与不从国教者组成的相当自负的混合体，而不是一群出于正当原因甘愿冒生命、肢体和自由风险的"公众"。他们对史书的兴趣，诚然与书中的具体内容有关，但同样肯定与该书出版而在教区获得的声誉紧密相关。[3]的确，这两个事件严格说来并不具有可比性，但是它们暗示了两种社会世界的差异是如此之大。17世纪的哈利法克斯不是一个拥有大商人群体的城镇；它是一个由到达科莱小礼拜堂的约曼农 ① 和呢绒工匠组成的中等阶层（middling sort）占优势的乡村教区。这个中等阶层并不构成17世纪的"沃森"可以呼吁捐助的那种公众，主要是因为他们并不具备沃森著作开篇词中暗示的所有权意识。一个世纪过后，由商人、工场主和专业人士组成的公众群体开始涌现，正是他们资助了沃森的史书。[4]

本书探讨介于科莱小礼拜堂约曼农和呢绒工匠与资助出版本教区古史的商人和工场主之间的历史空间。它为王政复辟与工业革命之间的一个世纪里，从中等阶层到中产阶级的社会世界中发生的变迁提供了一种解释。显然，这一变迁过程的终点比它起点的问题要大得多。由于1642年一个星期天早晨前往保卫布拉德福德的约曼农和呢绒工匠确实构成了一个中等阶层，因此本书的

---

① 约曼：yeomen，为英国当时对富裕农民的称呼。——译者注

任务在于证实，资助沃森出版《哈利法克斯史》的公众最宜作为中产阶级来看待。我认为，1751 至 1775 年沃森策划并撰写著作期间，这个集团依靠他们在当地经济、社会和政治体制中的优势地位，逐步"拥有"了这个教区。与此同时，他们逐步采纳了一整套日显个性的价值观和行为方式，这对强化他们的意识产生了双重影响。这些工场主、商人和专业人士既具备了自身中产阶级的认同感，也公开宣布自己作为一个阶级在世界的存在。因而，本书通过阐述一个其成员曾火速增援布拉德福德的社区，怎样产生出沃森《哈利法克斯史》一书资助人的过程，为中产阶级文化的起源提供一种分析和说明。

转向一种阶级形成的文化理论

必须强调，本书是对中产阶级文化起源的论说，因为文化理论为解决有关中产阶级历史的许多理论和实际问题提供了最大的可能性。乍看起来，运用文化理论作为分析阶级形成的基础似乎并不合适，因为在语言学转向（linguistic turn）的外观下，文化理论对于当前在阶级概念方面出现的危机负有主要责任。[5] 这场危机之所以发生，是因为史家们接受了文化理论所着力表达的看法：一个集团的文化——在这种语境中，"话语"（discourse）和"语言"（language）与文化（culture）往往交替使用——形成甚至构建了其成员经历的实际。这种看法影响巨大，极大地丰富了历史分析，但易于削弱传统的阶级分析基础。探讨阶级的语言和政治象征的史家，要么认为阶级话语是一种讨论世界的方式，而这种世界与社会经济的实际并无直接关系；要么认为它是在某个特定历史关头予以运用的一种政治修辞。[6]

尽管这一观念对阶级形成的老生常谈提出了重要质疑，然而，由于社会经济实际与阶级认同相互脱节，因而它所带来的问题与所解决的问题一样多。最重要的是，它没有（因为它不可能）解释为什么一种特殊的实际结构能发挥作用而另一种却不能。阶级的确是一种政治修辞，但是有关阶级的政治修辞只有在与人们的经历产生共鸣时才起作用，而经历是以实际为基础的。虽然阶级的概念必须作为历史探究的对象，有待证实而不是假设，但是它恰恰不应当受到抛弃，因为它暗示了实际与意识之间存在着一种关联。[7] 人们可以证明经济关系在形成社会意识方面具有特别重要的作用，并且同时保留语言学转向的洞察力，但这样做需要一种理论，这种理论能够以明晰的方式将阶级是社会经济实际的反映，与阶级是社会建构这两种看起来矛盾的看法结合起来。

为了消除这两种阶级概念之间的紧张关系——形成一种解释社会经济实际而不是受社会经济实际决定的阶级理论——我运用了皮埃尔·布迪厄和安东尼·吉登斯的理论著作与马歇尔·萨林斯的历史人类学著作所明确表达的文化和文化变迁的概念。[8] 这种在本书里称之为"实践理论"的取向，是以格尔兹的文化概念为基础的，因为这些作者认为，文化最好被看成是一个集团理解其经历的方式。不过，他们也修正了格尔兹的概念，强调文化

7

的建构是一个持续的过程。[9]文化存在于习惯、价值观以及塑造和约束人们行为的观念之中，但也存在于行为本身之中。它是自我参照的（self-referential）：虽然结构约束能动性（agency），但行为造就实际，而实际被理解为结构内的实际。

因此，实践理论以各种方式强调社会实际与人为建构之间的相互作用，从而使文化理论历史化。尤其具有价值的是如下见解：变迁的产生在某种程度上是某些特殊行为非预期的结果。鉴于文化总是被重建，我们可以看到，一种在某一文化参照系里完全可以理解的行为，也可以通过它的非预期结果，帮助建立一种新的文化参照系。尽管这种理论观点要得到所有史家的赞许还有待时日，但它对于研究阶级的历史学家来说却十分重要，因为它提供了研究世界与一个集团理解这个世界的方式之间互动关系的分析工具。

这是一个至关紧要的问题，因为在历史框架内理解这种互动关系，是马克思主义者与对阶级形成进行语言学转向的史家之间出现分歧的核心问题。研究阶级形成方面有影响的大多数史家声称，阶级认同的社会经济层面和文化政治层面是在不同的时间框架——长时段和短时段——里"产生"的。例如，人们可以看到Ｅ·Ｐ·汤普森在其《英国工人阶级的形成》一书前言里十分清晰而有说服力地对"阶级经历"与"阶级意识"所作的对比："作为共同经历的结果（不管这种经历是从前辈那里得来的还是亲身参与的），当一些人感到并明确表示彼此之间具有与他人不同（甚至往往对立）的共同利益时，阶级就产生了。"[10]在这种阶级形成的两阶段模式里，阶级经历（不管是继承的还是亲历的）的概念强调，阶级认同是社会经济实际的反映，它来自一个集团在长时段里日复一日与世界的相互作用。相反，阶级意识（感到并明确表示的）的概念强调，阶级认同是一种社会建构，是包括积极的人的能动因素（active human agents）在内的具体历史进程的产物，它是在短时段里形成的。

然而马克思主义者及其对手都认为，他们对于分析问题时究竟应当在这两种时间框架的哪一方加权存在分歧。一方面，正如威廉·休厄尔（William Sewell）指出的那样，存在着一种滞后说，甚至连汤普森那样比较成熟的马克思主义的论述也是如此，即（长时段）社会经济变迁独立于文化之外而造就一个阶级的经历，随后这种经历在（短时段）政治行为中得到表达。于是，汤普森在长时段一方加权，暗示社会经济变迁在阶级形成过程中是自发起作用的力量。约翰·希德（John Seed）在介绍西奥多·科迪茨切克（Theodore Koditschek）的布拉德福德史时，对于这种马克思主义分析表达了十分相似的看法。[11]另一方面，当批评阶级概念的史家承认长时段社会经济变迁的存在甚至重要性时，他们又认为，大部分阶级认同的表达都是在与实现特定政治目标相伴随的短时段内作出的。简言之，他们在短时段一方加权，认为文化独立于经历之外而发挥作用。

这里的问题并不在于阶级经历和阶级意识具有不同的时间框架。它们的确具有不同的时间框架。正如我将阐述的那样，随着一个集团行为非预期结果的积累，其阶级经历在长时段的社会和经济实践中变得隐晦（implicit）起来；随着一个集团明确表达他们作为一个在社会等级中区别于其他集团的阶级认同感时，其阶级意识就在短时段内产生了。其实，问题倒在于强调一种时间框架的时候忽视了另一种时间框架。实践理论解决了这一问题，指出阶级经历和阶级意识产生于同一过程，一个集团在此过程中同时理解和建构它的社会经济实际。该理论认为，阶级经历应当看成是一个集团理解（construe）自身经济和社会关系的产物，而不是社会关系本身。因此，如同阶级意识一样，阶级经历也是一种文化建构。[12] 同样，实践理论认为，阶级意识应当看成是与有关人员的社会经历相联系的事物。

因此，阶级——既包括经历也包括意识——最好作为文化来看待。这是一种如下意义的文化：它是一种过程的结果，一个集团在此过程中理解自身的世界，用格尔兹的话说，即造就其成员看待和理解自身和他人行为的意义网络。不过，这是一种阶级文化，对于这个集团理解其世界的特殊建构至关重要的是他们对社会经济关系具有的政治含义的认识；这种认识导致一种以横向界定的集团为特色的世界观。所以，阶级形成的文化理论是有用的，因为它将我们的注意力引向文化在实际与建构、结构与行为互动中的形成方式。它指出，当那些个人和集团先是通过经历、最终通过意识，造就使自己处于社会等级某一位置的结构时，阶级认同便产生了。这些个人和集团既逐步建构他们的社会经济实际，同时又被社会经济的实际所建构。

起源问题

尽管这种阶级形成的文化理论对于所有的阶级分析都是有效的，但是它在澄清中产阶级起源方面特别有用，因为除了一般阶级分析所面临的理论问题之外，研究中产阶级的史家必须对付一系列特别棘手的问题。要领略问题的难度，可以留心观察一组由三部著作构成的研究中产阶级起源的成果，其中每一部著作对于中产阶级概念的理解都不相同，它们在时间上先后覆盖到 1660 年至 1850 年中的几乎每一个十年，令人颇感意外的是，18 世纪 30 年代和 40 年代却并不在内。[13] 这种观点上的差异源自中产阶级历史编纂学的内在矛盾：一方面，共同构成中产阶级认同感的一系列重要层面，如价值观、态度、行为方式和世界观等等，看来在 18 世纪的某个时刻已经形成。然而另一方面，在 19 世纪以前，要识别一种高度一致的、其社会经济经历可以导致一整套价值观和行为方式产生的社会实体（social entity）却又是困难的。[14]

在形成这一矛盾的两项命题中，第一项命题可以通过分析 1780 年至 1850 年中产阶级的历史得到证明。传统观点认为这个时期是英国中产阶级的形成期，许多著作在这一问题上采用新的方法，从而使这一时期中产阶级形成的历史重新焕发了生机。

这些史家采用两种取向。一些人在经济和政治情景中构想中产阶级，探索谋求经济权力和政治权力的斗争如何形成一种新兴的中产阶级意识。的确，这是研究中产阶级形成历史的传统方法，但是诸如安东尼·豪（Anthony Howe）、西奥多·科迪茨切克、罗伯特·莫里斯（Robert Morris）等史家通过考察地方或地区范围的阶级形成过程，避免卷入反对贵族统治斗争那样毫无结果的课题。这种取向使他们得以表明，对于中产阶级的认同感来说，地方性的政治斗争和经济斗争与全国性的政治斗争和经济斗争同样重要。[15]相反，利奥诺·达维多夫（Leonore Davidoff）和凯瑟琳·霍尔（Catherine Hall）则保持一种全国性的眼光，不过他们认为，中产阶级意识是随着共同的价值观和行为方式得到明确表达而产生的，其中性别占有特别重要的地位。[16]这种取向产生了另一种类型的19世纪中产阶级的形成史，因为他们描述了一种日趋一致的中产阶级认同感如何在英国得到明确表达，当时工业革命改变了英国的经济面貌，法国大革命和议会改革法则改变了它的政治生活。

　　然而，在1780年至1850年间得到明确表达的中产阶级认同感，其关键方面似乎在这些历史叙述之前就已被"造就"（made）了。例如，将中产阶级形成的整个历史置于工业革命业已充分展开后的时期是令人费解的：假如直到1832年后还不存在中产阶级，那么如何解释工业革命在此之前业已发生？研究18世纪和19世纪早期经济史的著作强调，工业革命是一种具有广泛基础的经济发展。[17]这种论点需要一种社会和文化变迁方面的解释，这些变迁使得经济发展成为可能。这些变迁——竞争伦理、谋利动机和长期经商欲望的增强——具有鲜明的中产阶级特征，它们使人联想到，中产阶级文化的起源应当置于18世纪，置于工业革命刚刚开始的时期。

此外，中产阶级的后工业革命时期形成说难以从整体上与工人阶级形成的历史相契合。即便人们不完全接受汤普森的观点，地方史料也显示，在进入 19 世纪之前，工厂主及其他商界人士已经非常明确地意识到他们与工人阶级之间的差别。这些差别暗示了 18 世纪的社会分化过程，它应当成为中产阶级文化起源的历史组成部分。中产阶级这方面的历史尤其重要，因为史家们容易忽视使这些人成为一个与那些社会下等人相区别的阶级的因素。[18]

这种批评不应说得过分。这些史家——不管他们持政治经济观还是社会观——都论说了他们所研究时期中产阶级意识形成的重要历史。与其说他们失误，还不如说他们片面，因为他们笔下的中产阶级是一种奇特和无根的中产阶级。由于专注于 19 世纪高度一致的中产阶级认同感的形成方式，因而这些著作没有系统地考察造就中产阶级文化特色的一系列价值观、态度、行为方式和世界观的起源。

现在我们考察两项命题中的第二项命题，当前研究 18 世纪历史的状况表明，有关中产阶级文化起源的简单解释是很成问题的。研究 18 世纪的历史编纂学一度只是君主、大臣、议会成员的领地，偶尔也有暴民（mob）出现，现在已经成为大批社会中等阶层人员的家园。[19]尽管这些处在社会中层位置的成员拥有财产，因而也享有贫困劳动者无法企及的一定程度的安全和舒适，但他们并不享有与地产相关的闲暇或社会特权。[20]

18 世纪社会中等阶层的兴起是一种意义重大的发展，因为它大大增加了不以拥有或耕作土地为主要生活来源的人员数量。然而，这种社会中层却不能被视为中产阶级，因为它缺乏一致性（coherence）。其成员构成从小店主、一般商人、独立工匠，向上延伸到地区商人和专业人士，乃至卷入国际贸易的大商人和金融家。工业化只是使这种混合体变得复杂化，在已经浑浊的社会河流中增加了工厂主、人数更多的商人，以及一大批新型企业家。此外，18 世纪社会中土地精英的社会和文化权威又对社会中层的认同感和行为方式施加着强大的拉动影响，从而进一步增强了中产阶级形成史的复杂性。

18 世纪社会难以名状的中间层所具有的历史复杂性，在那些认定其存在的史家们是否采用"中产阶级"名词的问题上得到了反映。有些人，如洛纳·韦瑟里尔（Lorna Weatherill）、缪霍春（Hoh-Cheung Mui）和洛纳·缪（Lorna Mui）干脆避免使用"阶级"一词。[21] 而另一些人，如保罗·兰福德（Paul Langford）和彼得·博瑟（Peter Borsay）等虽然使用"中产阶级"术语，但只是以相当含糊的方式，交替使用复数形式的"中产阶级"（middle classes）或"中间等级"（middling ranks）之类的词组。[22] 这些作者的警惕性并不过分。即便晚至 18 世纪中期，仍难以将可望称为"中产阶级"（middle class）的集团与 17 世纪被称为"中等阶层"（middling sort）的群体区分开来，当时人们仍在使用后一词汇。[23] 假如 18 世纪晚期新的社会和经济实践的显著发展使得"中等阶层"成为过时用语，那么社会中层的多样性似乎并没有成为一种阶级标记。

重复一遍，围绕中产阶级文化起源的问题是这样一个问 14
题：尽管共同构成中产阶级认同感的一系列价值观、态度、行
为方式和世界观等关键因素在 18 世纪确已形成，但人们却难
以识别这些价值观和行为方式所附属的一个一致性的社会实体
（a coherent social entity）。在这种情况下，文化分析的意义重
大，因为它将我们的注意力集中到特定社会经济环境与阶级认同
的关系上来，阶级认同正是在这种环境中得到了明确的表达。

地方史的个案

假如作出一种令人信服的阶级形成论述需要分析社会经济实
际与阶级认同的关系，那么除了运用文化理论以外，我们还需要
更加关注立论的情境（context）。我认为，中产阶级文化起源于
地方的而非全国性的（national）情境。要说明地方史的重要性，
就不能仅仅将某个社区作为一个更大过程的范例。这种观点暗
示，地方史对于任何阶级形成的分析来说都是十分重要的。[24]
首先，它在一定程度上有助于分辨 18 世纪社会的复杂性，也有
助于分辨阶级认同在这种社会环境中所占的重要地位。有这样一
种见解：阶级文化仅仅存在于地方环境中，因为只有在这样的背
景下，才有可能确切说明社会经济实际与一个集团建构这种实际
之间相互关系的性质。在哈利法克斯，制造业——直接从事大规
模呢绒生产而区别于任何商业或专业活动的行业——是当地中产 15

阶级文化形成的重要因素，因为它导致了工场主与工人之间一系列新的社会关系的产生，并且有助于改变工场主的价值观和人生观。因此，18世纪中叶在这个集团内部形成的文化的阶级特征，从地方眼光来看是比较清楚的。

这并不是说"全国性"文化就不存在。它们确实存在，并且对于某种世界观在特定社会经济环境里的形成方式赋予巨大影响。然而，一个集团采用特定的实践活动、价值标准和观念来顺应（conform to）"全国性"文化的方式，与一个集团希望从更大范围文化中挪用（appropriate）自己想要成分的方式是不同的——进行这种区分是有益的。正如罗歇·夏蒂埃（Roger Chartier）所言，文化的消费者并不仅仅是被动的接受者；他们积极地改造从"外部"摄取的文化，以自身的经历赋予它以新的重心和意义。[25]因此，就其被挪用来作为一个特殊集团明确表达中产阶级认同感的组成方式而言，这些外部影响便与阶级形成的历史发生了联系。例如，一个地区和国家的货币市场的发展（见第四章讨论）和18世纪盛行的高雅文化（culture of gentility）（见第七章讨论），都是18世纪中叶哈利法克斯新兴中产阶级文化的重要方面，然而这每一方面的影响都在特定的地方环境中按照特定的方式加以调适。

对于18世纪中产阶级文化的起源和19世纪这种文化的明确表达来说，着眼地方史的分析模式，也导致了一种不同的然而却是更加可行的解释。它指出，在18世纪，并不存在一种单一的中产阶级文化。更确切地说是形成了多种多样的地方文化，每一种文化都是对当地情境的特殊回应，特别是对当地资本主义生产关系产生方式的特殊回应。哈利法克斯的情况不同于利兹或韦克菲尔德，前者的特征是生产规模大但基本采用手工生产方式，而大商人与中小规模的生产者在后两地却十分常见；兰开夏棉纺织业的情况也不相同，那里的机械生产更加突出；伯明翰或谢菲尔德等地的情况又不相同，独立工匠的无产阶级化很晚才出现。在工业革命的历史编纂学中，这类分析关注地方和地区的发展，并且从这种研究基础出发，为与工业化相关的文化变迁提供了解说。[26]

16

　　由于中产阶级文化起源于 18 世纪，因而它具有多种形式。这些地方性的中产阶级文化呈现出某些共同的特征，在 18 世纪晚期和 19 世纪，这些共同特征的认同和明确表达导致了英国中产阶级文化的形成。然而，关注地方情景的阶级形成的文化理论，使全国性阶级文化的发展和性质得到了重要而清晰的显示。最重要的是它提醒人们，不要指望 19 世纪的中产阶级作为一个社会实体较之 18 世纪同类具有更大的一致性。阶级是一种文化，不是一种事物。因此，在一定意义上，我赞同对于阶级分析的批评，因为就国家整体而言，不可能确认一个享有单一社会经济经历的集团。但是，阶级文化——有些史家称之为"阶级话语"（class discourse）——在 19 世纪确实存在。而"阶级"是一个恰当可用的词汇，地方集团之所以采用这种文化，是因为它与他们的社会经济经历产生了共鸣。就此而言，那些质疑阶级分析的人未能理解威廉·休厄尔所说的"阶级话语"与"阶级机构"

（class institutions）或"阶级运动"（class movements）之间的区别。[27]一旦造就阶级意识的一套文化概念得以产生，一旦阶级作为一种理解世界的方式被人们接受，时钟便难以倒转，即便导致文化转变的某项或某些特殊事件——鼓动对美或对法战争，鼓动政治和社会改革——已经逐渐失去活力，情况也是如此。

有人对19世纪的这种中产阶级文化的若干方面进行了描述。例如，科迪茨切克详细分析了19世纪布拉德福德一种完全定型的中产阶级文化。达维多夫和霍尔就一种以共同价值观为基础的、具有一致性和全国性的阶级文化进行了讨论。然而，本书的计划在于论说那部分尚未揭开的中产阶级历史：18世纪这种中产阶级文化的地方起源。

第二章通过对17世纪晚期哈利法克斯的叙述结束本书的导论部分。在引入中等阶层后，该章考察内战与复辟时期中等阶层在政治上和宗教上的独立性，说明这些价值观连同经济实践和社会结构一起，如何构成了一种一致性的文化。

本书的主题在随后两部分予以讨论，相关章节反映了本书强调的理论和历史重点。第一编"过程"阐述导致18世纪哈利法克斯中产阶级文化产生的那些长时段因素。所含的两章涉及复辟与工业革命之间该教区出现的比较缓慢的经济、社会和文化的变迁。它们证实，这些中等阶层文化范围内能够认知的变迁，最终造就了一种具有鲜明特色的中产阶级经历。其中第三章考察了17世纪晚期到18世纪中叶教区纺织业的发展。它分析了导致大规模制造业产生和文化变迁的那些经济变迁，而文化变迁既源自这一经济发展过程，又推动了经济发展过程。第四章考察了与教区纺织业转变有关但并非其派生物的经济和社会变迁的两个侧面："货币市场"与消费方式。实践与文化的互动分析也是该章的重点，但是这些问题的特殊性显示了哈利法克斯的发展与本地区其他地方甚至全国发展之间存在的重要关联。

第二编"结晶"（crystallization）叙述 1750 年以后的 20 年里导致中产阶级文化结晶化的事件。这里的两章探讨了中产阶级意识在公共领域和私人领域的形成，并且阐述了第一编所论长时段变迁造就的文化变迁潜力，如何在 18 世纪下半叶发挥作用。第五章展示了这一时期由于自愿团体的形成和教区精英不同派别之间一系列公开争论而导致的教区"政治"生活的转变。第六章分析了私人领域的建构，因为在中产阶级意识的形成中，一个同样重要的方面涉及这个阶级的成员为自身构建的新的社会世界。私人领域里中产阶级认同感产生的核心问题是性别，因为就中产阶级形成所必需的社会分化过程而言，一系列新的性别关系具有十分重要的意义。

结论同样包括两章。第七章探讨了哈利法克斯中产阶级成员看待自身与教区其他主要社会集团关系的方式，通过这种探讨，进而分析他们用以理解自己在这个世界所处地位的一系列新的社会关系。第八章考察了本书关于哈利法克斯中产阶级的研究，为了理解更大范围内英国中产阶级的产生所具有的潜在意义，考察了本书的论说如何与 18、19 世纪史的另外两项重大讨论——

18

工业革命和工人阶级的形成——相互推进并且丰富了后者讨论的内容。

注 释

[1] T. W. Hanson, "The Subscribers to Watson's *Halifax*," *THAS*, 1950, 42, 44–46.

[2] T. W. Hanson, *The Story of Old Halifax* (1920; Otley, West Yorkshire, 1985), 142.

[3] Hanson, "Subscribers," 46–47.

[4] Jürgen Habermas, *The Structural Transformation of the Public Sphere: An Inquiry into a Category of Bourgeois Society* (1962), trans. Thomas Burger (Cambridge, 1989).

[5] Patrick Joyce, *Visions of the People* (Cambridge, 1991), 1–23; William Reddy, *Money and Liberty in Modern Europe* (New York, 1987). 针对语言学转向的冲击在阶级概念上所作的一项辩护，见 David Mayfield and Susan Thorne, "Social History and Its Discontents: Gareth Steadman Jones and the Politics of Language," *Social History* 17 (1992): 165–188。在非常一般的层面上，这些问题在《过去与现在》刊物上进行过一次意见交流，见 Lawrence Stone, "History and Post-Modernism," *Past and Present* 131 (1991): 217–218, 和 Patrick Joyce and Catriona Kelly, "History and Post-Modernism," *Past and Present* 133 (1992): 204–213。

[6] 这种观点暗含在下列著述中，见 Ernesto Laclau and Chantal Mouffe, *Hegemony and Socialist Strategy: Towards a Radical Democratic Politics* (London, 1985); Gareth Steadman Jones, "Rethinking Chartism," in *Languages of Class* (Cambridge, 1983); Dror Wahrman, "Virtual Representation: Parliamentary Reporting and Languages of Class in the 1790s," *Past and Present* 136 (1992): 83–113; William Reddy, *The Rise of Market Culture: The Textile Trade and French Society, 1750–1900* (Cambridge, 1984)。

[7] 即便批评阶级概念的人也同意，假如阶级被理解为一种可以在特定历史环境里显示其存在的社会关系，那么阶级分析依然是有效的，见 William Reddy, "The Concept of Class," 载 *Social Orders and Social Classes in Europe since 1500: Studies in Social Stratification*, ed. M. L. Bush (London, 1992), 24。

[8] Pierre Bourdieu, *Outline of a Theory of Practice*, trans. Richard Nice (Cambridge, 1977); Anthony Giddens, *The Constitution of Society: Outline of a Theory of Structuration* (Berkeley, 1984); Marshall Sahlins, *Islands of History* (London, 1987), chap.5; 以及 Aletta Biersack, *Clio in Oceania: Toward a Historical Anthropology* (Washington, D. C., 1991) 所汇集的论文。William Sewell 关于汤普森阶级形成理论的分析也表明，结构主义理论在这种语境中是有用的，见 "How Classes Are Made: Critical Reflections on E. P. Thompson's Theory of Working-Class Formation," in *E. P. Thompson: Critical Perspectives*, ed. Harvey Kaye and Keith McClelland (Cambridge, 1990), 65–66。在实证层面上, Stuart Blumin 对于吉登斯结构主义理论的运用已经产生了良好影响，见 *The Emergence of the Middle Class: Social Experience in the American City* (New York, 1989), 8–10。

[9] Clifford Geertz, *The Interpretation of Cultures* (New York, 1973). 由于格尔兹的文化观在一些史家中颇有影响，因此对于他缺乏历史观的批评意见值得重视，见 Ronald G. Walters, "Signs of the Times: Clifford Geertz and Historians," *Social Research* 47 (1980) :537-556; Paul Shankman, "The Thick and the Thin: On the Interpretive Theoretical Program of Clifford Geertz," *Current Anthropology* 25 (1984), 261–279; 以及 William Reseberry, "Balinese Cockfights and the Seduction of Anthropology," *Social Research* 49 (1982): 1013-1028。

[10] E. P. Thompson, *The Making of the English Working Class* (Harmondsworth, 1968), 8. 我如此使用"阶级经历"和"阶级意识"的术语，在理论上显然得益于汤普森，尤其是他的 *The Making of the English Working Class* 和 "Eighteenth Century English Society: Class Struggle without Class?" *Social History* 2 (1978): 133-165。在所有关于阶级形成的论述中，他的论述依然是最有说服力的论述之一。

[11] John Seed, "Class Formation in Early Industrial England," *Social*

History 18 (1993): 17-30.

[12] Sewell, "How Classes Are Made," 63-66.

[13] Peter Earle, *The Making of the English Middle Class: Business, Society, and Family Life in London, 1660-1730* (London, 1990); Leonore Davidoff and Catherine Hall, *Family Fortunes: The Men and Women of the English Middle Class, 1780-1850* (London, 1987); 以及 Theodore Koditschek, *Class Formation and Urban Industrial Society: Bradford, 1750-1850* (New York, 1990)。

[14] 有的著作甚至连这点也予以否认；然而，假如这里涉及文化的话，那么我所涉及的文化更多的是他们文化的一致性，而不是一个集团的认同感和经历。再者，尽管 19 世纪中产阶级在全国范围的一致性也许存在问题，但是这种一致性在地方范围内显然是清晰可见的。这两方面问题将在下面适当时候予以讨论。

[15] Anthony Howe, *The Cotton Masters, 1830-1850* (Oxford, 1984); Koditschek, *Class Formation*; R. J. Morris, *Class, Sect, and Party: The Making of the British Middle Class, Leeds, 1820-1850* (Manchester, 1990).

[16] Davidoff and Hall, *Family Fortunes*.

[17] Maxine Berg, *The Age of Manufactures: Industry, Innovation, and Work in Britain, 1700-1820* (London, 1985); Pat Hudson, *The Industrial Revolution* (London, 1992).

[18] 为了进行这种判断，我赞同 Stuart Blumin 的观点，即传统马克思主义的社会两阶级模式对于论述工业社会的复杂性来说是不可取的；见其著作 *Emergence of the Middle Class*, 5。

[19] Paul Langford, *A Polite and Commercial People: England, 1727-1783* (Oxford, 1992); Peter Borsay, *The English Urban Renaissance: Culture and Society in the Provincial Town, 1660-1770* (Oxford, 1989), 226-231. Dror Wahrman 从一个完全不同的起点入手，最终形成了十分相似的看法：见 "National Society, Commercial Culture: An Argument about the Recent Historiography of Eighteenth-Century Britain," *Social History* 17 (1992): 43-72。

[20] John Seed, "From 'Middling Sort' to Middle Class in Late Eighteenth-and Early Nighteenth-Century England," in Bush, *Social*

Orders and Social Classes, 115.

[21] Lorna Weatherill, *Consumer Behavior and Material Culture in Britain, 1660-1760* (London, 1988); Hoh-Cheung Mui and Lorna Mui, *Shops and Shopkeeping in Eighteenth-Century England* (Montreal, 1989).

[22] Langford, *Polite and Commercial People*, 61-68, Langford 在这里为自己所说的"中产阶级"进行了界定。也见 Paul Langford, *Public Life and Propertied Englishmen, 1689-1798* (Oxford, 1991), 以及 Borsay, *English Urban Renaissance*。Joanna Innes 在她评论 Langford 的文章中表达了这种看法：见 "Not So Strange: New Views of Eighteenth-Century England," *History Workshop* 29 (1990): 179-183。

[23] P. J. Corfield, "Class by Name and Number in Eighteenth-Century Britain," *History* 72 (1987): 38-61.

[24] 在一个完全不同的历史情境，即英国内战的环境中，Ann Hughes 就地方史作为一种必要的分析模式提出了令人信服的论断。地方史对于英国内战起因的探究来说是十分必要的，否则则无法解释国王与议会的冲突为何最终在战场上得到解决。她认为，并不是要把每个特殊的地方史都作为解释另一个过程的范例，地方史可以识别在这种历史进程中发挥作用的那些重要因素，当然必须以不同方式与其他地方的情境相结合。因此，如同我的看法一样，她也认为地方史并不能作为一种分析的样本，而应该作为一种分析模式：见 "Local History and the Origins of the English Civil War," 载 *Coflict in Early Stuart England: Studies in Religion and Politics, 1603-1642,* ed. Richard Cust and Anne Hughes (London, 1989), 224-253。

[25] Roger Chartier, *The Cultural Origins of the French Revolution*, trans. Lydia Cochrane (Durham, N. C. 1991).

[26] Berg, *Age of Manufactures*, 以及 Hudson, *Industrial Revolution*。

[27] Sewell, "How Classes Are Made," 71.

第二章

中等阶层及其世界

哈利法克斯教区位于将约克郡与兰开夏分隔开来的奔宁山脉东侧，是一个典型的高地大教区。它长 17 英里，宽 11 英里，就英格兰情况而言面积相当可观，而它的土地景观以高沼地（其中大部分因土壤过于贫瘠而无法耕作）、陡峭的山坡，以及考尔德河及其众多支流的小型谷地为主。教区西部的地形尤为崎岖，向东逐渐平缓，尽管谈不上平坦。可以想见，人口也遵循同样梯度分布：教区较大的居民点位于东部，为首的是哈利法克斯镇（the town of Halifax）。1664 年该镇是一个人口约 2500 人的社区，因拥有教区教堂、一个周日市场以及多家店铺和小旅馆而自得。尽管哈利法克斯镇具有商业中心的重要地位，但教区大部分人口散居在许多不大的村庄、小村落乃至孤立的农场之中。正如丹尼尔·笛福在他 1724 年的游记中对该地描述的那样，房屋和农场散布其间，每个农场都有几块"小围地……每块围地有二至七英亩大"。[1] 哈利法克斯镇甚至算不上是教区的行政中心。

教区内有 12 个小礼拜堂，接济贫民、维护道路、征税，以及将歹徒绳之以法等行政责任，分别由 23 个自治镇区（autonomous townships）承担。[2]

土地权同样是分散的，因为哈利法克斯缺乏一个占支配地位的地主或地主集团。它的庄园结构也是十分脆弱的，而牢固的公簿持有权在教区已成惯例，加上固定的地租和准入金（entry fines），致使许多庄园领主很难控制他们的佃农。[3]此外，相当部分的土地被房屋和农场的占有者以自由持有地的形式拥有，因而越发限制了庄园领主的影响。

畜牧业在这个大面积教区的农业经济中占统治地位，满足家庭而非市场的需要。[4]大规模耕作农业显然是不经济的，因为地形、寒冷潮湿的奔宁山气候以及贫瘠的土壤使得种植燕麦和饲料作物都十分困难，更不要说种植小麦或大麦了。一项关于 17世纪最后 10 年遗嘱财产清单的大样本分析显示，农业动产的中位值为 15 英镑。[5]该数字接近一个连续统一体（continuum）的中心，这个统一体的成员从那些仅拥有 1 头奶牛、1 头猪或 1 匹马的人——他们几乎谈不上是任何意义上的农夫——直到爱德华·斯莱特（Edward Slater）那样的小持有农（small-holders）为止。斯莱特是什尔夫（Shelf）镇区的一名约曼农，拥有 6 头奶牛、2 头小母牛、1 头牛犊，价值 22 英镑；1 匹母马以及 "装备"，价值 1 英镑；若干农具以及燕麦、干草、麦秸，价值 8 英镑。[6]占样本比例 7.5% 的哈利法克斯少数农夫拥有 50英镑以上的农业动产，但即便最富裕的人也以畜牧业为主。例如，沃尔利（Warley）镇区的詹姆斯·奥茨（James Oates）尽管拥有价值 83 英镑的农业动产，然而其中燕麦和小麦的价值仅为 18 英镑。[7]

因此，即使就最大的农夫而言，其农业收入仍然是有限的。对于许多教区居民来说，从少量畜群以及更少的土地中所得的收入，必须靠其他活计予以补充。在哈利法克斯，其他活计就意味着纺织业。[8] 有证据表明，早在 14 世纪，哈利法克斯就已有毛纺织活动存在，但只是到了近代早期，纺织才成为教区普遍的谋生方式。[9] 限制农业发展潜力的因素也就是毛纺织业发展的有利因素。陡峭的山谷和丰富的降雨量给耕作造成了很大困难，但却为加工毛呢的漂洗磨提供了水力。或许最重要的是，分散的居住方式和脆弱的庄园制度使得人口容易繁衍，因为土地容易得手，同时也缺乏阻止新外来移民的力量。[10] 这些因素为 16 和 17 世纪教区纺织业的发展提供了可能性。我们无法直接判断这种增长，但是哈利法克斯人口的迅速增长是耐人寻味的：从 1548 年附属小教堂调查（chantry survey）包含的 9000 至 10000 人到 1664 年壁炉税（hearth tax）征收所统计的 19000 人，居民人数翻了一番；而共和政体时期的教区登记簿显示，这里人口的一大部分从事纺织业。[11] 因此，到 17 世纪后期，纺织业成为哈利法克斯经济一个极端重要的组成部分。

从一开始起，小独立工匠在哈利法克斯纺织业就占据了统治地位，他们在自己家里与家庭成员一起干活，原料也是自家所有，而遗产清单显示，家内制到 17 世纪最后 10 年依然盛行。哈利法克斯织呢工匠最具代表性的产品是被称为克瑟呢（kersey）

哈利法克斯教区

的一种毛呢，它质地较粗，属于制作毛毯和外套之用的窄幅呢绒，非常适合家庭生产。一些家庭处于勉强糊口状态，购买仅能纺织一两匹毛呢的羊毛，出售成品后再去购买羊毛。例如，乔纳森·克罗瑟（Jonathan Crowther）仅拥有 1 台织机和 3 台纺

23

车，而他的遗产清单显示，这是一个处于贫困边缘的家庭，因为他仅仅留下了很少的家用品以及 1 匹马和一些干草，连同织机和纺车在内，其遗产总共才值 15 英镑。[12]另一些呢绒工匠拥有较厚的家底。赫普顿斯托尔（Heptonstall）镇区的约翰·菲尔登（John Feilden）生活在一座带有 9 个房间的住宅里，家里现有的纺织原料和成品价值 20 英镑，包括价值 17 英镑的羊毛、毛纱和 2 台织机。按哈利法克斯的情况看，他又是一个殷实的农夫，拥有近 50 英镑的农业动产，正如人们可以想见的那样，其中大部分动产是牲畜。与之相类似，艾萨克·史密斯（Isaac Smiths）的住所有 5 个房间和 3 间客房（service rooms），他拥有价值 22 英镑的纺织货品，同样大部分是羊毛、毛纱，还有待售的毛呢。他还拥有价值 17 英镑的 7 头奶牛以及价值 2 镑 10 先令的一小块农田。[13]菲尔登和史密斯都自称"约曼"，因为这一名称是与他们的财富和社会地位相称的一种标志。

尽管克罗瑟那样的穷呢绒工匠与菲尔登和史密斯一类的约曼农之间存在着明显差异，但不应过分强调这种差异。哈利法克斯并不存在两种显然不同类型的呢绒工匠，而只存在一种织造者的光谱（spectrum）。位于光谱两端之间的是这样一些人，例如威廉·皮尔逊（William Pearson），拥有 1 对织机、4 台纺车、1 套毛梳，以及价值 3 英镑的羊毛和毛纱；又如罗伯特·奥梅罗伊德（Robert Omeroyd），拥有 1 台织机以及价值 9 英镑的 15 英担（stones）羊毛；再如卢克·格林伍德（Luke Greenwood），拥有价值共达 3 英镑 5 先令的 2 台织机、几台纺车以及其他设备，还有价值 10 英镑 10 先令的毛呢、羊毛和毛纱。[14] 更重要的是，不能把一个约曼农遗产清单中价值 20 至 30 英镑的纺织类财产看成是另一种不同生产方式的象征。比较富裕的呢绒工匠并不至于每周前往市场卖掉一匹毛呢后才能购买制造下一匹毛呢的羊毛，但是他们仍然在家里依靠自身劳动生产毛呢，并且在本地市场购买原料和出售产品。家内制生产的最后一项特征是极其关键的，因为它保证了哈利法克斯呢绒工匠在经济上的某种独立性，不至于被那些从他们手中购买毛呢用于出口或到伦敦销售的商人完全控制。

教区脆弱的庄园结构、相对薄弱的农业潜力，以及纺织业所带来的经济独立的可能性，这些因素的结合使得哈利法克斯形成了一种颇具特色的社会结构，由呢绒工匠／农夫（clothier/farmers）组成的中等阶层在社会结构中占有突出地位。这种社会结构在 17 世纪晚期的壁炉税簿册，特别是 1664 年春季结账日（the Lady Day）簿册中得到了反映，它们同时注明了纳税和免税的户数。[15] 如表 1 所示，教区大多数家庭是穷人。刚好过 1/3 的人口获得免税，而另外近 1/3 的人口仅纳 1 个壁炉的税金，因此全教区 2/3 的人口可以被认定为贫穷的劳动者，他们的生活仅达糊口水平甚至在糊口水平之下。其余大部分人的纳税额在 2 至 5 个壁炉之间；除了十分特殊的情况外，他们一般都生活在贫困线以上。最后剩下的极少数人家（仅占教区家庭总数的 2.5%）有 6 个以上的壁炉。即使就这个群体而言，其大量家庭拥有的壁炉数量也集中在该类的低端。在哈利法克斯镇这个全教区最富

24

25

表 1 哈利法克斯教区内各镇区应纳与免纳壁炉税户数（1664 年，按征税的壁炉数量分类）

镇 区	总户数	6 个以上		3—6 个		2 个		1 个		免税	
		户数	%	户数	%	户数	%	户数	%	户数	%
哈利法克斯	502	36	7.2%	115	22.9%	75	14.9%	67	13.3%	209	41.7%
南奥兰姆	148	4	2.7	31	21.0	32	21.6	27	18.2	54	36.5
斯克科特	85	1	1.2	23	27.0	25	29.4	8	9.4	28	33.0
什尔夫	83	1	1.2	14	16.9	11	13.3	28	33.7	29	34.9
希佩霍尔姆	199	5	2.5	48	24.1	36	18.1	43	21.6	67	33.7
北奥兰姆	328	9	2.7	47	14.3	49	14.9	66	20.1	157	48.0
奥文登	308	5	1.6	38	12.3	59	19.2	89	28.9	117	38.0
米奇利	95	2	2.1	14	14.7	15	15.8	39	41.1	25	26.3
沃利	256	3	1.2	28	10.9	40	15.6	102	39.8	83	32.5
沃兹沃思	179	2	1.1	19	10.6	21	11.7	94	52.6	43	24.0
赫普顿斯托尔	160	2	1.2	9	5.6	19	11.9	70	43.7	60	37.5
斯坦斯菲尔德	211	3	1.4	10	4.7	23	10.9	112	53.1	63	29.9
埃林顿	76	—	—	10	13.2	19	25.0	31	40.8	16	21.0
兰菲尔德	61	1	1.6	4	6.5	12	19.7	33	54.1	11	18.1

（续表）

镇 区	总户数	6个以上		3—6个		2个		1个		免税	
		户数	%	户数	%	户数	%	户数	%	户数	%
索沃比	468	5	1.1	66	14.1	72	15.4	185	39.5	140	29.9
斯坦兰	119	—	—	11	9.2	17	14.3	56	47.1	35	29.4
巴克斯兰	129	7	5.4	13	10.1	22	17.1	53	41.1	34	26.3
里什沃思	162	1	0.6	28	17.3	40	24.7	50	30.9	43	26.5
埃兰	175	6	3.4	30	17.1	23	13.2	48	27.4	68	38.9
拉斯特里克	72	4	5.5	11	15.3	12	16.7	15	20.8	30	41.7
菲克斯比	28	1	3.6	1	3.6	8	28.5	11	39.3	7	25.0
所有镇区	3844	98	2.5%	570	14.8%	630	16.4%	1227	31.9%	131 9	34.3%

注：这些镇区在地理上分成几组，首先是围绕哈利法克斯的中心地带，然后向外扩散为地理和经济相对分离的若干单元。除了将免税户从缴纳一个壁炉税金的户数中扣除以外，各类壁炉的数量沿用 Keith Wrightson 和 David Levine 的分类方法，见其合著 *Poverty and Piety in an English Village: Terling, 1525-1700* (New York, 1979), 35。感谢 Ronan Bennett 准许我使用他关于这些数据的抄本。

资料来源：PRO/E.179/210/393。

裕的镇区里，只有 7 户家庭拥有 10 个以上的壁炉。整个教区拥有壁炉最多的是几个在乡绅士中的一家，为 14 个，其数量比较可观。

壁炉税簿册的情况表明，哈利法克斯的社会结构是一个相对未分化的社会结构。无论在整个教区还是各个镇区，均显然缺乏足以与其他人口形成鸿沟的某个"名门望族"（great household）或大批非常富有的家庭。如果将哈利法克斯的壁炉税情况与英格兰其他地区相比，其社会结构的未分化性也许体现得更为明显。例如，埃塞克斯郡特尔林村（village of Terling）的免税户比例与哈利法克斯大致相同，但它拥有 6 个壁炉的家庭数量相当于后者的 3 倍以上，并且经济繁荣的埃塞克斯郡的整体情况都是如此。特尔林村是一个以农业为主的社区，然而即便在其他"工业"社区，拥有 6 个以上壁炉的家庭比例也超过哈利法克斯，同时这些教区免税户的比例则往往高出许多。[16] 上述比较的意义虽然有限，但它凸显了这样一个事实：在哈利法克斯社会结构中占优势地位的是人数众多而难以分化的社会中层（social middle）。

中等阶层的文化

1643 年，费尔法克斯勋爵（Lord Fairfax）和他的儿子托马斯爵士（Sir Thomas）来到哈利法克斯，招募反对国王的兵源，塞缪尔·普里斯特利（Samuel Priestly）就是许多前往应征的志愿者中的一员。他出身于略微富裕的呢绒工匠家庭，是一名虔诚的清教徒，当母亲恳求他待在家里切勿外出时，塞缪尔以下列话语作答："妈妈，愿上帝使我如愿；待在家里我会无所事事，除了过那种东躲西藏无法忍受的日子；我宁愿在疆场拼死战斗，倘若捐躯，则死得其所。"[17]塞缪尔·普里斯特利这番慷慨陈词将自己认定为"中等阶层"的一员，属于勤劳的手工工匠和约曼农构成的集团，克里斯托弗·希尔（Christopher Hill）认为他们在英国革命中发挥了重大作用。[18]为了表明自己的立场，塞缪尔宣告了他的政治独立性和履行天职的强烈愿望，而这两者都靠清教信念支撑。

然而，确定塞缪尔是"中等阶层"成员这件事本身，实际上并没有告诉我们太多的东西。就最一般的含义而言，诚如17世纪一位评论者指出的那样，"中等阶层"这个词语只是涉及英国前工业社会的下列成员：他们既非"有钱有势者"，也非"最卑微和最低下的阶层"，而是"约曼农、农夫、呢绒工匠以及所有处于中等地位的人们"。[19]按照这种一般的社会学含义，这个词语反映了前工业社会一个方面的重要特点。一代社会史家的著作告诉人们，中等阶层怎样从16、17世纪的经济发展中脱颖而出。他们是这样一些约曼农和手工工匠，或者吃进时运欠佳的乡邻的土地，这些乡邻被迫在谷物价格上升时期出卖土地；或者从市场经济的扩张中获得或大或小的利益。[20]但是，无论是中等阶层的存在，还是对中等阶层社会经济起源的理解，都不能解释塞缪尔·普里斯特利宣布自己投入反对国王战斗时的满腔激情。

超越"中等阶层"一般社会学含义的最具建设性的探索，当属戴维·昂德唐（David Underdown）的著作《狂欢、骚乱与反叛》。该书认为，只有在考察特定社群理解他们自己的世界的方式时，英国内战中的大众参与才能得到解释。昂德唐界定了两种不同的文化，每一种文化都与特殊的社会和经济环境相关联。国王的支持者往往来自低地（downland）地区，其经济以农耕为主；那里的主流文化是相当保守的文化，强调传统的消遣方式和顺从的社会关系。相反，议会的支持者往往来自具有多样化经济和商业性经济的高地；那里的主流文化具有清教特色，强调个人主义和社会控制。[21]

正如安·休斯（Ann Hughes）所言，昂德唐或许设置了一个过于庞大的口袋，因为清教主义与市场力量的关系、中等阶层与乡绅的关系，并不可能在任何情况下都以同样的方式展现。[22]但是，昂德唐著作的真正价值在于他强调文化分析的必要性，这种文化分析探讨经济、社会、价值观以及信仰之间的相互关系。无需将这种文化分析仅仅局限于内战的历史。塞缪尔·普里斯特利的慷慨陈词记录在他弟弟乔纳森约50年后所写的回忆录中。乔纳森述说这段历史时的自豪感，就像他在回忆录其他许多段落里流露的那样，表明中等阶层的文化直到17世纪末依然完整地延续下来。

塞缪尔·普里斯特利那种坚定态度中流露的价值观和信念与17世纪哈利法克斯经济和社会经历诸方面的关系，对于这种文化来说具有至关重要的意义。在一系列确定中等阶层社会地位的社会关系里，我们可以最清楚地看到价值观与经历之间的相互联系，因为它们反映了中等阶层成员如何设想和感知自己在这个世界的位置。像 17 世纪大多数居民（或许是全体居民）一样，哈利法克斯中等阶层成员是以一种等级观看待他们的社会世界的，而他们的社会关系显示了对于社会不平等现象进行根本矫正的姿态。在他们看来，社会等级制的重要特征在于乡绅（gentry）和贵族（aristocracy）的统治和穷人的顺从。然而，哈利法克斯中等阶层所处的特殊经济和社会环境给予他们的社会等级观以两项显著特征。

首先是他们与土地乡绅的关系。从整体看，尽管这个集团内部的个人会渴望成为绅士，但是中等阶层认识到乡绅的社会优势以及他们与土地精英之间巨大的文化差异。然而，与这种等级和顺从文化相并列的是充分发展的独立意识。[23] 顺从尽管是自然的，但却是有条件的。通常情况下，哈利法克斯中等阶层的成员愿意跟随地方乡绅，在应当服从的地方服从；但是在适当条件下他们能够沿着自己的道路前进，无视他们的"天然"领袖并跟随他们自己选择的领袖。

哈利法克斯中等阶层文化的第二个重要特征是它的社会包容性（inclusiveness）。中等阶层是一个包容性广泛的集团，其内部的社会关系是相对平等主义的关系。这不是说个人没有认识到自己集团内部社会和经济差别的存在。然而，这些差别在任何情况下都是难以具体衡量的，它们并不是个人或集团认同的关键因素。

29

顺从与独立

哈利法克斯中等阶层表达顺从和独立这两种意识所针对的集团是地方乡绅。如同在近代早期大多数社区一样，要非常准确地识别哈利法克斯的乡绅是困难的。[24] 某些家族无疑属于英格兰土地精英的成员。萨维尔家族（the Savilles）是与教区相关的最为显赫的乡绅家族，其影响延伸到整个地区乃至全国，他们的地产占据了教区内近半数的分庄园（submanors）。米奇利（Midgley）的法勒家族（the Farrers）和菲克斯比（Fixby）的桑希尔家族（the Thornhills）拥有的地产要小得多，每家仅有一处分庄园，但是这些家族的成员出任治安法官，并且由于住在教区，他们在当地的影响可与萨维尔家族一比高下。另外还有两个家族——豪罗伊德（Howroyd）的霍顿家族（the Hortons）和伍德豪斯（Woodhouse）的斯特恩家族（the Sternes），虽然他们的家长并不是庄园领主，但由于出任法官职务而可以被认定为绅士。[25] 最后，希普登霍尔（Shipden Hall）的利斯特家族（the Listers）和格里特兰（Greetland）的拉姆斯登家族（the Ramsdens）就其行为举止和社会联系而言，也可以归于乡绅行列。[26]

但是，有些家族更准确地说只能列为很小的乡绅或假乡绅。[27] 一元性庄园结构的缺乏，以及与之相伴随的土地所有权的变动，有助于这种小乡绅的成长。这个群体包括像约翰·豪利（John Hoyle）和威廉·米奇利（William Midgley）一类人，这两名律

师依照他们从事的职业可以自认为是绅士。该群体也包括某些殷 30
实的土地所有者，这些人不能列为"真正的"绅士，因为他们在
教区的职务或土地继承方式上与绅士的称号不符。[28]

　　中等阶层与地方乡绅的关系深受清教影响。自早期宗教改革
以来，这个教区就一直是下层清教甚至激进派清教的中心，而在
17 世纪，宗教激进主义具有政治色彩。[29]如同在英国其他地方
一样，清教在哈利法克斯为一批社会、经济、政治和宗教方面的
杰出人士提供了一个关注的焦点，通过造就一种平行的、以独立
性为内涵的文化，这些力量共同促进了传统的顺从文化的局部改
造，这种平行文化在塞缪尔·普里斯特利为参加反对国王战斗所
作的声辩中得到了充分体现。[30]自由持有农投票人在 17 世纪
20 年代约克郡西区选举中所起的作用，可以作为中等阶层政治
独立性的一项例证。[31]另一项例证是哈利法克斯呢绒工匠先后
于 1613 年和 1638 年对克瑟呢提税方案进行的抵制。尽管这些挑
战受到自身经济利益的强烈驱动，但重大的政治问题也是其中生
死攸关的因素。在以上两种情况下，反对的理由都指向朝廷对于
郡内事务的干预："仁政"（good government）在这里意味着无为
而治。为了说明反对提税的理由，哈利法克斯呢绒工匠涉及更大
的政治和宗教问题：他们在 1613 年和 1638 年抗辩说，由于毛纺
织业的繁荣，教区内不存在不从国教的天主教徒。[32]这就含蓄 31
地表示，提税将会给天主教会以可乘之机。这种暗示表明，自身
经济利益与宗教和政治认同如何紧密地交织在一起。

　　内战期间教区对议会的支持也表明，清教促进了中等阶层的

政治独立。据克拉伦顿（Clarendon）记载："利兹、哈利法克斯和布拉德福德，这三个人口非常稠密而又非常富裕的市镇（它们完全依靠呢绒工匠，恶意中伤乡绅）完全倒向议会一边。"[33]这种民众对于议会的支持与教区内主要乡绅家族的保皇主义恰成反照。威廉·萨维尔爵士（Sir William Saville），这个教区最大的土地所有者是王党军队的一名指挥官，几名绅士则在他的麾下作战。

哈利法克斯中等阶层加入反对国王和地方乡绅战斗的意愿，并不意味着他们完全抛弃了顺从。普里斯特利之类的人并不是激进的民主主义者或早期平等派。他最终跟随费尔法克斯勋爵，大概因为费尔法克斯作为一名绅士在普里斯特利眼里具有一种天然的权威性。但是，普里斯特利的顺从是有条件的，他选择顺从费尔法克斯而不是萨维尔，是因为他赞同费尔法克斯的政治和宗教观念。

尽管这种独立文化是用清教话语清楚表达的，但它是由赖以发展的社会经济环境建构的。像塞缪尔·普里斯特利及其母亲这样的人选择清教以及与之相关的政治和社会观念，是因为它们与自身的经历产生了共鸣。诸多清教牧师的活动无疑促进了教区清教的发展，但必须适当强调另外两个因素，即这个高地大教区相对的社会独立性和兴盛的毛纺织业。这些因素为中等阶层成员履行自我拯救的责任提供了展示的空间、契机和手段，它们往往是与清教信仰相联系的环境因素。[34]

32　　复辟后，社会经济实际上与独立的中等阶层的文化认同之间的联系依然存在。当然，随着共和政体的失败和查理二世的复辟，曾经推动塞缪尔·普里斯特利这类人参加反对国王战斗的特殊文化组件（package）在一定程度上失去了它的一致性，由于清教被迫成为不从国教的教派，它不再是政治主流的组成部分。然而，支撑这种独立文化的社会经济结构依然基本未变。在整个17世纪，不管是复辟前还是复辟后，哈利法克斯教区的大多数家庭在经济上都是独立的。作为一家之长，他们并不受某个大地主随心所欲的摆布；而作为家庭呢绒工匠，他们并不受某个控制市场进出的商人或商人集团的束缚。通过不断限制英国传统统治者即土地精英能够对中等阶层施加的影响和权力，这些社会经济结构有助于维护这种独立文化的若干重要层面，即便其中清教的特殊表达不再占有那么重要的地位。

的确，清教主义在1660年以后并没有销声匿迹。尽管环境发生了变化，但是中等阶层的清教文化依然以强有力的不从国教的传统形式在教区存在。感谢奥利弗·海伍德（Oliver Heywood）的多产之笔，他所描述的科莱小礼拜堂的会众，是哈利法克斯不从国教者教堂中最为人们熟知的会众，不过还有其他人——马修·史密斯（Matthew Smith）笔下米克森登（Mixenden）的会众，亨利·鲁特（Henry Root）笔下索沃比（Sowerby）的会众，伊莱·本特利（Eli Bentley）笔下哈利法克斯镇的会众，以及代表内战期间更加激进的宗教发展方面、由哈利法克斯和布里格豪斯（Brighouse）两地贵格派教徒（Quaker）举行的集会。[35] 在这种不从国教的文化内部，等级制依然是重要因素，犹如在内战前一样。海伍德的日记表明，像同时代的大部分人那样，他的世界观基本上是等级性的，因为他不断提到有关人物的社会身份。这些日记也反映，哈利法克斯的不从国教者如何严重依赖某些地方绅士的善举。例如，乔舒亚·霍顿自己花钱在索沃比镇区建了一所礼拜堂，海伍德和其他一些不从国教者轮流来这里布道。[36]

33　　然而，海伍德对乡绅的尊敬是视他们的信仰和行为而定的。他以厌恶和十分轻蔑的口气提到，有人听见本地乡绅托马斯·桑希尔（Thomas Thornhill）在一次观看赛马的路上哼唱下流曲子，同行的还有他的兄弟和一名治安法官。这名治安法官名叫威廉·霍顿（William Horton），他在一次斗鸡中以一笔大赌注的赢家再次露面；桑希尔也在场，另外还有约翰·格林伍德（John Greenwood）、詹姆斯·奥茨（James Oates）和爱德蒙·迪恩（Edmund Deane）。海伍德对这些乡绅的不满是显而易见的。犹如他在另一场合哀叹的那样："我很少听说有像近来那么多因通奸怀孕的妇女；……在哈利法克斯，复活节里许多人当街玩耍板球之类的游戏。天知道这些事的结局究竟如何，没有约束，没有长官让这些事见不得人。"[37] 由于根本谈不上镇压这类举动，相反这些绅士却在纵容这些行为，因此他们不值得被人尊敬。

　　海伍德日记的另一些篇幅表明，这种独立文化并不仅限于不从国教者。1680 年 5 月，哈利法克斯一场大型斗鸡会将在寡妇米切尔（Widow Mitchell）开设的小旅店举行，这件事吸引了约克郡西区甚至兰开夏的绅士。海伍德记录了比赛第二天发生的纠

纷，当时

　　哈利法克斯的穷人带来了他们将要首次出场比赛的公鸡，但是托马斯·桑希尔先生却说，这些乞丐们应当做的是在绅士面前让他们自己的公鸡较量，话音刚落，托马斯·科克罗夫特（Thomas Cockcroft）的儿子就对着他的脚跟使了个绊子，两人在地上厮打起来。他们互不相让，所有人也都卷入其中，双方恶斗了好长时间，阿贝·米切尔（Abe Mitchell）站到穷人一边。终于，约翰·米切尔（John Mitchell）拔出他的长剑发誓说，再打的话他会一剑捅穿桑希尔这家伙。

　　斗鸡总算开始，根据海伍德的记载，哈利法克斯的那些公鸡总体上击败了绅士的公鸡，尽管他并未赞誉，但并非没有一丝得意之色。[38]

　　表面看来，这种情况似乎成了地方乡绅证明穷人声名狼藉的又一例证，犹如他们在斯维瑟斯荒原（Swaithes Moor）一次赛马中表现的那样，这次赛马吸引了来自哈利法克斯、布思镇（Booth-town）、奥文登（Ovenden）和霍尔兹沃思（Holdsworth）的游手好闲之徒。[39]然而细细品味却发现，两者并非一回事。斗鸡与赛马的重大差异在于，只有极少数人有钱养得起一匹赛马，而几乎所有人都能养得起一只公鸡。尽管所有社会等级的成员都会观看赛马，但是比赛实际上是在绅士的马匹中进行的，因

34

而它强化了等级制。相反，斗鸡比赛可以超越社会地位的界限，因而能够向等级制发起挑战。

的确，这就是米切尔寡妇小旅店里发生的事情，当时桑希尔反对让他的公鸡与那些"乞丐们"养的鸡较量。[40] 假如这种反对本身并不令人意外，那么由此引起的反应却耐人寻味。托马斯·科克罗夫特的儿子之所以使绊子，是因为他对自己的公鸡不能与绅士的公鸡一比高低所内含的意义感到愤怒。此外，由于他的报复酿成一场争吵斗殴而不单纯是对攻击的鼓动，所以在场的相当一部分人必定与他有同样的情绪。整个事件反映，一个绝不是清教徒的群体对于乡绅社会优势的认可并不是无条件的。

关于这一事件主要性质之一的简要考察表明，中等阶层的社会关系并不限于清教徒。那个站到"穷人一边"的阿贝·米切尔肯定不是穷人。作为一个富裕呢绒商人（draper）的儿子，他属于教区冒牌乡绅（pseudogentlemen）的成员。[41] 尽管他比较富有，然而他在这部短剧里的角色告诉人们，将他视为中等阶层的一员或许更为合适，因为他在这场争斗中一旦站到穷人一边，就必定与科克罗夫特一样感受到桑希尔反对贵族与平民斗鸡时流露的轻蔑感。

尽管复辟后清教的衰落使中等阶层文化中一种非常一致的表达方式受到严重影响，但是他们与地方乡绅的社会关系仍然同时包含着顺从与独立这两重因素，因为阿贝·米切尔一类的酒肉之徒（carousers）与奥利弗·海伍德和乔纳森·普里斯特利这样的清教徒共享一种世界观，它只是在有条件的前提下承认乡绅的社会优势。

包容性与平等主义

35

哈利法克斯中等阶层文化的平等主义特征，如同它的独立性一样，在内战的准备阶段就已奠定了自己的基础，并且也是以清教的话语建构的。

学者们认为，清教在近代早期英国各社区以两种截然不同的面目出现。[42] 一种面目可以称之为"社会控制"（social control）的清教。[43] 其重要特征是包含在清教独特的教义和实践之中的社会控制思想。社会控制的清教往往出现在那些经历迅速社会分化以及随之产生社会动荡的社区，而它的拥护者通常是地方绅士和约曼农，他们将清教作为一种规训文化来运用，以克服社区的不稳定因素。清教也以另一种平等主义的面目（egalitarian guise）出现，它的重要特征表现为新教神学理论和宗教仪式方面所固有的独立性。[44] 平等主义的清教往往出现在高地或城市这类缺乏强大地方绅士势力的社区，当地的经济和社会条件允许外来人口流动和经济独立。

如果英国近代早期这两类清教的区分可行，那么哈利法克斯看来肯定是属于后者，因为那里中等阶层的清教在社会方面是非排斥性的。例如，奥利弗·海伍德的自传揭示了一个信仰比社会身份更重要的社会世界。这位清教牧师初来教区时寄宿在一户人家里，他称房东是一个"典型的好色之徒"，但家中的一名仆人却是"谦恭善良的基督教徒"。类似情况是，当谈到1650年自己决定接受科莱小礼拜堂牧师职务时，海伍德认为一个重要原因就在于考虑到辖区"最优秀成员"（the best people）的支持，当然也由于"诸多百姓纷纷前来对我表示真诚欢迎与期盼之情"。[45]

36 　　哈利法克斯清教体现的平等性并不是一种文化畸变；导致约曼农和富裕工匠信仰清教的社会和经济因素，对于地位比他们低下的乡邻同样起作用。纺织业的兴起在整个教区扩大了处于发展中的市场经济的影响，包括积极影响和消极影响。同样，高地教区的社会独立性不仅仅影响到相对富裕的人们。假如贫穷的家内制呢绒工匠不能够捐赠一笔基金来选择自己的布道者，那么他们依然有机会在教区众多小礼拜堂辖区中选择打算出席的宗教仪式。

　　虽然中等阶层文化的平等性基本上是用清教语言表达的，但是它也是由社会经济实际所建构的。这种关系在复辟之后依然存在，尽管使它得到明确表达的清教观念已经消逝。在整个17世纪，最能体现哈利法克斯社会经济结构特征的是这样一种经济，这种经济足以使个人谋生起步时拥有的财富或增或减，但同时也对财富的实际变动设置了界限，特别是它的上限。[46]在这种环境下形成的社会，是人数众多而又相对未分化的社会中层占优势的社会。这里并不是说哈利法克斯不存在社会差别，而是说在社会结构内部，连续统一体（continuum）的特征更为突出。位于两端的人们的差别看来是颇大的———一个富裕家庭在他们拥有5至6个壁炉的家中一周制造2至3匹左右的毛呢，而一个贫穷家庭在他们仅有 1 个壁炉的茅屋中每周只能设法制造 1 匹毛呢，两者决不会发生混淆。但是，位于两者之间的人们却是一个非常稳固的社会和经济的连续统一体。

因此，平等主义是整个 17 世纪教区社会经济实际的一项特征。由于它在内战前中等阶层清教的社会包容性中得到了表达，因而对于教区里活跃的不从国教者群体来说依然具有重要意义。的确，由于 1662 年不从国教者被剥夺了生计，奥利弗·海伍德那类人的生存有赖于全体会众提供的支持。[47]

中等阶层文化中的平等主义倾向并不仅限于不从国教者，例如，平等主义倾向也体现在地方政府的结构和运作方式中。索沃比和哈利法克斯镇区存有壁炉税征收时期地方官员的名册，从中可以看到，对于地方事务的参与遍及中等阶层光谱里的各种成员。虽然在任职人员中大多数人是拥有 3 至 5 个壁炉的户主，但拥有 1 至 2 个壁炉的户主也有行政能力为自己的镇区服务，而所有这些人员都以相当大的独立性履行他们的职责。[48] 审核地方官员账目的教区委员会在人员组成上对所有纳税人开放，并无证据表明，这一时期地方政府是被少数刻意挑选的人所操纵的。[49]

哈利法克斯的中等阶层具有宽广社会基础的证据，还来自反映物质文化的遗嘱财产清单。遗产清单显示，虽然死者在生前拥有财产数量的多寡和价值总量上存在很大差异，但是就某些财产和哈利法克斯居民能够享用的财产种类而言，物质文化的相对非分化性依然存在。[50] 在诸如桌、椅、凳子、炊具等基本家庭用品的财产价值上无疑具有一定的差异性，但这些差异并不那

37

么显著。简言之，富人并不拥有更高档的椅子，而只是数量更多
而已。唯一例外的是床上用品，它们的确反映了家庭财富的整体
水平。

当我们的目光从基本家庭用品转向奢侈品时，便可以看到
一种普遍拥有某些物品的情况，这些物品在 17 世纪晚期应当列
入奢侈品范围。在 1690 至 1699 年总数为 292 份的遗产清单中，
将近三分之一（28%）的清单里有时钟，三分之一（32%）至少
有一定数量的麻织品，四分之一（24%）有玻璃器皿，四分之
一（23%）有一面或几面镜子，还有比例相对较低约六分之一
（15%）的清单里有镀银碟具。然而，拥有这些物品的人并不仅
仅局限于教区最富裕的那一层人。确实，贫民没有时钟、麻织品
或者镀银餐具，但在贫民线之上，这些物品却出现在横跨整个社
会光谱的家庭里，并非只有在富人的遗产清单里才能看到它们。
不错，某些种类的物品仅仅出现于少数遗产清单，并且局限于社
区比较富裕成员的家庭。例如，只有 3 户家庭拥有"俄罗斯软
革"制成的椅子，9 户拥有窗帘，7 户墙上挂有地图。然而，这
些非常特殊的奢侈品所造成的差异属于家庭嗜好，而不是一种社
会差别的标志，因为单就一份遗产清单而言，这类物品登记超过
1 件以上的情况十分罕见。

因此，教区居民的物质财产与基本属于平等主义文化的整体
形象是一致的。尽管存在往往无法突破的社会下限，但是一个人
数可观的集团分享着共同的物质文化。这种物质文化的意义尚难
估价，但至少下列情况是重要的：虽然哈利法克斯中等阶层成员

在财富和社会地位上存在种种差异，但是他们在彼此家中都会感到同样自在。

诚然，过分注重这类证据肯定存在问题。有幸的是，一段复辟后哈利法克斯中等阶层日常生活的珍贵场景进一步证实了他们文化的平等主义性质。这项材料来自宗教法庭（Consistory court）关于富裕的约曼农呢绒工匠乔纳森·鲍姆福斯（Jonathan Baumforth）的遗嘱纠纷案，1720 年他去世时共留下两份遗嘱。[51] 人们因为情况变化更改遗嘱的事情并不少见，办法是增设附加条款或订立新的遗嘱。鲍姆福斯案的麻烦是由一次疾病打击引起的，在 1716 年订立第一份遗嘱至 1720 年订立第二份遗嘱期间，他曾经中过风。当他的遗孀（第二份遗嘱的主要受益人）开始办理遗嘱认证时，第一份遗嘱的执行人则以鲍姆福斯堂弟（该份遗嘱的主要受益人）的名义前往应诉。他们对于该案整个基点的中辩理由是，由于"突发中风"，鲍姆福斯在订立第二份遗嘱时已经神志不清。而由三十余名证人提供的证词则试图证明，乔纳森·鲍姆福斯在遭受疾病打击当天到订立第二份遗嘱之日的数周时间里神志清醒。

在这些证词所反映的社会关系中，最使人感到惊异的大概是鲍姆福斯这样比较富裕的人（财产约值 1000 英镑左右）与社会下等人的亲善程度。的确，"亲善"（fraternize）一词包含的贬义暗示了一系列鲍姆福斯没有觉察到的社会差别。乔纳森·哈格里夫斯，一个采煤工，讲述了他拜访中风不久的鲍姆福斯的经过。他照例前来送煤，并发现这位立遗嘱人正在家里。鲍姆福斯请他

39

进屋并问他是否愿意"掏两个便士打伙买啤酒喝";哈格里夫斯欣然表示同意,于是他们一起边喝边聊了约一个小时。两天后,哈格里夫斯运来了更多的煤,于是两人进行结账。账单付清后,鲍姆福斯援引结账的"老规矩"(old use and custom),认为哈格里夫斯应当掏4便士,鲍姆福斯本人掏2便士。哈格里夫斯作证说,他们当时叫人买了6便士啤酒并畅饮了约两个小时。

其他证人陈述的类似情况表明,哈格里夫斯与鲍姆福斯的关系,在这位富裕的约曼农同他的邻居、送货人甚至工人的交往方式中颇具代表性。鲍姆福斯的社会关系给人留下的总体印象是一种温馨的社区关系(communality),而以下事实则进一步证实了这种社会平等意识:鲍姆福斯的大部分客人都"掏两便士"与他打伙喝酒,尽管实际上他肯定比这些人富裕(假如不是富得多的话)。

这并不是说不存在地位差异。那些比鲍姆福斯年轻的人和别人的仆人常常得到一些食品甚至啤酒享用,而不用凑什么份子钱。约翰·哈格里夫斯(25岁)是一名从鲍姆福斯那里购进毛呢的商人的仆人,他作证说,当他完成老板与鲍姆福斯的买卖后,"对方当面取出一些烈性酒,……乔纳森·鲍姆福斯请[他]与他们一同喝酒",分手时鲍姆福斯还给了他一个便士。同样,安东尼·克罗伊瑟(25岁)证实说,他来到鲍姆福斯家里,察看对方交给他的两匹刚织成的毛呢和准备织造的毛呢品种。事情结束后,鲍姆福斯"叫他的妻子摆上一些食品"。这些情况表明,由于鲍姆福斯比较富裕,人们希望他比别人更加慷慨大方。不过，即便这些年轻人尚未具备足以"对等"付费的能力，他们仍然被邀请一同喝酒而不是被排斥在外。

性别是中等阶层文化内部社会差别的另一项重要标志。鲍姆福斯对"雇员"身份的安东尼·克罗伊恶非常客气，但却毫不客气地"命令"妻子伺候他的饮食。鲍姆福斯对于核心家庭之外的妇女似乎没有多少歧视。他的客人中也有一些女客，然而，尽管他与她们的交往与对男客相似，我们依然可以看到其中存在的差异。例如，萨拉·波拉德（Sara Pollard）声称她们只能以一个便士而不是常规的两个便士打伙饮啤酒。然而，即便她们喝得较少，妇女依然要付与男人一样的"股份"（joint stock）钱。一天，朱迪斯·伍德（Judith Wood）感受到了这种差异，当时她想吸一斗烟丝，鲍姆福斯拒绝了她。但是当她邀请对方打伙时，鲍姆福斯便同意了，于是他们共享了一斗烟丝。其实更重要的是，妇女就像年轻人一样，她们仍然被包容在围绕鲍姆福斯家壁炉聊天的社交圈子里，她们并没有被贬到另一个场所。

小　结

哈利法克斯中等阶层文化的显著特征或许可以通过一对形象得到很好的体现。第一个形象是乔纳森·鲍姆福斯的形象，他坐在壁炉边接受邻居和"业务"伙伴的来访，他们一边畅饮大杯啤酒一边聊天。这一形象浓缩了17世纪晚期哈利法克斯中等阶层的社会包容性。除了接受他施舍的小钱而转眼消失的无名"乞儿"等例外情况，鲍姆福斯的世界并不是一个具有显著社会地位差异甚至社会角色差异的世界。[52] 业务（包括与经济状况类似的人以及与工人之间的业务交道）同休闲（包括老少之间和男女之间）全都交织在一起。这并不是某种工匠的黄金时代；法庭证词中涉及的民情既包括行业状况的忧虑和几乎望眼欲穿的工作渴求，也包括幽默故事和对浓啤酒的强烈嗜好。哈利法克斯中等阶层的人生无法摆脱 17 世纪种种问题和不平等的困扰；但是他们的人生是在所谓具有相对平等特征的文化环境中展开的，而这种平等存在于一个人数相当可观并且可以认定为中等阶层的集团内部。

另一个形象是在 1680 年斗鸡场混战中给予托马斯·桑希尔绅士挥臂一拳的阿贝·米切尔的形象，它图解了中等阶层与乡绅关系的特征。米切尔站在"穷人一边"的攻击，如同乔纳森·普里斯特利赞扬其长兄塞缪尔跟随费尔法克斯对国王开战的壮举一样，都暗示了中等阶层对于土地精英顺从的非确定性。普里斯特利和米切尔两人均为这个社会集团的成员，他们的文化使得自己对于通常承认的乡绅特权完全可能发起这种挑战，只要受到激励，挑战就完全可能发生。此外，阿贝·米切尔似乎还分享了中等阶层另一方面的文化。同期一桩诽谤案证词叙述了这样一个场面：有一天，阿贝·米切尔、另外一两个假绅士（包括在一次斗鸡中输给贾斯蒂斯·霍顿 30 英镑的约翰·格林伍德）以及一名染匠，在一家啤酒屋（或叫小酒店）里喝酒，有个酒友夸口他是酒店老板娘私生子的父亲。米切尔本人并没有提供证词，但他的酒友，包括"绅士"和染匠，都被卷入了详细调查酒店老板与老板娘关系的纷争之中。[53]由此可见，如同乔纳森·鲍姆福斯一样，米切尔这个富裕的呢绒商并没有十分排外的社交圈子。

哈利法克斯中等阶层这两方面的文化都必须联系塑造文化的社会经济实际加以理解，因为在17世纪晚期，哈利法克斯的经济社会结构与中等阶层理解他们在社会等级中的地位之间存在着一种联系。哈利法克斯的经济特征——土地持有权的细化、农业潜力的匮乏和乡村纺织业的兴盛——在很大程度上解释了中等阶层的文化。毛纺织业造就的独立性使得中等阶层的成员能够对地方乡绅的权威提出挑战。同样，毛纺织业为个人的发展提供了可能性；于是，社会差别难以维持，因为一个穷仆人出身的人临终时可能会是一名富裕的约曼农。生态状况的影响加上财产分割继承的惯例，给长时段身份集团的形成造成了困难，因为一代人积累的财富很难长期得到保持。

然而，文化与实际的关系必须作为反身关系来看待。就一个集团成员在其生活实际的基础上形成的对所在世界的认识而言，实际决定了文化；但是，文化又决定了实际的运行方式，因为它塑造了人们的行为举止。中等阶层关于哈利法克斯社会等级的看法，特别是他们的平等主义，有助于维护这种社会经济实际的结构。

例如，奥利弗·海伍德的日记显示，他对一些极不值得信赖的人颇有微词，因为他们的经济活动超越了自身的地位。譬如，他称托马斯·惠特利是一个"大高利贷者，极端富有"。同样，

42

在对天命例证的思考中，海伍德对于那些致富之人最终陷于悲惨境地的情况流露出某种快意。即便叙述自己家庭的历史，他也暗示物质上的成功不及虔诚的生活重要；海伍德将自己父亲生意场上的失利归因于上帝对他贪婪之心的惩罚。[54]的确，作为一名坚定的不从国教的牧师，海伍德丝毫不具备代表性；不过当我们发现他的财富文化观在乔纳森·普里斯特利的回忆录里引起回响时，我们可以看到这种文化传统中清教或新教对于财富的理解：财富只有用于正道，方能得到认可。[55]

这种对不义之财的态度不仅见于清教徒或不从国教者，而且在一定程度上，它是中等阶层平等主义社会秩序观的一项特征。在有关鲍姆福斯两份遗嘱的法庭证词中，有一份书面证词叙述了一场对话。鲍姆福斯向来客打听《每日新闻》上有何消息，乔纳森·哈格里夫斯回答说有些关于"股票投机"的报道（指"南海泡沫"破灭），但哈格里夫斯并没有真正搞懂，他问鲍姆福斯是否知道它到底是怎么回事。鲍姆福斯答道："他无法告诉答案，但担心它会毁掉一大批富人，因为，假如他们大量输出毛呢，则不会这样一无所得。"鲍姆福斯尽管消息并不灵通，但恰恰表达了一种传统的对于股票投机的不信任感；不过我们知道，事实上这个富裕的约曼农呢绒匠是从一个生产者的角度看待南海泡沫事件的，并希望他的运煤工客人赞同他的看法。然而不出一代人时间，与他经济状况相同的人在自己成功生涯即将结束之时，却心甘情愿地投资各类基金。他们不再像鲍姆福斯那样声称自己的经济世界就是一个诚实工匠的经济世界。

另一场对话在很大程度上给人们留下同样印象，并且显示了这些相对平等的文化观决定了经济实际的建构。在这次对话中，鲍姆福斯向来客打听"生意状况如何，并叹息业内形势如此萧条，穷苦百姓将何以为生"。来客回答，邻居中无一幸免，只有一名他称为"节俭者"（a saving man）的约翰·麦克里尔（John Mackerill）属于例外。[56]"节俭者"的实际含义并不清楚，但这一名称并不具有褒义。其言外之意是，一个人不应比他的邻居生活得更好。尽管这种文化观并未得到所有人的普遍认同——约翰·麦克里尔就在拼命赚钱——但它对于中等阶层世界内部经济变迁的潜力肯定形成了重大冲击。

注 释

[1] Daniel Defoe, *A Tour through the Whole Island of Great Britain* (1724; New York, 1968), 2: 600.

[2] 都铎 / 斯图亚特时期教区的行政责任已经转移给更有效能的地方镇区单位，这种安排在 1662 年获得官方确认：见 13 and 14, Charles II, c.12。礼拜堂辖区（chapelries）与镇区的管辖范围并不一定完全重合。

[3] John Watson, *The History and Antiquities of the Parish of Halifax in Yorkshire* (1775; Manchester, 1973), 85-124; Martha Ellis, "A Study in the Manorrial History of Halifax in the Sixteenth and Early Seventeenth Centuries," *Yorkshire Archaeological Journal* 40 (1960): 422-427.

[4] Thomas Allen, *A New and Complete History of the County of York* (London, 1828), 5:5.

[5] 该样本涵盖的时间是由下列事实决定的：约克主教区的遗产清单仅在 1689 年后才被连续保存下来。在 1690—1699 年的 292 份遗产清单中，

有 197 份清单（所占比例为 67%）包含数量不等的农产品。然而，这些
农产品的价值差异极大，从不过几先令的底线到大约 350 英镑的最高点。

[6] BIY/OW, Edward Slater, Shelf, March 1693/94.

[7] 同上，John Whittel, Elland, August 1697; James Oates, Warley, November 1695。

[8] 多数拥有大量土地的人，包括 Oates 在内，发现出租土地比自己经营更有利可图。1707 年，James Oates 的孙女们分割继承一块地产，这块地产仅一年的租金就达 400 英镑：见 Mark Pearson, *History of Northowram* (Halifax, 1898), 229-230; CDA/MAC/119/17, 18, Oates family deeds。

[9] Herbert Heaton, *The Yorkshire Woollen and Worsted Industries* (Oxford, 1920), 19, 75.

[10] David Levine, *Family Formation in an Age of Nascent Capitalism* (New York, 1977).

[11] 关于附属小教堂调查，见 Martha Ellis François, "The Social and Economic Development of Halifax," *Leeds Philosophical and Literacy Society Proceedings*, Literature and History Section, 11 (1966): 225。关于壁炉税，见 PRO/E, 179/210/393; 以 5 为乘数，乘以户数求得人口数。有关英吉利共和国时期人口登记簿的一项分析，见 Alan Betteridge, "Halifax before the Industrial Revolution: A Study of Local Administrative Records, 1585-1762," *THAS*, 27-28。

[12] BIY/OW, Jonathan Crowther, Nothowram, April 1694.

[13] BIY/OW, John Fielden, Heptonstall, May 1695; Isaac Smith, Northowram, March 1694/95.

[14] 同上，William Pearson, Northwram, May 1691; Robert Omeroyd, Erringden, August 1695; Luke Greenwood, Erringden, June 1691。

[15] 假如一个家庭过于贫困而无法缴纳教会税和济贫税，假如一个家庭的年收入不到 20 先令，假如一个家庭占有的土地价值在 20 先令以下或者其动产价值不足 10 英镑，那么其壁炉税将予豁免：见 Roger Howell, "Hearth Tax Returns," *History*, n.s. 49 (1964): 45。壁炉税作为一种考察社会结构的工具，其有效性在深入的个案研究中已得到确认：见 Margaret Spufford, *Contrasting Communities: English Villagers in the Sixteenth and Seventeenth Centuries* (Cambridge, 1974),

39, 41; Keith Wrightson and David Levine, *Poverty and Piety in an English Village: Terling, 1525-1700* (New York, 1979), 35; David Levine and Keith Wrightson, *The Making of an Industrial Society: Whickham, 1560-1765* (Oxford, 1991), 158-164。

[16] 关于特尔林村的情况，见 Wrightson and Levine, *Poverty and Piety*, 35。关于业已公开出版的其他地区壁炉税报告，见 T. Arkell, "The Problem of Establishing Regional Variations in England's Hearth Tax Household Structure during the Later Seventeenth Century," in *Regional and Spatial Demographic Patterns in the Past*, ed. R. Smith (Oxford, 1988)，转引自 Livine and Wrightson, *Making of an Industrial Society*, 157。

[17] "Some Memoirs Concerning the Family of the Priestlys, Written by Jonathan Priestly, 1696," *Surtees Society Publications* 77 (1883): 18, 26.

[18] Christopher Hill, "A Bourgeois Revolution," in *Three British Revolutions*, ed. J. G. A. Pocock (Princeton, 1980), 以及其著作 *Society and Puritanism in Pre-revolutionary England* (New York, 1964)。

[19] John Cobert, "A True and Impartial History of the Military Government of the Citie of Gloucester," 转引自 David Underdown, *Revel, Riot, and Rebellion: Popular Politics and Culture in England, 1603-1660* (Oxford, 1985), 169-170。

[20] Spufford, *Contrasting Communities*; Wrightson and Levine, *Poverty and Piety*; Levine and Wrightson, *Making of an Industrial Society*. 这些著作均未直接讨论中等阶层，但是它们所叙述的社会和经济进程显然与这个新社会集团的发展有关。

[21] Underdown, *Revel, Riot, and Rebellion*, 104-105, 165-182.

[22] Ann Hughes, "Local History and the Origins of the Civil War," in *Conflict in Early Stuart England: Studies in Religion and Politics, 1603-1642*, ed. Richard Cust and Ann Hughes (London, 1989), 242.

[23] 我在平行文化的概念方面得益于 Stuart Blumin, *The Emergence of the Middle Class: Social Experience in the American City* (New York, 1989), 38。

[24] 见 Barry Coward, *The Stuart Age* (London, 1980), 40-41, 或见 Keith

Wrightson, *English Society* (London, 1982), 23–31。

[25] J. W. Clay, ed., *Dugdale's Visitation of Yorkshire, 1666, with Additions* (Exeter, 1899); Watson, *History of Halifax*.

[26] 利斯特家族是布拉德福德一个比较重要家族的幼支，他们已经有几代人被记载为乡绅，并且与其他乡绅家族联姻。Thomas Ramsden 1698 年的遗嘱显示，他是一名绅士，因为他将地产传给长子并为其他儿子提供了为数 2000 英镑的遗产，将一名儿子送往大学，而将另一名儿子送到四法学院：见 BIY/OW, Thomas Ramsden, Greetland, June 1698。

[27] 见 Alan Everitt, *Change in the Provinces: The Seventeenth Century* (Leicester, 1969), 43–46, 以及他的论文 "Social Mobility in Early Modern England," *Past and Present*, no.33 (1966), 70–72。

[28] Stephen Ellis, Abraham Hall 和 Joshua Dearden 都拥有大片土地的所有权并且在遗嘱里自认为是绅士，但是他们中没有一个人可以被定为真正的乡绅。Ellis 曾经担任本镇区的教会执事和济贫监督员——这些职务与一个绅士的地位并不相配：见 BIY/OW, Stephen Ellis, Hipperholme, May 1689; Oliver Webb and Beatrice Webb, *English Local Government* (1906; Hamden, Conn., 1963), 1:15–19。Hall 在同期其他文献里以约曼农的身份出现：见 BIY/OW, Abraham Hall, Northowram, June 1694，和 CDA/SH:6/LD/17/1, lease of charity lands。最后，Dearden 和 Ellis 均按照当地分割继承的惯例划分他们的地产 (BIY/OW, Joshua Dearden, Sowerby, November 1696)，而我所看到的真正绅士的遗嘱全都实行长子继承制。例如见 BIY/OW, William Farrer, Ewood, September 1695 和 Thomas Damsden, Greetland, June 1698。

[29] Claire Cross, "Parochial Structure and the Dissemination of Protestantism in Sixteenth-Century England: A Tale of Two Cities," in *The Church in Town and Countryside*, ed. Derek Baker (Oxford, 1979), 269; A.G. Dickens, *The English Reformation* (London, 1964), 315.

[30] Underdown, *Revel, Riot, and Rebellion*, 106–145.

[31] Richard Cust, "Politics and the Electorate in the 1620s," in Cust and Hughes, *Conflict in Early Stuart England*, 143–151.

[32] Heaton, *Yorkshire Woollen and Worsted Industries,* 177–185, 197–

203.

[33] 转引自 H. P. Kendall, "Local Incidents in the Civil War," *THAS*, 1909, 7。

[34] Cross, "Parochial Structure"; M. E. James, *Family, Lineage, and Civil Society* (Oxford, 1978), 130–135, 195–196. 16 世纪晚期和 17 世纪宗教性遗产捐赠的大量增加，反映了清教信仰在教区获得的成功：见 Watson, *History of Halifax*, 549–728。

[35] Heywood, *Autobiography*; H. Armitage, "Mixenden Chapel," *THAS*, 1964, 1–15; James Miall, *Congregationalism in Yorkshire* (London, 1868), 245–377; T. W. Hanson, "Henry Root and the Congregation Church of Sowerby," *Congregational History Society Transactions* 6 (1913–1915): 327–332; University of Leeds, Brotherton Library, Friends Archives, EE/16/bis, Halifax Preparative Meeting, 和 Q4, Brighouse Monthly Meeting。

[36] Heywood, *Autobiography*, 1: 347; 2: 260–261.

[37] Heywood, *Autobiography*, 2:274, 293–294, 279.

[38] Heywood, *Autobiography*, 2: 271–272.

[39] 同上，279–280。

[40] 海伍德对此事件的直白表述显示，他本人（或许也包括其他人）并没有自觉意识到"公鸡"一词密切相关的双重含义。不管这种口头语言的意思是直白的还是含蓄的，有一点是清楚的，即男性以及与此相关的权力是随后争论中的一个重要问题。

[41] Pearson, *History of Northowram*, 232.

[42] Hughes, "Local History," 242; Peter Clark, *English Provincial Society from the Reformation to the Revolution* (Hassocks, Sussex, 1977), 173–178.

[43] William Hunt, *The Puritan Moment: The Coming of Revolution to an English County* (Cambridge, Mass., 1983); Wrightson and Levine, *Poverty and Piety*.

[44] James, *Family, Lineage and Civil Society*; Brian Manning, *The English People and the English Revolution* (London, 1976).

[45] Heywood, *Autobiography*, 1: 163–165.

[46] 普里斯特利的家族史充分说明了这一点，因为这个家族几代人的命运各不相同。乔纳森的父亲、叔父和他本人都在自己继承的为数不多的财产

基础上发迹。塞缪尔和乔纳森的父亲约瑟夫·普里斯特利从事呢绒生产，其产量足以让哈利法克斯镇维持 家店铺所需，此外他还经营从父亲那里继承的年收入达 25 英镑的农场。塞缪尔的两个叔父合伙经营父亲传给他们的遗产，从开始时的 100 英镑扩大到他们离世时的近 700 英镑。乔纳森回忆，他谋生时从父亲那里继承的遗产仅有 20 英镑，但是，其他家族成员在遗产经营上却不甚得法并最终死于贫困，见"Memoirs Concerning the Priestlys"。

[47] Armitage, "Mixenden Chapel," 3-4; Miall, *Congregationalism in Yorkshire*, 325; Heywood, *Autobiography*, 4: 128.

[48] CDA/MIC/8, Halifax churchwardens' accounts; CDA/SPL/143, 144, Sowerby constables' accounts. 教区职员的名字与壁炉税纳税情况的相应关系，见 PRO/E.179/210/393。

[49] 这一时期教区内下列镇区留存下来的账册，见 CDA/SPL/143, 144, Sowerby constables' accounts, 1620–1805; CDA/HAS/69（766），Northowram town book; CDA/HAS/65（767），Hipperholme town book, 1665–1785; 以及 CDA/MIC/8, Halifax churchwardens' accounts。

[50] 关于遗嘱检验证据方面比较详细的讨论，见 Lorna Weatherill, *Consumer Behavior and Material Culture in Britain, 1660-1760* (London, 1988)。

[51] BIY/CP, I/497, 498, 502, testamentary, Stead v. Baumforth. I/498 含有以下几段所涉及人物的法庭证词。

[52] BIY/CP, I/497, 498, 502, testamentary, Stead v. Baumforth. 有关乞儿的材料引自格雷斯·哈格里夫斯的法庭证词。

[53] BIY/CP, H/3498, defamation, Lister v. Barraclough, 1682. 同期另一桩诽谤案查明其他两名"绅士"在一家啤酒馆饮酒并涉嫌当地的诽谤事件：见 BIY/CP, H/3659, defamation, Saville v. Ramsden, 1685。

[54] Heywood, *Autobiography*, 2:263, 274; 3:207; 1:17, 19–22.

[55] "Memoirs Concerning the Priestlys"; Paul Seaver, "The Puritan Work Ethic Revisited," *Journal of British Studies* 19 (1980): 35–53.

[56] BIY/CP, I/498, depositions of Jonathan Hargreaves and John Badget.

第一编

过程：中产阶级经历的形成

17世纪晚期哈利法克斯中等阶层与任何潜在的中产阶级之间的内在联系看来是成问题的。中等阶层世界的一致性（coherence）可能被夸大了，当然这种一致性确实存在；经济社会实践与对这种实践的文化理解之间具有若干方面重要的相通性。但是就17世纪哈利法克斯中等阶层世界的一致性而言，似乎还不足以形成使阶级认同得以产生的巨大潜力，因为中等阶层在（经济）利益上尚不具备一种共有的并且不同于"他人"的认同感。这倒不是说当时的社会是一个毫无冲突的社会；更确切地说，建立在诸如不从国教者与国教教会之类冲突基础之上的认同感，被其他相左的认同感，如邻里（neighborhood）或"乡土"（country）等自立性的认同感所窒息。

甚至不能够认为，中等阶层的社会经济经历可以支撑一种阶级认同。中等阶层的社会经济实践丝毫不能以阶级经历的情况加以看待。阶级经历与阶级认同这两者不能等同，但阶级经历是阶级认同形成的必要条件。因此，有关中产阶级文化的历史必须从分析"共同经历"如何能够导致中产阶级认同产生开始。[1]

要解答这个疑问，就面临文化理论的一个核心问题——如何解释文化变迁。作为一种社会分析的工具，文化理论的重要方面在于它强调文化在社会经济实际与个人之间起着一种中介作用。

46

个体通过文化屏幕观察客观世界，因为文化（它是群体而非个体的所有物）通过将这些个人赋予他们世界的意义加以构建而塑造经历。在许多历史学家以及越来越多的人类学家看来，这种深刻的见识被它反常的静止和非历史的文化图景所损害了。[2]描述斗鸡、骚乱、欢宴等活动的种种脍炙人口的读物并不否定历史变迁的事实，但是行为、意义与世界之间显示出来的匹配性却排斥了内部变迁的可能性。与我们有关的实例就属于这种情况。假如中等阶层文化具有一致性——他们的世界与他们赋予世界的意义具有匹配性——那么变迁是怎样发生的？假如行为、观念以及实际是由中等阶层的文化塑造的，那么一种新的经历，中产阶级的经历，又是怎样形成的？

要回答这一问题，并不需要抛弃文化理论。一种建立在实践理论基础上的分析为文化变迁的解释提供了可能性，它既在文化理论中注入了历史观念，又同时避免了将变迁原因完全归之于社会经济实际，或倒过来完全归之于个人行为而产生的问题。[3]具体做法是，强调文化、实际与个人三者关系的反射性（reflexive nature），以及关注这些反射关系如何通过生活中的个人实践得以维持或变更。这一理论承认，通过塑造人们对于自身世界的看法，文化结构制约着个人行为；但是它同时强调，这些结构又不断被它们赋予活力的行为所重构。简言之，实践理论认为，文化既建构实践同时又被实践所建构。[4]

这种分析模式对于本书来说尤为关键，因为中产阶级文化起源的考察不能声称文化变迁是外部影响的结果。作为对照，不妨

看看工人阶级的情况。从本质上看，E·P·汤普森认为，工人
阶级的经历是随着那些分享手工工匠文化的个人理解工业化导致
的新的经济、政治和社会关系而形成的。这种观点的长处在于顾
及变迁的同时维护了文化与行为之间的关系，但是变迁的动力则
被完全置于相关文化之外。在一般情况下，这种观点是完全站得
住脚的。例如，就那些对传统文化与西方影响的互动关系抱有兴
趣并进行历史考察的学者而言，这种观点在他们的人类学著作中
得到了进一步发挥。[5]然而，它无助于解释从中等阶层向中产
阶级的转变，因为有关变迁基本上是发生在文化内部的。中产阶
级经历可以随着人们对工业化进行回应而形成，但是，正是这个
集团的人们首先在促进着工业化的发生。实践理论对于这种分析
来说之所以意义重大，是因为它指出了变迁可以作为实践结构改
变的结果而缓慢地发生。17 世纪晚期至 18 世纪中叶，新的文化
结构在哈利法克斯形成，它既包含了新的经济和社会实践，也包
含了一种新的文化框架，这些实践正是在此框架内得到了理解。
该过程是因双重行为方式产生的，一方面是人们对变化中的经济
和社会环境作出反应的方式，另一方面是他们用行动表示他们如
何理解自身世界变迁含义的方式。这一过程的结果，是一个特殊
集团即早期中产阶级共同经历的形成。

　　因此，过程是第一编两章的主题。第三章考察毛纺织业中的
经济和文化变迁。由于该项工业对于教区经济是如此重要，所以
它在 17 世纪晚期至 18 世纪中叶出现的相关重大变化，对于理解
哈利法克斯中产阶级的起源具有特别重要的意义。这种经济发展

48

产生了双重影响。其一，它造就了一个由一批富裕家族构成的实力雄厚的集团，一个比17世纪晚期的小乡绅大得多和比中等阶层富裕得多的集团。其二，它使这个集团比小乡绅或中等阶层更加依靠资本主义市场关系来谋取财富。这一时期毛纺织业的发展并不是革命性的。商人和工场主的财富以及使他们致富的新生产方式是逐渐形成的，但两者都有助于造就中产阶级产生所必要的共同社会经历。

第四章考察同期货币市场和消费方式的变化，这些变化是纺织业变革的必然结果。这些变化表明，纺织业变革的影响大大超出了工场和毛呢市场的范围。如同第三章一样，本章的分析也显示，这些变化是与相互联系的经济发展和文化发展——实践结构同步变化的结果。

第一编还探讨了文化理论应用于复杂社会所引起的若干问题。哈利法克斯并不是一个文化孤岛。因此，分析哈利法克斯中产阶级经历的形成，必须弄清哪些文化变迁属于教区特有的发展所引起的文化变迁，哪些文化变迁属于整个英国的发展所引起的文化变迁。文化理论现有的解释在这里并不十分有用，因为它们多半分析的是未分化社会。然而，只要像罗歇·夏蒂埃那样强调挪用过程（process of appropriation），就可能使理论得到调适，并且应用于相关的复杂社会。[6]随着主题被移用然后被重新吸收，文化与实际之间存在的反射性同样也存在于纯粹的地方文化类型与地区或全国性文化类型之间。这一问题在第三章讨论纺织业发展如何受到市场结构变动的影响时有所涉及，在第四章则是分析的重点。哈利法克斯货币市场和消费方式的变化与范围远为广阔的地区和全国的变迁过程有关。但是，哈利法克斯出现的文化变迁并不只是对于其他地方规模更大、意义更为重要的变迁所作出的微弱反应，倒不如说，作为全国诸方面发展的一种结果而在这一时期形成的中产阶级的特殊经历，在哈利法克斯特殊的社会经济环境中得到了恰如其分的展现。

注 释

[1] E. P. Thompson, *The Making of the English Working Class* (Harmondsworth, 1968), 8.

[2] 关于两项分别由一位历史学家和一位人类学家就文化理论局限性进行的讨论，见 William Sewell, *Work and Revolution in France: The Language of Labor from the Old Regime to 1848* (Cambridge, 1980), 10–13，和 Renato Rosaldo, "From the Door of His Tent," 载 *Writing Culture: The Poetics and Politics of Ethnography*, ed. James Clifford and George E. Marcus (Berkeley, 1986)。

[3] 关于这一问题的讨论，见 William Sewell, "How Classes Are Made: Critical Reflections on E. P. Thompson's Theory of Working-Class Formation," in *E. P. Thompson: Critical Perspective*, ed. Harvey Kaye and Keith McClelland (Cambridge, 1990); William Reddy, *The Rise of Market Culture* (Cambridge, 1984), 以及他的 *Money and Liberty in Modern Europe: A Critique of Historical Understanding* (New York, 1987)。

[4] Pierre Bourdieu 的著作在这方面具有特别重要的意义，因为他认为，时间因素对于解构结构主义有关静态社会的论述是至关重要的：见 *Outline of a Theory of Practice*, trans. Richard Nice (Cambridge, 1977)。

[5] 马歇尔·萨林斯关于詹姆斯·库克船长在夏威夷群岛所受接待的描述以及莱那托·罗萨尔多关于伊洛戈特人猎头的史著都包括变迁问题，并且

非常巧妙地将其与他们的文化观点联系起来。然而，在以上两种情况以及在汤普森关于英国工人阶级的著作里，文化变迁最终是由外部因素造成的——分别为船长库克、殖民统治的不同阶段和资本主义市场关系的扩大：见 Marshall Sahlins, *Islands* (Chicago, 1985);Renato Rosaldo, *Ilongot Headhunting* (Stanford, 1980)。关于我对这些著作的评论，需要进行两点防止误解的说明：第一，这些文化变迁仅仅是整个体系中的一种"反应"；这三部著作都对个人行为在文化变迁中的作用进行了十分细致的探讨。第二，这些案例中运用的文化变迁模式对于有关作者论述的问题是完全适用的，因为每项案例的事件过程中均存在重大的外部影响。然而，这种研究方法对于中产阶级起源引发的历史专题来说却是不适合的。

[6] Roger Chartier, *The Cultural Origins of the French Revolution*, trans. Lydia Cochrane (Durham, N. C., 1991).

第三章

哈利法克斯纺织业的经济和文化变迁

17 世纪晚期至 18 世纪晚期，约克郡西区的毛纺织业迅速发展，超过了它在西南部诸郡和东盎格利亚地区的竞争对手。[1] 这种增长速度从西区在英国毛呢出口市场中所占比例的攀升中得到了反映：18 世纪初其比例为 20%，到 1770 年已达到将近 50%。[2] 西区毛呢检查官们（cloth searchers）的记录提供了一种印象稍逊的情况，他们登记销售前经过缩绒加工的宽幅和窄幅毛呢的数量（见 69 页图表）。况且，这些数字不包括绒线呢（worsted cloth）在内，而绒线工业恰恰是该地区纺织业中最具活力的部门之一。公元 1700 年以前，绒线呢实际上还毫无声名，但到了 18 世纪 70 年代，西区的绒线工业在产值上已经基本赶上了毛纺工业，并且与一度是英格兰最大绒线呢生产地的东盎格利亚的产量相当。

由于无法分解这些数字，因而不能精确表明哈利法克斯在 约克郡西区纺织工业中占有的地位。不过它的地位肯定十分重要，因为哈利法克斯与利兹和韦克菲尔德一样，都是西区毛纺织地区的中心。从人口和财富的增长状况可以看出，18 世纪该教区经济得到了显著发展。在一个全国人口总体上只有缓慢增长的时期，哈利法克斯人口却从 1664 年的 3844 户猛增到 1764 年的 8263 户。18 世纪晚期其人口继续增长，1801 年达到 12031 户。[3]考虑到教区农业资源的贫乏，那么这些家庭很可能依靠纺织品生产为生。尽管财富的数量难以估计，但这一时期纺织业的发展至少使部分教区居民变得相当富裕。1750 年以后教区矗立起一批豪华宅邸，与富人财力相称的舒适生活设施变得更加常见。教区纺织业的发展以及它所造就的富裕商人和工场主集团的成长，导致了对于一种中产阶级特殊经历的形成来说至关重要的文化变迁。

工场制造业的出现

哈利法克斯纺织品生产的增长，一部分是通过家内制（domestic system）的扩张取得的。呢绒工匠起步所需贷款金额的有限性、土地的可得性、甚至家内制呢绒工匠生命周期的预期值，这些因素都为独立手工匠人生产的增长提供了可能。假如我们从教区人口的增长和持续围占荒地与建造茅舍的过程来考察，情况确实如此。然而，18 世纪哈利法克斯毛纺织业更重要的变化在于结构上的变化，因为它的增长与比较集中的生产方式的出现有关。虽然哈利法克斯的毛呢制造一度依靠独立工匠，他们生产用于本地市场销售的呢布，但是这种生产越来越被商人—工

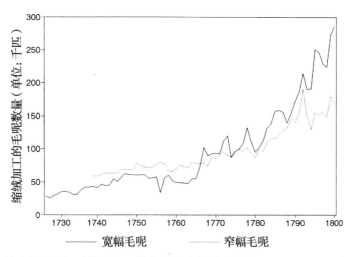

约克郡西区经过缩绒加工的宽幅和窄幅毛呢数量，1728—1800 年

资料来源：British Parliamentary Papers, 1806（268），vol.3, *Report on the Woollen Manufacture,* 25。

场主（merchant-manufacturers）或单纯的工场主所支配。工场主涉及的生产关系不同于家内制条件下商人与工匠之间的生产关系。工场主与商人有相似之处，他们在国内和国际市场上销售大批毛呢；但是他们又不同于商人，工场主直接介入毛呢的生产过程，包括购进羊毛，使其纺成毛纱，然后将毛纱织成呢布。工场主与家内呢绒工匠有相似之处，他们也制造毛呢；但是他们又不同于工匠，工场主向他人支付工资以完成这项工作。因此，他们将商人和呢绒工匠的职能加以结合并进行改造，组织工资劳动者进行大规模毛呢生产，然后亲自从事销售，并且往往完全超越本地市场。

哈利法克斯纺织业结构变化的最早证据见于 17 世纪晚期的

遗产清单。[4]这些材料显示，一些个人拥有数量上远多于富裕家内制呢绒工匠的纺织品。这些工场主的经营范围差异极大。一些早期工场主的活动仅限于后期加工。[5]托马斯·朗博瑟姆（Thomas Longbotham）家中拥有一间设施良好的呢绒后期加工工场，1639 年他去世时留下价值 34 英镑的羊毛剪、剪毛台、砑光机和绷布架，以及价值 200 英镑的大批兑瑟粗呢。另一些工场主则进行毛呢后期加工前的染色：托马斯·基特森（Thomas Kitson）身后留下价值 85 英镑的染料和染缸以及价值 220 英镑的大批已染和未染呢布。还有些工场主直接从事大规模的毛呢制造。与朗博瑟姆相似，纳撒尼尔·克肖（Nathaniel Kershaw）拥有不太昂贵的后加工工具以及价值 135 英镑的克瑟呢，但他还拥有价值 87 英镑的羊毛和毛纱。鉴于克肖在遗嘱里留下一笔捐赠物给"我的羊毛纺工和我的呢布制造匠"，因而很可能他已将大批原料分发给他人纺与织，随后再将呢布运到自己的工场进行后期加工。据遗产清单记载，另一名工场主本杰明·霍尔罗伊德（Benjamin Holroyd）有价值 49 英镑的"若干匹毛呢在制造匠手中"，而丹尼尔·沃克（Daniel Walker）也有部分毛呢"正分发在外面制造"。[6]

由于 1689 年以前的遗产清单没有保存下来，因此无法断定朗博瑟姆、基特森和克肖就是哈利法克斯最早的纺织工场主成员，不过史料给人提供了这样的印象。他们人数的有限性——1690 至 1716 年 497 份遗产清单构成的样本中只有 32 份属于工场主——以及他们许多人经营规模的有限性，反映出 1700 年前后的几十年里，市场才刚刚变得对这类企业有利。[7] 17 世纪 90 年代之后哈利法克斯大型工场制造业的出现，与英国纺织业整体状况的改善有关，这是威廉三世进行战争的结果。[8]

尽管哈利法克斯的工场制造业最终瓦解了家内制，然而起初两者却是可以相容的。它们都依靠同样的贸易联系、漂洗工场甚至劳动力等基础条件。克肖之类的工场主很可能在市场上从独立呢绒工匠手中购买部分毛呢，然后依靠自己的工人进行必要的专门加工或定型。因此，市场依然是生产者与商人之间货品流转的主要渠道，而支撑家内制呢绒工匠的基础条件基本上没有遭到破坏。[9]

更重要的是，工场制造业和形形色色的工场主似乎很自然地是从家内制内部产生的。[10] 一份 17 世纪的珍贵账册显示，在 17 世纪 50 年代早期，约翰·利斯特（John Lister）还是一名毛呢研光工兼商业代理人；他以一个伦敦商人（其表兄）的名义从家内制呢绒工匠手中购进毛呢，将它们研光，然后运到买主那里。约翰·利斯特的"利润"来自毛呢研光所得的工资，或许还有商业代理方面的佣金。到 1658 年，利斯特成为一名像朗博瑟姆那样的工场主；尽管他依然加工其表兄名下的毛呢并获取酬劳，但他已经自行购进大批毛呢，进行后期加工，再将其运至伦敦出售。1662 年约翰·利斯特去世，其子塞缪尔继承工场事业，他购买若干呢绒工匠的毛呢在自己的工场进一步加工，将成品发往伦敦那个表兄家中，由后者设法在呢绒大厅销售。[11]

利斯特的家史表明，工场主很容易从约曼农呢绒工匠的队伍中产生；甚至就筹集必要的资本而言，似乎也并不需要他们倾注全部财力。[12] 目前所能看到的有关 17 世纪和 18 世纪之交另外一些工场主祖辈的情况，与上述结论大致相符。例如，纳撒尼尔·克肖的父亲是一名缴纳 3 个壁炉税金的约曼农，并且给孙辈留下了多达 330 英镑的钱财。[13] 相比之下，杰里迈亚·赖利（Jeremiah Riley）的家境就不那么富裕。祖父亨利仅有一所住宅，手中的现金似乎也不多，长孙乔治得到的遗产除这所房屋外总共只有 12 英镑。[14] 然而另一方面的证据则显示，工场主同样容易退回到约曼农呢绒工匠的行列而丧失现有身份。18 世纪头 10 年期间，哈利法克斯的一名呢绒代理人致函某客户，希望对方购买他兄弟存放在荷兰而至今未能脱手的一捆毛呢。他解释说，他的兄弟由于市场价格跌落而陷入困境，现在打算亏本抛售。他还说，他的兄弟今后不再打算从事制造业。[15]

由此可见，18 世纪初虽已出现工场主，但在属于中等阶层的约曼农呢绒工匠居支配地位的家内制汪洋大海面前，这种新生产方式的影响还是微不足道的。不过从长时段看，毛纺织业的演进的确逐步削弱了哈利法克斯的家内制。随着工场主人数的增加及新生产方式的成长，独立家内制生产者的生存能力逐步下降。这种发展不应想象为一种大规模向"工厂"生产的转变。即便到 18 世纪末，家内制生产还并未陷入灭顶之灾。然而，18 世纪上半叶发生的种种变化不仅开始造就一支无产化的劳动力，也造就了一个新的由富裕工场主和商人组成的集团。

18 世纪的纺织工场主

18 世纪中叶，逐步支配哈利法克斯纺织业的工场主具有 17、18 世纪之交出现的工场主所不具备的两个特征。第一，这个集团一些成员的经营规模是 1700 年的人难以想象的。索伊兰（Soyland）镇区的塞缪尔·希尔（Samuel Hill）是这些大工场主中最大和最著名的人物之一，1745 年其年营业额达 3 万英镑以上。[16] 索沃比镇区菲尔德豪斯的斯坦斯菲尔德家族（the Stansfields of Fieldhouse），包括父子两代，都是大工场主。尤其是小乔治（George Jr.），其营运资本约近 8000 英镑。[17] 斯克科特（Skircoat）镇区的塞缪尔·利斯（Samuel Lees）与约翰·爱德华兹（John Edwards）合伙的企业资本达 12000 英镑，而哈利法克斯的戴维·斯坦斯菲尔德（David Stansfield）与迈克尔·温豪斯（Michael Wainhouse）的合伙资本接近 1 万英镑。[18] 这些巨子既是工场主也是商人。除了向外发放原料进行产品加工外，他们也从市场上购进货品，或者用订单让小工场主加工，并且与伦敦和海外客商保持着密切广泛的联系。

的确，并不是所有 18 世纪中叶的工场主都是像希尔、斯坦斯菲尔德或利斯那样的大企业主。许多人的企业在组织和规模上与 17、18 世纪之交时大体相似。例如，托马斯·沃尔顿（Thomas Walton）被称为夏龙呢制造商（shalloon maker），这是用来称呼小工场主的名称，他们雇用梳毛工、纺工和织工在自己家里生产。[19] 另一名工场主约翰·萨克利夫（John Satcliffe）

57

的年营业额很可能达到 2000 英镑，但他离家内制呢绒工匠的世界并不遥远，尽管他已不再是繁忙的农夫。在他的记事本里，既记录了自己如何添置一台制造某种条纹呢的织机和选择上好大青染料进行染色的情况，也记录了对付"一头不干净的奶牛"和"牲畜腹泻"的诀窍。[20]

第二，这个集团本身要大得多；18 世纪中叶有更多投身制造业的工场主，他们对教区纺织业的整体支配程度也大大超过以往。[21]他们控制生产的原因之一，在于同传统克瑟呢生产比肩而立的绒线工业（worsted industry）的成长。克瑟呢是一种窄幅和相当粗糙的毛呢，用刷过的短纤维羊毛制造。与克瑟呢不同，绒线呢的原料采用长纤维羊毛，将其同向梳齐后进行纺纱。[22]一般说来，绒线呢质地不像传统毛呢那样厚重，并且无需采用后者那种复杂的加工程序。绒线呢的种类也十分繁多——夏龙呢、平纹呢（tammies）、羽纱（camblets）、卡利曼科呢（calimancos）、褐色呢（russets）、坚固呢（everlastings）、斜纹呢（grograms）只是其中少数几种毛织品的名称——而有些品种如贝斯呢（bays）、哔叽（serges）、长厄尔呢（long ells）之类，则是用刷过的羊毛与梳过的羊毛混合织成的。[23]

17 世纪最后十年中，绒线呢通常作为家内毛呢生产的附属物被引进约克郡。[24]正是从这一小小的起点开始，绒线呢制造业在哈利法克斯取得了超常的发展。18 世纪 20 年代早期，丹尼尔·笛福在他周游大不列颠的途中考察了这个教区，他提到，哈利法克斯居民每年生产"10 万匹夏龙呢"。[25]假如笛福的数字有些夸张，那么更可注意托马斯·沃尔里克（Thomas Wolrich）的估计，1772 年这位利兹商人向议会陈述约克郡西区纺织业的状况。据他估计，约克郡西区绒线呢的年产值（140.4 万英镑）几乎与传统毛纺织业相当（186.97 万英镑）。[26]

尽管绒线呢起初是在家内制背景下制造的，但它并不特别适合家庭作坊，并且在生产上逐步被托马斯·沃尔顿和约翰·萨克利夫那样的中、小工场主控制。生产一匹绒线呢所需的纺毛工序在劳动量上超过其他环节，所以由妇女儿童从事的纺毛和其他相对非熟练工序，与由男人从事的相对熟练的工序之间，在劳动比例上与一般家庭的劳动力结构并不相符。[27]的确，工场主没有这方面问题；因为他向外分发原料，所以他可以雇到数量和技术恰当的劳动力。生产一匹绒线呢也需要更多资本。[28]加工绒线呢的羊毛必须进行仔细分拣，而经过梳理后剩下的短纤维羊毛（即"落毛"）则成为派不上用场的下脚料。因此，绒线呢制造者不得不购买比实际使用数量更多的羊毛。当然，用不上的部分可以重新卖还给羊毛商人和其他工场主，但是这需要有比一般家内制呢绒工匠更多的资金储备。[29]

绒线工业的家内生产者并不是被迫放弃他们的独立性。依附于某个分发原料的工场主并非没有好处。例如，与绒线呢制造有关的准备工序中的梳毛就是如此。梳毛（combing）不同于刷毛（carding），后者是一种连孩子也能干的简单活计，而前者很快被认为是一种技术活，因而是由获得较高工资的男人所干的行当。[30]在这种情况下出现了技工家庭（artisanal households），他们根本不打算包揽绒线呢制造所有工序的活计，因为他们可以依靠梳毛工的高工资生活，或许加上一点妻子的纺毛劳动作为补充。引进织造条纹呢的提花机产生了类似效果；操作提花机需要技术熟练的男织工，他们的工时报酬较高，因而犯不着把精力耗费在那些报酬偏低的工序上。因此，家内制呢绒工匠逐渐放弃他们的独立性以谋取更高的工资，结果形成了工场主组织下生产过程分工的扩大。[31]

然而，制约绒线呢生产过程的内在要求不能从整体上解释哈利法克斯工场制造业的扩张，因为当地传统的克瑟粗呢也越来越多地由工场主而不是由家内制呢绒工匠进行制造。的确，工场主对克瑟呢行业的支配甚至更引人注目，原因在于克瑟呢生产是教区大工场主经营领域里的重要组成部分。例如，塞缪尔·希尔和乔治·斯坦斯菲尔德制造的克瑟呢数量相当于绒线呢的两倍。[32]不仅如此，尽管多数大工场主同时经营两类毛呢，但他们多半从较小的工场主那里购进一部分绒线呢，而采用广泛的分发制方式生产克瑟毛呢。[33]

因此，工场主支配地位加强的第二个重要原因在于包括传统毛呢和绒线呢在内的市场体系的变化。就最简单的道理而言，市场上这些纺织品的增加给予工场主以获取更大利润的前景。即便最早的工场主也处于赚取较大利润的有利地位，因为随着其经营规模的扩大，他们能够绕过中介人——包括羊毛供应商和呢布商——而家内制呢绒工匠却不得不与这些人打交道。例如，1706年约瑟夫·霍尔罗伊德提到，某些工场主开始以委托方式发送到

荷兰销售的货物，因为他们将会"从这些外发的货物中获得比在   61
国内销售更大的收入"。[34] 该世纪下半叶的证据表明，出口贸
易利润仍然吸引着工场主，尽管大陆贸易面临更大的困难。虽然
市场波动降低或甚至抵消了他们的利润所得，乔治·斯坦斯菲尔
德先生和塞缪尔·希尔仍然继续向海外出口货品，目的在于出口
市场形势一旦好转时他们依然具有畅通的外部联系。[35]

18 世纪 30 年代塞缪尔·希尔进入绒线呢行业，同样受到出
口贸易预期利润的驱动。当时绒线呢行业在哈利法克斯已完全站
稳脚跟；因此他不是引进新产品，而是改变交易方式，摆脱利兹
和伦敦商人，依靠广泛的商业合同将自己的绒线呢销往国外。希
尔费尽心机地向他的荷兰贸易伙伴推销这种观念。在销售绒线
呢的早期阶段，他不得不恳求他们进点毛呢尝试一二，而他宁可
"微利"销售，"直到它们被认可为止"。[36]

不管是沃尔顿那样的夏龙呢制造商还是像斯坦斯菲尔德那样
的巨头，18 世纪所有工场主在扩大毛纺织品市场方面都具备另
一项优势。由于工场主既是生产者也是销售者，他们在每匹布的
生产与它的终端市场之间建立了一种紧密联系。作为生产者，工
场主能够获得比家内制呢绒工匠远为确切的市场需求信息，所以
他们在使自己的活动适应市场方面处于更为有利的地位。的确，
购买家内生产毛呢的商人拥有同样的信息，但是只有工场主能够
将这种知识与有关毛呢生产品种和质量的决策结合起来，因为他
们控制了生产。

约瑟夫·米尔纳（Joseph Milner）在 17 世纪 80 年代的账册   62

显示，家内制呢绒工匠与其产品市场的联系实际上是多么微弱。不管是自己经营还是作为代理商，米尔纳都从哈利法克斯市场购进呢布并将其运送到一名伦敦商人手里，然后再由后者出口到一个荷兰批发商那里。[37] 约瑟夫·霍尔罗伊德（Joseph Holroyd）作为 18 世纪早期的代理商，其经营活动代表了一种相对先进的家内制市场类型，然而他采购的毛呢从制造到销售仍要经历两三道人之手。当霍尔罗伊德以一个荷兰商人的名义从独立呢绒工匠那里购买一匹毛呢时，制造毛呢的工匠对于产品最终市场的情况没有任何直接了解。[38]

相反，18 世纪早期开始向荷兰出口毛呢的工场主与他们产品最终市场的联系要密切得多，因为与交易相关的唯一中介就是经营他们毛呢的荷兰代理商。不过，这种出口商品的委托制存在两个重要缺陷。其一，工场主承担全部贸易风险。例如，乔治·斯坦斯菲尔德先生在 1729 年价格暴跌阶段打算完全放弃贸易，因为存放在荷兰代理商货栈里的两捆毛呢所能卖出的价格"使我叫苦不迭，这对于我来说损失惨重"。代理商可能面临的一切损失就是委托制损失的组成部分。其二，工场主依赖他们的代理商（通常只是一名）获取市场信息。1728 年价格下跌之初，斯坦斯菲尔德除了按照代理商的建议削减产量外别无他策，尽管哈利法克斯的迹象表明这是一项"有利可图的行业"。[39] 因此，在委托制条件下，工场主比傀儡强不了多少，因为企业主有关市场的决策是由他们外地的商务代理人作出的。

63 　　1730 年克瑟呢市场开始回升，斯坦斯菲尔德乘机改变向荷兰出口毛呢的基础。经历了一个夏季克瑟呢供应短缺之后，他于8月份写信给荷兰的约翰和彼得·多维勒商行（the Dutch firm of John and Peter Dorville），表示愿意卖给他们一捆在萧条阶段未曾抛出的存放在当地的毛呢。为了使对方明确他的意图，斯坦斯菲尔德简要介绍他的供货方式说："不采用委托制，贸易效果会好得多。如果我的建议正中你们下怀，我将十分乐意为你们效劳，如若不成，则让我们的关系和睦如初。"[40] 随后信件显示，他正在建立一种新的交易体制，以荷兰商人事先提供的定单作为向这些人出售毛呢的基础。这种体制在以后20年的毛纺织业中成为标准的交易体制，它降低了工场主的贸易风险，也给予他们更大的市场控制权。只要工场主将成捆毛呢运至赫尔（Hull）港交货，客户就必须承担海上损失和市场波动的风险。这样一来，工场主的风险就降低了。更重要的是，工场主不再仅仅依靠某一个单独的代理人在荷兰市场上进行交易，他们可以与自己看中的许多商人打交道。1730年夏季过后，斯坦斯菲尔德同荷兰的其他商人接触，并且没有忘记告诉他们自己已有客户这样一个事实：今后他们并不是他的商品唯一可能的买方。塞缪尔·希尔1737年至1738年的信件也为工场主方面新的独立性提供了凭证，他告诉某家商行，他不会同"那些不愿意按市场时价接受本人货品的人打交道"，他也开始向新商行征求定单。到18世纪40年代，希尔向30到40名商人供应毛呢。由于向好几个商人履行定单，工场主可以形成比家内制呢绒工匠强得多的市场判断能力。[41]

事实确实如此，一旦以事先提供的定单为交易基础，大工场主的贸易网络就不断扩大，并且使他们增强了对于自己商品市场的控制权。从18世纪40年代开始，塞缪尔·希尔直接同荷兰以外的商人展开贸易——从销往荷兰的毛呢大部分又重新出口到欧洲其他地方的事实来看，这项举动无疑是一个具有重要意义的进展。[42]乔治·斯坦斯菲尔德先生也寻求向荷兰以外地方出口的可能性。18世纪70年代，他雇用塞缪尔的儿子理查德·希尔（Richard Hill）作为自己的商务经纪人，探求与布洛涅（Boulogne）、莱戈恩（Leghorn）、毕尔巴鄂（Bilbao）、圣塞巴斯蒂安（San Sebastian）建立贸易联系的可能性，并且同大陆内地城市"具有大量资财和良好信誉并且本身也是商品零售商的客户"建立通信联系。[43]希尔和斯坦斯菲尔德仍然向荷兰发送大宗货物，但是他们在使自己的商品进入其他渠道以及了解这些市场的信息方面具有优势，这种优势只有将生产者与商人的职能集于一身才能获得。

工场主更能了解市场信息的优势在绒线呢行业体现得尤为充分，因为绒线呢的花色品种层出不穷。尽管绒线呢的地位到18世纪下半叶被棉布所超越，但它对于18世纪中、下层民众来说仍然是一种"时尚"（fashion）布料，时尚造就的需求有助于解释约克郡绒线呢的增长。[44]按照定义，时尚具有变动性；由于工场主直接了解市场，他们能够发现哪些品种正在流行。更为重要的是，绒线呢行业不会对工场主不认同的心血来潮式的时尚进行回应，因为只有工场主能够引导制造者适应时尚产品的需求。以上两点，均被约翰·萨克利夫试图说服伦敦一家商行选择他提供的某种花纹"图样"（draft）而非定单要求的条纹呢花样的事例所证实。作为生产者，萨克利夫能够解释，如果织造定单要求的那种毛呢花样，就必须改换带有"新齿轮"（new gears）的织机，这样做既费钱又费时，而他推荐的化纹图样则是以他对市场行情的深入了解为依据的。[45]

工场主控制毛呢生产能力的加强，与他们对毛呢市场行情了解程度的加深同样重要。即便在家内制条件下的克瑟呢市场，也能够感受到统一毛呢质量的压力。约瑟夫·米尔纳和约瑟夫·霍尔罗伊德在哈利法克斯市场收购克瑟呢时，对于一次能够向他们成批出售 10 到 20 匹毛呢的制造者尤其感兴趣。而当霍尔罗伊德无奈用所收购的几名制造者的毛呢来对付一张定单时，他心中深感不安。[46]工场主在这方面的优势不言而喻，因为他们可以用同样的羊毛和同样的规格成批生产毛呢。一位客户向塞缪尔·希尔预订 300 匹夏龙呢时提出："如果它们全都是您制造的产品，我将十分满意。"[47]

保持质量一致的压力在绒线呢行业中尤为明显，因为产品的系列性和复杂性要求工场主控制整个生产过程。在答复伦敦一家商行的条纹夏龙呢定单时，约翰·萨克利夫解释说："我们无法提供像您上次收到的那种出自同一位或其他任何手艺高超工匠之手的毛呢，尽管价钱比您以前得到的要低……让您接受杂配布匹（odd pieces）是不合适的，我指的是由 6 或 8 个工匠的产品凑成的 20 匹毛呢，对您而言，呢布应该全都是上等纯色羊毛织成的，染色精致高雅或用不着上色。"[48]"杂配布匹"的缺陷在于，像

65

萨克利夫等人提供的杂配的条纹呢这类产品，不同织工之间手艺上的差异会损害产品形象，羊毛底色上的差异所造成的影响也同样如此。客户希望得到一批出自同一名织工或最多两名织工之手的毛呢，而正是工场主建立了这样一种体制：接受定单，向织工提供合适的羊毛，视其加工进展状况付酬，最后将完成的定货发送给客户。

对生产过程的控制保证了产品质量的高度一致，这对于任何大小工场主事业的成功来说都是至关重要的，其重要性可以从他们精心保护自己商标的行为中得到体现。18世纪30年代后期，塞缪尔·希尔刚刚开始从事绒线呢制造，他在给一位大主顾信中谈及自己的新产品："请您相信，我多么愿意制造这样的毛呢（夏龙呢）并且在时间和质量方面信守承诺，如果我的产品达到还算不错的水准，您是否允许我在毛呢匹头处打上'SAM: HILL'（塞缪尔·希尔）的印记？"[49]希尔明白，他无需在任何老品牌毛呢上加盖"SAM: HILL"印记，但需要考虑是否应当以自己在克瑟呢制造上获得的信誉去冒这种新的风险。这种信誉价值在1760年对另一名克瑟呢大工场主塞缪尔·利斯（Samuel Lees）就塞缪尔·希尔商标合法使用权进行的质询中得到了反映。由于希尔去世，儿子破产，利斯希望由他来使用这些商标，因为它们保证了产品的畅销。希尔并不是唯一使用和重视自己商标的工场主。1785年，当塞缪尔·利斯的后代解除与约翰·爱德华兹的合伙关系时，爱德华兹（工场老板）特地声明，他将拥有"为期20年的标注或命名所制克瑟呢和贝斯呢的权利和资格"。[50]

市场信息与生产控制的结合还给予工场主以另一种家内制所不及的优势：与家内制呢绒工匠或商人不同，工场主能够进行创新。在家内制情况下，创新是困难的。例如，约瑟夫·霍尔罗伊德虽然是一个经营规模不小的有成就的毛呢代埋商，但他不能为一名荷兰商人的定单提供30匹"一整码宽"（a full yard broad）规格的长克瑟呢，因为"我们没有这种最好档次的宽幅货品"。霍尔罗伊德絮絮叨叨地提出了一份可能的替代方案：确实有一个呢绒制造者生产的毛呢可以满足需要，不过必须经过专门研光加工，然而这种类型的毛呢一般都是未经研光便输出销售的；诚然，其他毛呢或许"会有一码宽或略差一点"，但它们对于客户的要求来说价格过于昂贵。[51]

作为商人，霍尔罗伊德受到独立呢绒工匠产品的制约，而这些工匠并不愿意为制造新产品而承担一种前途未卜的市场风险。相反，工场主能够通过创新来满足这种定单需要。约翰·萨克利夫抱怨，生产客户要求的特殊规格产品所花费的成本太高，不过假如对方态度坚决，他能够生产这种产品。更重要的是，新式绒线呢以及包括传统毛呢和绒线呢两者在内，在外形、色泽、花型方面几乎永无休止的变化，恰好是毛纺织业增长的关键因素。只有工场主能够满足时尚需求，并且通过创新造就新的时尚。约翰·萨克利夫的记事本上密密麻麻布满了制造新式绒线呢的设计图和文字说明，尽管我们无法知道这些方案属于他本人发明还是取自他人，但有一点十分清楚，这名工场主花费了大量精力来关注时尚的变化。[52]

创新能力在工场主努力摆脱荷兰出口市场制约方面起着积极作用。在荷兰贸易中，北海两岸制造者、工场主、商人的商业预期大体相同，但是新市场上的主顾却有着自己的商品偏好。有人劝告塞缪尔·希尔，如果他打算同俄罗斯进行贸易，就不要白费气力地把面向欧洲市场生产的毛呢品种运往该地；他应该严格按照对方指定的长度、宽度和质量进行制造。与东印度公司的贸易也存在同样问题；希尔在这里同幅度更宽、质地更为厚重、品质更为精致的英格兰西部毛呢展开竞争。希尔一时并不在意，他向公司采购委员会（the company's purchasing committee）发送了自己出品的长厄尔呢和夏龙呢样品。[53]结果，该委员会拒绝接收厄尔呢，因为它们"加工不当；纺毛工艺不够精良，幅宽也不足"，它们比公司熟悉的埃克塞特（Exeter）毛呢要窄和轻。不过，公司对希尔的宽幅夏龙呢提供了一份试验性定单，并且告诫他务必按指定规格加工毛呢。因此，打算在新市场竞争的工场主必须了解当地市场信息，同时必须控制生产，以满足这种市场需求。

当这些发展处于进展过程中的时候，纺织工业的许多领域仍然像它们在50年、60年或者70年之前那样运行。例如，1765年四季法庭（Quarter Sessions）的一桩讼案揭示了家内制典型的生产关系。该案涉及从一名独立呢绒砑光匠作坊里盗窃呢布之事，这名工匠正在加工这些毛呢，而毛呢是从一家利兹商行购进的，大概来自本地市场。[54]然而，尽管较老的生产形式并没有消失，但是17世纪晚期至18世纪中叶的经济发展已经使哈利法克斯纺织工业发生了转变。由于工场主与毛呢终端市场的联系更为紧密，并且对毛呢生产有着更强的控制权，因而他们能够对家内制进行成功的挑战。这些工场主的成就在于实现了纺织生产活动的横向一体化，包括从羊毛原料加工到毛呢成品出售的所有阶段。这样一来，他们能够将市场信息直接传递给织机旁的织工。[55]在前工业时期，大宗生产的规模经济尚未成为现实，而现在正是这种横向的一体化为制造业世界的增长和赢利提供了最佳机遇。[56]

因此，在工业革命史上，哈利法克斯为一种特殊的经济发展道路提供了例证。这里，一种日趋集中的生产方式正在形成，但它完全是一种渐进过程的结果，其根基可以回溯到首批工厂（不管何种记载）在教区出现之前的一个世纪。然而，构成18世纪中叶工场主特征的生产方式标志着该过程的一个转折点。工厂生产在约瑟夫·霍尔罗伊德、乔纳森·鲍姆福斯甚至乔治·斯坦斯菲尔德先生生活的经济世界是不可想象的，但是像塞缪尔·希尔、小乔治·斯坦斯菲尔德以及塞缪尔·利斯这样一些人的作为，只是在缺少水力捻纱坊（water-powered slubbing mill）、珍妮纺纱机（spinning jenneies）和织布工棚（weaving shed）方面有别于那些最早的"工厂"主。

商　人

69

导致大规模工场制造业兴起的结构变迁并不是此期哈利法克斯纺织业中出现的唯一重要变化。人们并不一定非得成为某个塞缪尔·希尔，从毛纺织品大规模贸易的发展中去获利。更具纯粹商业性质的企业到 18 世纪上半叶也在茁壮成长，并且产生了一大批富裕商人，他们同工场主一起，共同构成了教区内一个新的商业精英集团。尽管工场主与商人之间存在显著差异，然而这种区别在一定程度上具有人为色彩。大部分工场主巨头除了自己制造绒线呢之外，也像商人一样从小工场主那里进货。因此商人与工场主的界线是变动的，从 17、18 世纪之交工场主出现之日起情况就是如此。1719 年的一份学徒合同，记录了羊毛商人理查德·沃尔克（Richard Walker）之子、沃特克劳夫（Waterclough）的亚伯拉罕·沃尔克（Abraham Walker）与哈利法克斯的约翰·巴特利（John Batley）达成的协议：巴特利同意教年轻的沃尔克学习"购买打磨材料（buying dressing），对毛呢进行研光，以及买卖羊毛"；简言之，除了向制造者分发羊毛以外，以上事务几乎包括了一个工场主要做的一切。[57]

　　18 世纪中叶，哈利法克斯也是数量日渐增多的商人的家园，他们只是从事买卖。这些商人能够积累的财富颇为可观，肯定可以与工场主获得的财富相媲美。此处仅举一例，1746 年克劳尼斯特（Crownest）商人威廉·沃尔克（William Walker）迎娶哈利法克斯商人约翰·凯基尔（John Caygill）之女伊丽莎白（Elizabeth）为妻，婚姻财产契约（marriage settlement）上注明，伊丽莎白将随身带来一份 2500 英镑的财产，而沃尔克家族也将提供同样价值的由新娘继承的财产（jointure）；伊丽莎白至少有 2 个兄弟和 2 个姐妹，因此，她随嫁带来的财产在性质上并不属于一名女继承人（heiress）的财产。[58]

在可能范围内描绘哈利法克斯商人的活动时，呈现于人们眼前的是一幅多样化的画面。北奥兰姆的爱德华兹家族（与塞缪尔·利斯的合伙人无关）是从事葡萄牙贸易的商人，他们将哈利法克斯的毛呢运往里斯本，回程进口染料和葡萄酒。[59]另一名哈利法克斯商人克里斯·韦瑟赫德也从事类似贸易。18世纪60年代晚期他陷于破产，其债权人声称，可以用他"进行贸易的羊毛、夏龙呢、其他毛纺织品、葡萄酒、兰姆酒、白兰地等存货"以及他的全部家产和别人欠他的债款，来偿还总计为7337英镑的债务。[60]爱德华兹和韦瑟赫德的情况反映，虽然毛纺织品对于大多数哈利法克斯商人来说依然是最重要的贸易商品，但是他们也经营其他商品贸易。

大规模工场制造业在绒线呢和传统毛呢行业中的兴起和商业基础结构（mercantile infrastructure）的变动，使得1750年的哈利法克斯有别于它在18世纪初的状况。遗嘱认证档案、契约文书以及自愿团体的档案显示，哈利法克斯拥有一个由60或70名非常富有的商人和工场主组成的核心集团以及人数在50到150人之间由中等规模商人和工场主组成的另一个集团。这些富裕商人和工场主在中等阶层的世界里没有相应的对应物。他们在财富上与地方乡绅相当，很可能超过那些冒牌绅士，而且比17世纪晚期这类大土地所有者在社区的人数更多、影响更大。的确，他们比中等阶层的任何成员都要富裕得多，并且容易确定区分他们与下等阶层的社会界限。正是这些人将要构建哈利法克斯的中产

70

阶级文化。

新的商业文化

与造就这一富裕商人和工场主集团的经济转型相并列的是文化转型，它改变了这个集团对自己经济实践的认识。18世纪上半叶，哈利法克斯的商业精英在对待他们的事业方面形成了一种更富于企业家精神的观念，在对待他们雇用的工人方面形成了一种比较冷漠和客观的关系。显然，这些文化变迁与经济发展过程存在着双向互动性质的联系。一方面，如果没有职业观的变化，这些经济变迁就不可能出现；另一方面，随着经济实践的逐步展开，职业观也必然发生变化。这种不同于中等阶层的新的职业文化（culture of work）的发展，在哈利法克斯中产阶级文化起源中起着重要作用，因为一个集团理解自己经济实践的方式，就如同经济实践本身一样，都是自身社会经济经历的组成部分。

文化变迁在工业革命史上也起着关键作用。尽管在工业化问题上史家的观点出现了一些变化的迹象，但是工业革命的经济史研究仍然过分长期地集中于经济实践的事实——忽视了同样重要的、为经济实践提供活力的文化环境。[61] 假如塞缪尔·希尔、乔治·斯坦斯菲尔德先生、塞缪尔·利斯等18世纪中叶的工场主造就了一种通往工厂生产道路所认可的生产方式的话，那么他们这样做的原因部分在于对待自己经济实践的态度发生了变化。这些业已改变的态度，涉及企业家精神，也涉及工业中的社会关

系，实际上是一种新的文化，它们提供了一种工厂生产关系得以
展示意义的语境。因此，这些文化变迁的历史，也是考察工业文
化起源的并列组成部分。

为了了解这些态度如何发生变化，回顾下列情况是有益的：
1700年前后几十年里，教区最初的工场制造业基本上是在中等
阶层文化的环境中出现的。[62] 我们可以再度提及第二章里已经
谋面的留下2份遗嘱的富裕工场主乔纳森·鲍姆福斯。鲍姆福
斯的经济实践与18世纪中叶的工场主相似——他向工人分发原
料——然而他的世界观却更接近中等阶层。他并不赞同以冷酷的
态度经营业务，造成一人成功而邻里遭殃，他尊重手下工人和贫
困乡邻的经济独立。[63] 用实践理论的话语来说，这一例证具有
两重含义。第一，新式的经济实践可以在中等阶层的工匠文化内
部进行。鲍姆福斯尽管已经变成工场主，但是这个因中风而"口
齿不太清晰"（half-thicks）的工场主依然认为自己是名约曼农。
第二，当一些人在某种文化参照系内进行新的经济实践时，这
些行为有助于改变他们的期望和价值观。仅就他们的所作所为而
言，鲍姆福斯以及其他早期工场主正在创造一种新的商业文化。

18世纪工场主的企业家精神在他们的经营观念中体现得十
分明显，他们认为，工商业活动是一种投资，而这种投资应当产
生利润。的确，利润在家内制中并非陌生。约瑟夫·霍尔罗伊德
的书信底簿显示，商人敏锐地意识到他们交易的获利性，独立呢
绒工匠也同样如此。例如，在某个价格上涨时期，霍尔罗伊德谈
到，他几乎无生意可做，因为制造者拒不出手毛呢，他们期待

72

价格进一步攀升。[64]然而，利润在工场主的世界展示出新的内涵。工场主越来越采用精确的簿记方法来了解他们的货币运转状况。乔治·斯坦斯菲尔德先生在18世纪20年代保存的分类账提供了一种早期的例证，它有时采用"高级"簿记制，有时采用比较简单的簿记制。在前一种簿记中，借方和贷方分列于账页的两端；后一种簿记则先登记客户所赊款额，待收到对方付款后予以冲销。[65]这种新旧并存、故态复萌的做法在塞缪尔·希尔看来是不可接受的，他不仅仅注重勤奋。[66]许多商人和工场主雇用一名簿记员照料他们的账本；例如，利斯与爱德华兹的合伙企业付给簿记员的年薪为60英镑，外加提供食宿。良好的账目对于合伙企业确保长期信用尤其重要，大多数合伙企业的契约都包含一项条款，规定进行年度结账，所有合伙人都可以随时查阅账本。[67]

关注利润的内在含义包括了这样一种假设，即呢绒制造是一项投资；它是工场主可以将自己的资本转化为利润的多重途径中的一种途径。当塞缪尔·利斯于1760年订立遗嘱时，他指定他的受托人将其财产用于"我现在从事的行业或商务"，直至子女成年；不过假如这种行业3年中有2年利润回报率低于4%，则应当撤回资金用于生息。[68]

18世纪中叶的工场主视企业为投资的证据，还可以从这个时期合伙企业的显著增长中得到体现。18世纪30年代以前，合伙企业尚属罕见，到了该世纪中叶以后，商人和工场主的合伙企业越来越成为普遍的经济现象。合伙制的真正含义在于，入伙人将他们的资金共同组成一笔公共基金，预期效果是他们合伙能够获得比单独行事更大的利润。这些合伙者建立了颇有实力的企业。1760 年塞缪尔·利斯与约翰·爱德华兹合伙企业的初始资本为 12000 英镑，到了 1777 年，爱德华兹和利斯双方的儿子建立的合伙企业所拥有的资本达 18000 英镑。合伙制并不仅限于支配哈利法克斯的大工场主。1774 年，本杰明·欧文（Benjamin Irvin）、詹姆斯·斯特德（James Stead）、乔舒亚·霍姆斯（Joshua Holmes）以及托马斯·欧文（Thomas Irvin）建立了一家合伙企业，从事毛呢的染色和后期加工，启动资本为 1750 英镑，他们利润共享，风险共担。1768 年埃兰（Elland）的乔纳森·布鲁克（Jonathan Brook）与约瑟夫·德雷克（Joseph Drake）建立的合伙企业规模更小；布鲁克同意向德雷克即将开业的夏龙呢工场投资 110 英镑，所得利润由两家平分。[69] 这些经营活动表明，在整个哈利法克斯商界，为获取利润而投资越来越成为这些人所认同的行为方式。

74

　商人和工场主的谋利观与约曼农呢绒工匠不同。乘价格上涨之机拒不出货而干扰毛呢市场的呢绒工匠，所采用的是一种策略手段、一种怀着赌博心态指望价格继续上扬而发横财的方案。工场主对自己企业赢利性的关注属于一种长期战略的组成部分。由于商人和工场主从他们全部财产中拿出很大部分来承担贸易风险，以获取更大利润，因而必须采用长期战略。成功有赖于他们制定正确的企业决策的能力，这在一定程度上又是以一种交易所需的计算盈亏的能力为基础的。[70] 相反，决策不当并在市场价格开始下跌之前还待价而沽的约曼农呢绒工匠，却从来不冒一点超出自己财产价值范围之外的风险。

因此，有关利润的关键问题并不是说约曼农呢绒工匠就甘愿"受穷"，而工场主则是贪得无厌的淘金者。呢绒工匠与工场主之间原先并不存在文化差异；文化差异是与经济实践的差异同步形成，并且影响这些实践的发展的。即便就中等工场主而言，他们业务规模的可观性和相对复杂性，也使得利润核算以一种不同于工匠的方式成为其职业生涯中不可或缺的部分。

然而，对利润的成功追求使得工场主的经济实践沿着它特有的轨迹展开。例如，随着工场主的利润观越来越具有企业家色彩，他们也变得更具有竞争精神，因为企业的目标一旦定位于利润而非单纯的生存，工场主就不可避免地要与自己的伙伴展开竞争。的确，竞争在家内制中并非陌生。约瑟夫·霍尔罗伊德的看法表明，18 世纪早期的市场业已存在竞争，然而我们并未发现它影响霍尔罗伊德业务经营方式的迹象。[71] 相反，对于 18 世纪中叶的工场主来说，竞争已经成为行业不可缺少的成分。 18 世纪 30 年代后期，塞缪尔·希尔开始从事绒线呢出口业务，他致信荷兰的一名客户："可以说，我认为这类呢货在英国并没有人认真加以经营，不管他是什么人。"希尔富有刺激性的挑战，是立足于大力追逐利润基础之上的企业家精神的体现。正如他在另一封信中解释的那样，他愿意以"微利"出售他的夏龙呢，"直至它们被人们认可为止"。[72] 希尔是在一个价格事关重大的市场上进行博弈，他的信件大量谈到自己迎击或挫败其他工场主价格竞争的能力。1737 年他在信中写道："我希望自己决不会成为这样的蠢人，对别人也能制造的同等质量的产品索要更高的价格"。"我非常了解制造者们的水平，如果我不能为自己的朋友提供优质或良好的服务，我将退出商界。"[73]

其他工场主的信件也反映了同样观念。在 1730 年写给多维勒斯（Dorvilles）的信中，乔治·斯坦斯菲尔德先生埋怨说："要是拿詹姆斯·希尔的（克瑟呢）和我的毛呢相比，那实在叫人无话可言，因为事实表明，他那种货色的质量真是分文不值。"他在信件结尾表示，将为对方提供一部分自己制造的上佳毛呢。同样，绒线呢工场主约翰·萨克利夫在他的商业备忘录里提醒自己："一个人应当以这样的方式与对手相处：能够为他留下日后变成自己朋友的空间；一个人又应当以这样的方式与朋友相处：即便他变成自己的对手，也不应当用自己的权力伤害他。"他在另一处写道："谨慎：最初非常必要，随后并不那样必要，但仍然值得称许。"以上言论显示，萨克利夫对于他生活的竞争世界所包含的价值内涵并不完全欣赏。[74]当然，这决不意味着他的良心会受到折磨，这种心态甚至连乔纳森·鲍姆福斯或乔纳森·普利斯特里都不会产生。

使萨克利夫略感忧虑的竞争世界的现实，在工场主流露的对商业秘密的担心上得到了反映。乔治·斯坦斯菲尔德先生和塞缪尔·希尔抱怨他们的羊毛供应商没有严守机密，因为一旦羊毛定单的情况泄露出去，其他工场主就会知道他们打算制造何种毛呢。[75]

工场主的竞争性就像他们对利润的关注一样，也是与他们新的经济实践一起出现的。在一定程度上，它是一个规模问题。家内制呢绒工匠并不需要彼此竞争，因为一个工匠每周至多生产两三匹毛呢，市场上毛呢品种又非常单调，不可能影响另一个工匠产品的出售。这样，合作精神就比较适合呢绒工匠的活动，因为可以保护他们免遭自己依赖的国际市场最严重的打击。相反，商人和工场主可以影响彼此的业务，鉴于他们交易规模之大和贸易市场变幻莫测，有可能会造成某个竞争者的大批货物难以出手。在一定程度上，这些新的文化观念是工场主对他们新经济实践的自然结果所作的反应。随着企业家观念的发展和工场主成为更加精明的生意人，经济和文化变迁的步伐就加快了。

与企业家利润观和竞争观形成密切相关的是纺织业内部一系列新的社会关系的发展。工场主对利润的追求和他们经营所面临的竞争压力，需要他们与自己的制造者之间形成新的关系。他们必须造就一种资本家（capitalist）与工人（laborer）的关系，取代前工业时期商人与家内制呢绒工匠或约曼农呢绒工匠与独立帮工的关系。两类关系之间的差别是复杂的。在一定程度上，这是从个人经济关系向非个人经济关系的转变，因为制造者不再是独立的个人，他被异化为获取利润的许多生产要素中的一个要素。当然，这种变化也从不是绝对的。正如帕特里克·乔伊斯指出的那样，即便在工厂时代，资本家与工人的关系仍然可以保留很浓的私人成分。[76] 但是，私人关系虽然继续存在，它们的基础却发生了变化，因为家内制工匠和帮工的独立性在更为父权制的老板与工人的关系中已经丧失。

不过工匠的独立性仍保存了一段时间才最终丧失殆尽。18
世纪 30 年代，乔治·斯坦斯菲尔德先生不得不在市场压力与制
造者的独立性之间寻求平衡。1731 年 9 月，在回复多维勒斯家
族指责他把货物卖给另一个荷兰商人亚伯拉罕·维塞（Abraham
Visser）的信件时，斯坦斯菲尔德提醒对方，他曾经将这批毛呢
以低价给予他们优先取舍权（first refusal）。10 天后，他又致
信多维勒斯家族，坚持要他们订购他出品的上等毛呢，这种毛
呢原先对维塞卖过。斯坦斯菲尔德告诉他们，如果他们拒不同
意，他就会失去自己最好的制造者，"因为这些人不愿意制造低
档货，因此他希望对方不至于到时候妒忌他把这种毛呢卖给其他
商人"[77]。斯坦斯菲尔德的两难处境反映，工场主经济实践的
自然结果如何有助于改变他的态度。这件事正好发生在他逐步放
弃委托贸易而改行定单销售之时，这种交易方法的变化将会加强
工场主在荷兰市场的独立性。这次交易所隐含的意义在于，斯坦
斯菲尔德并不急于取消他同多维勒斯家族的良好关系并以独立操
作人的身份进入荷兰市场，从诸多商人那里争取定单。然而，他
需要保持一定程度的对制造者的控制权，这种需要又迫使他把
产品卖给其他商人；买卖的变动惹恼了长期合作伙伴，并且增大
了经营商务的竞争压力。同样，几年后，塞缪尔·希尔向一名荷
兰商人解释，他开始制造贝斯呢和长厄尔呢，"以便让我手下一
些工人扬其所长，他们从事这类加工需要鼓励"。[78]像斯坦斯
菲尔德一样，他不能对制造者的要求置若罔闻，但是如果默认他

们的要求，则使他不得不进入一个新的经营阶段，即绒线呢制造阶段。

师傅和佣工个人性质的关系与新的、比较冷漠的工场主和工人的关系之间，在期望值（expectations）方面存在着越来越大的张力。而上述制造者继续保持独立性的种种迹象（尽管他们是事实上的工资劳动者），是与张力的扩大并存的。1738 年希尔提到，他可以生产出优质宽幅的夏龙呢，"前提是我长期坚持下去，但是从一种类型转到另一种类型损害了所有织工的利益"。[79]1749 年，他受到一名客户的尖锐指责，因为他允许制造者在需求旺盛之际提高价格，"这种情况是反常和有害的"。[80] 在以上两项事例中，制造者都已被市场压力转化为无名的生产要素，转化为必须受到控制和管理的劳动供给者。交易上的需要使得希尔与制造者关系的个人色彩淡化，为了使制造者长期从事某一种毛呢的生产，就必须限制他们生产选择的自主权，甚至包括限制他们对消费者的选择权。

工场主通过对他们的工人采取更为父权制的态度（paternalist stance）来消解这种紧张状态。父权制态度否认工人的独立性，但是维持传统的个人关系。1731 年，在向一名荷兰商人征求毛呢定单的信中，乔治·斯坦斯菲尔德先生表示知道对方还有大批他提供的毛呢未能出手，为此他解释说："当我制造这批毛呢时，穷人的生计还异常匮乏，出于怜悯之心，才不惜蒙受重大损失雇用他们干活，然而贸易形势竟如此长期恶化，制造者们不得不另觅生路，如今发现，要想重新召回他们几乎已无可

78

能。"5 年后，在另一个萧条时期，斯坦斯菲尔德又再次面临同样问题。这次他不再稳住工人，至少不再那么长期地进行挽留。1736 年他在信中写道："我已经解雇了一大批工人，并且每周还会继续进行解雇"，因为正如他解释的那样，他宁可无所事事也不愿让货品遭受损失。[81]这两封信必须细心进行解读，因为斯坦斯菲尔德再三恳求定货和他谈论自己工人的目的似乎仅仅是为了引起人们的同情。这些议论很可能真假参半。斯坦斯菲尔德企图操纵他的客户，但是他也承认制造者向他寻求保护的正当性。然而，由于认为他们是应当得到这种保护的"穷人"，并且确实在萧条时期尽可能长地为他们提供就业，斯坦斯菲尔德正在将这些独立工匠转变为依附工人。

至 18 世纪中叶，这些紧张关系趋于解决的征兆出现。一个重要原因就在于这些工场主的经营规模。乔治·斯坦斯菲尔德先生很可能雇用了大约 50 个家庭作为他的制造者。小乔治仅制造克瑟呢雇用的工人就为前一数字的 5 倍左右。同期，也是仅制造克瑟呢一项，塞缪尔·希尔工资单上发放的人数很可能接近250 人。[82]由于空间距离日益增大，这些 18 世纪中叶的工场主也与他们的制造者相互分离。乔治·斯坦斯菲尔德先生、塞缪尔·利斯、戴维·斯坦斯菲尔德都将他们相当一部分活计分发给生活在兰开夏的制造者。[83]因为通常雇用一名当地小旅店老板或店主监管羊毛分发和呢布收集，所以这些工场主很可能只是偶尔才与加工他们产品的制造者碰上一面。

甚至较小的工场主也认为自己不同于他们的工人。夏龙呢制造商托马斯·沃尔顿（Thomas Walton）为 2 磅羊毛被窃向法庭起诉，然而自己却处于一种尴尬境地，因为他的梳毛工约翰·格林伍德（John Greenwood）反而对他进行起诉。为了说明格林伍德如何捏造事实，沃尔顿告诉法庭，他"被迫将梳毛工安置在远离所有市镇的自己家中食宿"。[84] 梳毛工在绒线呢行业中属于上层工匠，但是在 1775 年，即便是一个规模较小的工场主也可以指望陪审团相信，工场主与工人在生活空间上如此靠近纯粹是一种偶然现象，仅仅由于自己住所地点偏僻才造成这种状况。

到了 18 世纪中叶，父权制在工场主对待他们工人的方式上占有更加重要的中心地位。例如，我们可以读读理查德·希尔写给乔治·斯坦斯菲尔德先生的信件，当时希尔担任后者在欧洲大陆的代理商。针对斯坦斯菲尔德开辟"亚眠呢"（amiens）一类薄型绒线呢贸易的设想，希尔建议雇用一名他原先的工人，名叫彼得·班克罗夫特（Peter Bancroft）。希尔认为："（班克罗夫特）对于我们的薄型呢绒制造十分在行，在毛呢坯布方面——无论卷呢、包装还是随后的打捆，其眼明手快的程度真是无人可以相比……在去除毛呢杂茸方面，以及对亚眠呢进行后期加工的全过程中，我认为找不到像他这样的高手。"然而希尔谈论这位技艺高超工匠时的语调，仍然反映出工场主与工人两个社会世界存在的差距。希尔写道："他被迫与我一道遵守如此严格的规矩，这样当产品臻于完美时，他就被塑造成一个真正的鉴定人""我觉得他向来是一个诚实和举止谦恭的人""我想除了善待他以外，每周可以给他 12 先令的报酬"。[85] 我们进入了一个乔纳森·鲍姆福斯无法理解的文化世界。富裕工场主把雇用的工人看作是机器上不具备人格的部件，看作是这样的对象——假如他们特别有用，或许有时会得到一点怜悯。

小　结

17 世纪晚期至 18 世纪中叶，教区社会的经济支柱发生了变动。一种由独立呢绒工匠生产占统治地位、产品在地方市场销售的乡村纺织业，日益转变为由商人和工场主的大型企业支配的工业。与经济变迁相伴随的是文化上的转型，它催生了企业家观念和新的社会关系。纺织业这两方面的变化对于哈利法克斯中产阶级文化的起源来说都是极其重要的。经济发展产生的财富，造就了一个具有创立中产阶级文化能力的集团；与经济发展相联系的观念变革为这种文化奠定了基础。

经济变革与文化变革之间是一种双向互动关系。本章强调了实践变革对于观念变革所起的作用，因为在考察经济变革如何产生时往往会忽视这种作用——具有远见和冒险精神的企业家形象却很容易在人们脑海中呈现。不过，这种形象并不失真；这些工场主和商人形成的新观念进一步推动了实践变革，而实践变革又再度推动观念的变革。这种变革过程并不涉及鸡生蛋还是蛋生鸡的难题，只有当分析问题时人为地阻断文化结构与个体行为相互作用的强化时，才会造成一种似乎不合逻辑或互相矛盾的假象。教区纺织业的发展不仅仅是经济上的变革；它们体现了一种十分

81

重要的文化转型，这种文化转型有利于造就那种对于中产阶级文化的起源来说所必不可少的独特经历。

注 释

[1] R. G. Wilson, "The Supremacy of the Yorkshire Cloth Industry in the Eighteenth Century," in *Textile History and Economic History: Essays in Honour of Miss Julia de Lacy Mann*, ed. N. B. Harte and K. G. Ponting (Manchester, 1973); Derek Gregory, *Regional Transformation and Industrial Revolution: A Geography of the Yorkshire Woollen Industry* (Minneapolis, 1982).

[2] Wilson, "Supremacy," 229; John James, *History of the Worsted Manufacture in England* (London, 1875), 280–282, the evidence of Thomas Wolrish of Leeds, merchant, before Parliament. Wolrich 的报告也收入 James Bischoff, *A Comprehensive History of the Woollen and Worsted Manufactures* (London, 1852), 1: 187。

[3] PRO/E.179/210/393, hearth tax returns, Lady Day 1664; CDA/MISC: 8/116/21, vicar's "census," 1764.

[4] John Smail, "Manufacturer or Artisan: The Relationships between Economic and Cultural Change in the Early Years of Eighteenth-Century Industrialization," *Journal of Social history* 25 (1992): 791–814.

[5] 后期加工包括漂洗、绷布以及最后织物表面绒毛的修剪。

[6] BIY/OW, Thomas Longbotham, Northowram, August 1693; Thomas Kitson, Northowram, August 1692; Nathaniel Kershaw, Soyland, April 1692; Benjamin Holroyd, Rishworth, April 1718; Daniel Walker, Hipperholme, September 1690.

[7] 该样本包括 1690—1701、1705、1706、1710、1711、1715 和 1716 年全部遗嘱认证档案。样本所含的 497 名立遗嘱人中，有 211 人在他们的遗产清单里列有一定数量的纺织品。

[8] D. W. Jones, *War and Economy in the Age of William III and*

Marlborough（Oxford, 1988）。Heaton 也认为，毛呢工业的形势到世纪之交开始好转：见 *Yorkshire Woollen and Worsted Industry*（Oxford, 1920），255。

[9] 只有两名工场主——两名最大的工场主——绕过地方市场直接与大陆进行贸易：见 BIY/OW, Benjamin Holroyd, Rishworth, August 1718，和 Susanna Riley, Soyland, November 1707。

[10] Smail, "Manufacturer or Artisan,"比较详细地讨论了这个问题。

[11] CDA/SH:1/OB/1654, 1661, Lister account books. 到 17 世纪 60 年代，Samuel Lister 已经放弃制造业，变成了一名羊毛批发商；其业务包括从考文垂周围的诸多供应人那里收购成包的羊毛，雇搬运工运至哈利法克斯，然后以批发或零售方式将羊毛卖给工场主和呢绒工匠：见 SH:1/OB/1668。

[12] 在一宗内容十分丰富的家庭契约藏品里，并无证据表明因家庭经营性质的改变而发生大规模举贷的现象：见 CDA/SH/AB:24, Lister family bonds, 1650s–1690s。

[13] BIY/PR, 51/322; John Kershaw, Soyland。

[14] BIY/OW, Jeremiah Riley, Sowerby, September 1697; BIY/PR, 46/615, Henry Riley, Sowerby, and 49/310; George Riley, Sowerby.

[15] CDA/MISC:8/117/1, Holroyd letter book, Holroyd to Peter Michelez, 10 December 1706.

[16] CDA/FH/439/1, Hill invoice book.

[17] CDA/FH/396, Stansfield ledger. 1731 年，George Sr. 提到他制造 2000 匹呢布的打算，这批呢布的价值将达到 3500 英镑左右；FH/409/2–3, Stansfield Stocktaking, 1764。

[18] CDA/MISC/2, draft articles of partnership, 1760; PRO/C, 12/1856/38, Stansfield v. Martin; CDA/PR/209, Wainhouse bankruptcy, 1781.

[19] Walton 是他声称有人蓄意陷害的所谓盗窃案的被告；其部分申辩理由如下："一个家产达 600 英镑左右的人"犯不着去"偷 2 磅羊毛"，见 CDA/RP/107c, defense brief, 1755。

[20] CDA/HAS/449（714）, Sutcliffe memorandum book, 1768-77. 1769 年，Sutcliffe 在一封给相关银行家的信中计算，自上次结账后，他已经以汇票方式提取了 1077 英镑 15 先令 6 便士的钱款；这个数字相当于他年营业额的下限。

[21] 由于缺乏遗产清单，不可能进行具体计算，但是现存的遗嘱和商务记录足以证明这一事实。

[22] Heaton, *Yorkshire Woollen and Worsted Industry*, 259–263.

[23] 这些仅仅是 1754 年 Samuel Hill 发货价目表中的几种花色品种，见 CDA/FH/447/1；又见 James, *History of the Worsted Manufacture*, 226，该处提供了一份详尽的目录。

[24] Heaton, *Yorkshire Woollen and Worsted Industry*, 267–268; John Watson, *The History and Antiquities of the Parish of Halifax in Yorkshire* (London, 1775), 67–69; M. J. Dickenson, "The West Riding Woollen and Worsted Industries, 1689–1770: An Analysis of Probate inventories and Insurance Policies" (Ph.D. dissertation, University of Nottingham, 1974), 46–57. 遗产清单证实了这一重要问题。Issac Smith 和 Abraham Earnshaw 家里除了制造绒线呢用的梳子和梳毛原料外，都还有克瑟呢存货：见 BIY/OW, Issac Smith, Northowram, September 1694 和 Abraham Earnshaw, Ovenden, May 1695。

[25] Daniel Defoe, *A Tour through the Whole Island of Great Britain* (1724; New York, 1968), 2: 605.

[26] Bischoff, *Comprehensive History*, 1: 187. 其产量也可以与原先绒线呢制造中心东盎格里亚的生产相匹敌：见 Heaton, *Yorkshire Woollen and Worsted Manufacture*, 275。

[27] Heaton, *Yorkshire Woollen and Worsted Manufacture*, 109，以及 James, *History of the Worsted Manufacture*, 218n, 分别对制造一匹克瑟呢和一匹夏龙呢所需的劳动作了估计。

[28] Heaton, *Yorkshire Woollen and Worsted Manufacture*, 297; Pat Hudson, "Proto-industrialization: The Case of the West Riding Wool Textile industry in Eighteenth and Early Nighteenth Centuries," *History Workshop* 12 (1981): 38–40. 一名克瑟呢织工另外仅需 6 名以内专门从事拣毛、刷毛、纺纱以及除后期加工之外其他活计的工人；而一名绒线呢织工则需要 12 名以内的其他工人。

[29] 出售落毛的做法十分常见：见 CDA/HAS/450 (713), Sutcliffe day book, 1791。羊毛批发商向绒线呢工场主供应的羊毛是已经分拣过的羊毛，并且他们常常是以赊账方式提供的，这两项因素减少了绒线呢工场主储备羊毛原料时所需的资金，但是并不等于完全不需要这种资金。

[30] Heaton, *Yorkshire Woollen and Worsted Manufacture*, 310, 318. 并不存在妇女不能干梳毛活的体力原因，在绒线工业史较晚的时期，当技术工匠对梳毛的控制被打破后，妇女与她们的丈夫和父亲一起在梳毛器旁干活：见 Theodore Koditschek, *Class Formation and Urban Industrial Society: Bradford, 1750–1850* (New York, 1990), 354。

[31] Heaton, *Yorkshire Woollen and Worsted Manufacture*, 313.

[32] CDA/FH/439/1, Hill invoice book; FH/409/2-3, Stansfield stocktaking, 1764. 这些数字倒是可以提醒人们，与历史文献上将该教区列入约克郡西区绒线工业带所形成的声誉相反，羊毛呢生产在整个 18 世纪哈利法克斯经济中仍然占有突出地位。

[33] 有关 Samuel Hill 放料簿的分析表明，Hill 所有的克瑟呢和部分夏龙呢是从他所发放羊毛或毛纱的工人那里收取的。然而，从发货簿、放料簿和书信底簿的比较中发现，他也从独立的绒线呢制造者那里获得为数不少的夏龙呢：见 FH/439/1, invoice of 27 February 1748/49 to Messrs. Van Eck and Willink of Rotterdam; FH/440, dispatch of bale no.21 to Van Eck and Willink, Rotterdam, 18 April 1749; FH/442, Van Eck and Willink to Hill, 12 August 1749。参与这些交易的工人 Luke Greenwood 是 Sowerby 镇区一名殷实的户主，因而很可能是一名独立的绒线呢制造者。

[34] CDA/MISC:8/117/1, Holroyd book, Holroyd to John D'Orville, 8 and 19 November 1706. Holroyd 的议论为此期遗嘱档案所证实，因为这些遗嘱间或提到将呢布运往荷兰销售的工场主。Susanna Riley（BIY/OW, Soyland, November 1707）拥有价值 448 英镑 15 先令的"已安全抵达荷兰的货品"，而 Benjamin Holroyd（BIY/OW, Rishworth, August 1718）拥有 416 匹运抵荷兰的呢布，价值 738 英镑 8 先令。

[35] CDA/FH/396, Stansfield letter book, Stansfield to Abraham Visser and to Henry Hermans, 16 February 1730/31; FH/441, Hill letter book, John Lozer to Hill, 6 June 1749. Lozer 惊异于 Hill 采用出口而不是国内销售的办法，并"支付一笔代理佣金，由您自担风险，并在相当长的时间里无法收回您的货款"。

[36] CDA/MISC:8/117/2, Hill letter book, Hill to Abraham van Broyel, 1 February 1737/38.

[37] University of Leeds, Brotherton Library, Business Records, Joseph

Lee ledger. 这套覆盖 17 世纪下半叶的账册在 Joseph Lee 之前是由账册业主、一名商人保管的；里面的材料表明，这名商人就是 Joseph Milner。

[38] 关于 Holroyd 对独立生产者的依靠，见 CDA/MISC:8/117/1, Holroyd book, Holroyd to Henry Carter, 9 September 1706，以及填写的定单细节。关于他对市场的依靠，见 Holroyd to D'Orville, 7 January 1706/7，信中解释说，他无法发出一份定单，因为利兹商人已经收购了所有待售的呢布。

[39] CDA/FH/396, Stansfield letter book, Stansfield to Hermans, 15 March 1727/28, 24 May 1728，和 12 September 1729。

[40] CDA/FH/396, Stansfield to John and Peter Dorville, 11 August 1730. 几乎可以肯定，John Dorville 和 Peter Dorville 与 Holroyd 书信底册里出现的 John D'Orville 有关。但我仍然保留原件里不同的拼写。

[41] CDA/MISC:8/117/2, Hill letter book, Hill to Hendrick and to Peter Kops, 31 January 1737/38; to William Preston, 3 February 1737/38; and to Mr. Vander Veit, 10 February 1737/38; CDA/FH/439/1, Hill invoice book.

[42] CDA/FH/441, Hill letter book, Lozer to Hill, 20 July 1749 and after, re the Spanish trade; Abel Fonnereau to Hill, 15 April 1749 and after, re the Russia trade; and FH/442, van Broyel to Hill, 29 August 1749, re the Portugal trade.

[43] CDA/FH/461a, Hill to Stansfield, 20 February 1775, from Boulogne.

[44] Hudson, "Proto-industrialization," 40; Beverly Lemire, *Fashion's Favourite: The Cotton trade and the Consumer in Britain, 1600–1800* (Oxford, 1991).

[45] CDA/HAS/449 (714), Sutcliffe memorandum book, Sutcliffe to Fox and Smith, 17 October 1769.

[46] University of Leeds, Brotherton Library, Business Records, Joseph Lee ledger; CDA/MISC:8/117/1, Holroyd letter book. 关于其购买规模，比较 Holroyd to L. de Dorpere, 27 August 1706，与 to Dominicus Cramer, 30 August 1706; 也见 Holroyd to Henry Carter, 9 September 1706，以及已经填写的定单细节。道歉内容见 Holroyd to James Baden, 4 November 1706, 和 to Peter Deynote, 2 August 1706。

[47] CDA/FH/441, Hill letter book, Peter Gaussens to Hill, 2 March 1748/49.

[48] CDA/HAS/449（714）, Sutcliffe memorandum book, Sutcliffe to Stevenson and Gentile 1766，着重号为笔者所加。

[49] CDA/MISC:8/117/2, Hill letter book, Hill to William Handeley, 3 February 1737/38.

[50] CDA/PR/148, 1760, 2201, 1785.

[51] CDA/MISC:8/117/1, Holroyd letter book, Holroyd to L. de Dorpere, 30 [August] 1706.

[52] CDA/HAS/449（714）, Sutcliffe memorandum book.

[53] CDA/FH/441, Hill letter book, Fonnereau to Hill, 15 April and 9, 14, and 21 September 1749.

[54] WYAS/Wakefield, QSI/104/2, West Riding Quarter Sessions, Indictments, Wakefield Sessions, January 1765；该案涉及利兹的 Fountain and Wormald 商行。

[55] R. G. Wilson 和 Derek Gregory 在解释 18 世纪约克郡西区纺织业成就方面表达了类似的观点：见 Wilson, "Supremacy," 236-241; Gregory, *Regional Transformation*, 47-55。这种观点并不一定适用于纺织业的所有部门；例如，向美洲殖民地的出口是由大型伦敦商行控制的，它们可以提供很长时间的支付期。

[56] John Styles, "Manufacturing, Consumption, and Design in Eighteenth-Century England," 载 *Consumption and the World of Goods*, ed. John Brewer and Roy Porter（London, 1993）, 527-554。Styles 认为，"大宗生产"一词用于描述 18 世纪的制造业是完全不适当的。我将自己的评论限制在制造业范围之内，因为在比较纯粹的商业企业里，规模经济是一项重要的因素，并且始终如此。

[57] CDA/MAC/101/7.

[58] CDA/CN/96, marriage settlement, 1746; BIY/OW, John Caygill, Prewrogative Court, March 1757. 1761 年 Elizabeth 的姐姐 Anne 的婚姻财产契约显示，除了一份数量可观的地产外，她还拥有价值 4500 英镑的债券和抵押品。

[59] W. B. Trigg, "Northowram Hall," *THAS*, 1932, 129-152.

[60] CDA/PR/1978, 999, Wetherherd bankruptcy, 1769 and 1771.

[61] 如 Pat Hudson 所说，关注性别关系在历史发展中作用的史家，一直站在对于工业革命所作的单纯经济解释发起挑战的前列：见 *The Industrial Revolution* (London, 1992), chap.7。Martin Wiener 从工业革命的另一端探讨了文化与经济变革的关系：见 *English Culture and the Decline of the Industrial Spirit, 1850–1980* (Cambridge, 1981)。

[62] Smail, "Manufacturer or Artisan?"

[63] BIY/CP, I/498.

[64] CDA/MISC:8/117/1, Holroyd letter book, Holroyd to D'Orville, 31 December 1706 and 7 January 1706/7.

[65] CDA/FH/396, Stansfield ledger. 两种方法中较简单的一种在所有残存的哈利法克斯早期账册里具有代表性：例如见 CDA/SH:1/OB/1654, 1668, Lister account books。

[66] CDA/FH/437, Hill ledger, 1737–1738; FH/439/1, Hill invoice book, 1734–1752; FH/440, Hill dispatch book, 1749–1751; FH/441, 442; Hill letter books. Hill 的记账系统大概还包括现金簿和日记账，可惜无一幸存。George Stansfield Jr. 在 1764 年肯定拥有完备的可以计算盈亏的账目：见 FH/409/2–3, Stansfield stocktaking。关心越少，账目的管理就越差，例如 John Sutcliffe 的情况：见 CDA/HAS/449（714）。

[67] CDA/2032, draft appointment of a bookkeeper, 1763; RP/2111, draft partnership agreement, Edwards and Lees, 1773.

[68] BIY/OW, Samuel Lees, Skircoat, Prerogtive Court, July 1761. 按照哈利法克斯流行利率，抵押形式的资金放贷有望获得 4.5% 到 5% 的年盈利率。这一利率高于同期全国 3.5% 的平均水平。见 John Brewer, "Commercialization and Politics," 载 Neil McKendrick, John Brewer, and J. H. Plumb, *The Birth of a Consumer Society* (London, 1983), 208。

[69] CDA/RP/2084, partnership agreement, 1760; RP/2118, draft partnership agreement, 1777; RP/2113, draft partnership agreement, 1777; RP/2107, partnership agreement, 1768.

[70] Samuel Hill 致信 Thomas Lee（13 February 1737/38），认为所给的价格使他在每匹布上只能赢利 4 便士 3 法寻（farthing，旧时英国铜币，币值 1/4 便士。——译者注），这种利润他觉得太低：见 CDA/MISC:8/117/2, Hill letter book。

[71] CDA/MISC:8/117/1, Holroyd letter book, Holroyd to D'Orville, 19 November 1706 and 7 January 1706/1; Holroyd to Ludwig Wulfe, 24 September 1706.

[72] CDA/MISC:8/117/2, Hill letter book, Hill to van Broyel, 17 and 1 February 1737/38.

[73] CDA/FH/441, Hill to Hendrick and Peter Kops, February 1737/38. Abel Fonnereau 于 1749 年 6 月 29 日写信告诉他（文献同上），务必以每匹 46 先令的价格将他的长厄尔呢卖给东印度公司，Hill 计算，他可以按每匹 36 先令 6 便士的成本进行制造。另外一些来信谈到他的呢布遭遇哈利法克斯、诺里奇和荷兰制造者的竞争：文献同上，Lozer to Hill, 19 September 1749; FH/442, van Broyel to Hill, 25 April 1749。

[74] CDA/FH/396, Stansfield letter book, May 1730; CDA/HAS/449（714），Sutcliffe memorandum book.

[75] CDA/FH/396, Stansfield letter book, Stansfield to John Patterson, 22 November 1730; CDA/MISC:8/117/2, Hill letter book, Hill to Ely Battterill, 17 February 1737/38.

[76] Patrick Joyce, *Work, Society and Politics: The Culture of the Culture of the Factory in Later Victorian England* (Brighton, 1980).

[77] CDA/FH/396, Stansfield letter book, 28 September 1731; October 1731.

[78] CDA/MISC:8/117/2, Hill letter book, Hill to van Broyel, 17 February 1737/38.

[79] CDA/MISC:8/117/2, Hill letter book, Hill to van Broyel, 17 February 1737/38.

[80] CDA/FH/441, Hill letter book, Charles and Edmund Boehm to Hill, 6 April 1749.

[81] CDA/FH/396, Stansfield letter book, Stansfield to Visser, 16 February 1730/31, and to John and Peter Dorville, 19 November 1736.

[82] George Stansfield Jr. 一方的数字是相当准确的，因为他 1764 年的结算单据列出了 57 个制造者的名字，他们手头共有 186 包羊毛，这就表明其他未列姓名的制造者手头共有 659 包羊毛。假设每个制造者拥有的羊毛包数相同，则估计有 250 名制造者；当然不能忘记，他们每个

人都很可能是家庭户主，每匹呢布的制造都有其家庭成员的协助：见 CDA/FH/409/2-3, Stansfield stocktaking。George Stansfield Sr. 和 Samuel Hill 两方的制造者均无名册保留下来。这些大致的估计是以他们两人每年期望制造的呢布数量（分别为 2000 匹和 10000 匹），以及每个家庭每周能够制造一匹克瑟呢的假设为基础得出的。

[83] 同上；CDA/RP/107c, defence brief, 1755; WYAS/Wakefield, OS/10/26, West Ring Quarter Sessions, order books, Pontefract sessions, 8 April 1771。Samuel Hill 很可能也将羊毛分发给兰开夏的制造者，但是没有这方面活动的残存档案。

[84] CDA/RP/107c, defense brief, 1755；着重号为笔者所加。

[85] CDA/FH/461a, Hill to Stansfield, 31 January 1775, from Boulogne.

82

第四章

贷款与奢侈品：
置纺织业于历史情境之中

　　尽管哈利法克斯商人和工场主新的经济实践的产生，以及推动这种新实践的文化发端，对于当地中产阶级形成的长期进程具有十分重要的意义，但是两者都不是孤立出现的。另外两项长期变迁——货币市场和消费方式的变迁——也于17世纪晚期至18世纪中叶在该教区出现。的确，两者与纺织业中的实践与文化转变紧密相关。货币市场的变迁，是对商人和工场主经营业务的金融复杂性以及对他们的资本需求进行回应的结果。同样，教区内奢侈品和专业服务消费量的日趋增大，也是新商业精英富裕程度的体现。然而，这些变迁中的任何一项都不仅仅是纺织业变革的派生物。

　　首先，18世纪哈利法克斯货币市场和商品市场的日趋复杂化，与教区外的世界密切相关，因为两者都属于与重要的社会中层壮大相联系的18世纪经济和社会总体发展的特征。因此，这些外部因素对于中产阶级经历形成的影响涉及地方与全国的相互作用。正如罗歇·夏蒂埃指出的那样，有关集团并不一定是外界造就的新实践的消极受动者；相反，他们挪用这些新的实践并赋予它们自己的理解。[1]为了理解哈利法克斯中产阶级文化的起源，我们必须认识到，与整体上尚未定型的英国社会中层兴起相关的那些发展，是由处于日益受到资本主义市场关系支配环境中的教区商界精英进行诠释的。

其次，18 世纪哈利法克斯新的贷款和奢侈品市场牟涉一个范围更大的社会集团。仅靠小乔治·斯坦斯菲尔德在他的克瑟呢行业中雇用 250 名"制造者"这件事，并不足以形成一个中产阶级。阶级认同与一种共同文化的清晰表达（articulation）有关。我们称阶级认同为"阶级"文化，因为它的显著特征体现为一个集团理解自身经济关系的方式，但是文化本身既决定一个工场主与工人的关系，也被这种关系所决定的情况，远非人们想象的那么简单。因此，阶级认同还关系到那些并没有直接卷入经济关系的集团。哈利法克斯货币市场和消费方式的发展显示，作为纺织业发展旁观者（bystanders）的另外一些集团也分享着一种共同文化。18 世纪上半叶，在商人和工场主身旁出现了一个新的、由富裕专业人士构成的较大集团，这些家族出入于同样的社交圈。[2]性别也是重要因素，与工匠和劳动者家庭的生产方式相反，妇女几乎从不参与 18 世纪商人和工场主的经济活动。然而，尽管她们并不直接从事纺织业中新的经济实践，上层妇女仍然与男性一起创建他们的新文化。例如，说到商界和专业精英家族进入同样的社交圈，实际暗示着这些集团的联系不仅是由男人维系的，也包括女人的穿针引线。这些变化的产生，就像与纺织

业有关的发展一样，是实践与文化相互作用的结果。没有人刻意
创立一种新的货币市场或新的消费方式。同样，也没有现存的文
化结构将货币市场行为或购置家用品的行为限定在"传统"方式
之内。毋宁说，人们经历的变化以及他们如何理解自身经历的变
化，是实践结构变动的产物。这种深刻的见地表明，对于变迁原
因的解释必须是多因素的；变迁之所以产生，既是外部影响无意
识的结果，同时也是有意识行为的结果。这些因素在哈利法克斯
产生的累积效应，是在教区新的商界和专业界精英中形成了一种
共同的社会经历以及与之相关的共同文化观念的构成要素。

货币市场

虽然哈利法克斯的商人和工场主的经济业绩本身就是一项
了不起的成就，但是它还有赖于其他方面更普遍的发展，其中包
括为满足工场主和商人远程财务结算和投资需要而形成的金融服
务网络。这些服务的演进是独立于教区本身的经济发展之外的，
因为 18 世纪产生的金融网络具有全国规模甚至国际规模。正如
R·S·尼尔（Neale）指出的那样，短期商业信贷在 18 世纪变
得日益成熟；这种信贷通过建立一个复杂的和无所不包的经济关
系网络，将更大数量和更多种类的人们纳入其中，从而改变了
18 世纪社会的面貌。[3]帕特·赫德森（Pat Hudson）和弗朗索
瓦·克罗泽特（Francois Crouzet）业已指出，这种发展中的汇
票网络成为商人和工场主重要的信贷来源。[4]国债制度、诸多

可以依靠预期收入作为担保进行借贷的新的法定机构，以及有关
抵押贷款的法律变革，也使 18 世纪的资本市场大为改观。[5]这
些全国性的发展被积极投身纺织业部门的人们引入哈利法克斯，
不过它们逐步成为一个更广大集团的特征。

如同当时整个英国的情况一样，在 17 世纪后期的哈利法克
斯，信贷对于经济的日常运行是必不可少的。由于货币供应的相
对短缺，大量交易依靠社区内部广泛的短期私人借贷网络。[6]
尽管人们已经知道汇票，但是它们还没有得到普遍应用。在 17
世纪后期工场主塞缪尔·利斯特的账册里，还只是偶尔出现汇
票。这些汇票都是由爱德华·希尔开具的，他是一名伦敦的毛呢
代理商，利斯特经常向他供货。然而，即便是这类交易，也常常
以现金结算。利斯特在地方交易中从来不用汇票，哪怕是数量较
大的买卖。[7]

随着 18 世纪贸易规模和距离的加大，哈利法克斯商人和工
场主对汇票的依赖度增强了。到了塞缪尔·希尔所处的时代，商
业信贷大体上已全面渗透到了哈利法克斯的经济之中，除了一项
特殊例外，希尔在业务经营中已不再使用现金。希尔的国内交易
是用比较简单的汇票兑换办法结算的，即用收购他毛呢的商人提
供的汇票来支付向他供应羊毛的商人。但是有些票据的交割则通
过哈利法克斯的杰里迈亚·罗伊德斯（Jeremiah Roydes）一类
的商人进行，他们发挥类似银行的作用，使汇兑变得更为便利。
希尔与荷兰商人的贸易需要比较复杂的信贷网络；荷兰商人应付
的款项汇给伦敦一名银行家彼得·高森斯（Peter Gussens），他

受托处理这些国外信贷业务。不过，这种使希尔与伦敦至阿姆斯　86
特丹和哈利法克斯的信贷网络发生联系的便捷票据兑换，并不适
用于支付为他制造毛呢工人的工资；希尔用汇票从韦克菲尔德的
威廉·埃姆萨尔（William Elmsall）那里兑换必要的现金。[8]尽
管希尔的经营规模之大可能属于例外，但是使用汇票的决不仅仅
是他一人。从18世纪30年代起，汇票的使用扩大到了哈利法克
斯教区工场主与商人之间的各种交易。[9]汇票的使用还扩大到了
与纺织业没有直接关系的人们之中。例如，有些店主愿意接受汇
票结账，而律师约翰·豪沃思（John Howarth）的私人账册显示，
他对某些大笔业务也采用多重汇票结算而不是使用现金。[10]因
此，全国甚至国际信贷网络不仅将哈利法克斯的商人和工场主卷
入其中，同时也使许多其他人卷入18世纪日趋复杂的经济之中。

这种信贷网络的文化含义如同它的经济意义一样重大，因
为汇票的推广给教区带来了新的观念并且推动了现有的发展。或
许最重要的是引入了更加精确的账目，这是维持一笔依靠汇票为
手段的生意所必不可少的。正如约翰·萨克利夫的行为显示的那
样，卷入全国信贷网络就必须进行新的财务实践，它需要工场主
对商业金融采取更加理性的态度。1769年，萨克利夫以沉重的
语调写信给他委托的一个伦敦银行家，为自己在账户中"提款过
度"深表歉意；他答应寄送汇票弥补所提的款额，并且表示以后
要保持良好的财务状况。[11]

的确，并不是所有哈利法克斯的工场主和商人都需要像萨
克利夫那样大量提现，希尔一类的人就拥有维持良好财务状况的

内部规章。然而，假如实践和观念的变革是由内外影响的共同作用引起的，那么这些变革在哈利法克斯社会和经济环境中就具有特殊意义。例如，有迹象表明，卷入全国信贷网有助于增强汇票使用者彼此间作为一个集团成员的认同感，并且使他们与不使用这类手段的社会集团区分开来。一个使用早期复式簿记的工场主与一个仅仅保持原始账目的单纯工匠在世界观上肯定存在差异。因此，卷入全国信贷网的工场主对待 18 世纪晚期哈利法克斯伪造货币者危机（Halifax Coiners crisis）采取了完全不同的态度。正如约翰·斯泰尔斯（John Styles）对该事件所作的分析那样，伪造货币者——他们将英国货币进行削边并且将刮下的屑片重铸成葡萄牙迈奥多币（Portuguese miodores）——得到当地家内制小呢绒工匠的默认甚至纵容，他们从这种令人反感的货币短缺加剧中获利。相反，必须同地区进行外部交易的工场主和商人使用成色不足的货币，却要用他们所珍惜的良好信贷声誉承担风险。结果工场主和商人建立了一个争取政府帮助的团体来同伪造货币者斗争。该团体仅仅在一定程度上达到了自己的原先目的，但它在哈利法克斯以是否进入全国信贷网络确认了一条非常实际的分界线。[12]

哈利法克斯资本市场的发展也遵循着与商业信贷发展相似的年表。尽管不可能进行精确统计，但是所有证据表明，17 世纪末期相对弱小和不够成熟的资本市场，到了 18 世纪上半叶已经迅速成长起来。[13] 韦克菲尔德庄园（Manor of Wakefield）的档案显示，1680 至 1740 年索沃比镇区以公簿持有地（copyhold

land）作为抵押的数量和价值增长了，尤其是在 1730 年以后。
利用一种事先串通好的法律程序，公簿土地持有者获得了明晰
的所有权，这种现象从 1730 年起也增多了；尽管设计了打破限
定继承权（cntails）的法律程序，但在索沃比这还仅仅是实施抵
押贷款迈出的第一步，因为放贷人希望知道这种财产有无其他麻
烦。[14] 令人遗憾的是，设立约克郡西区土地契约登记簿（West
Riding Registry of Deeds）的目的是专门为了让放贷人了解自由
持有地（freehold land）所有权的实际情况，因而记录的土地交
易材料还未详细到足以统计抵押数量或价值的程度。或许值得
注意的是，虽然土地契约登记簿设立于 1704 年，但在 18 世纪
三四十年代以前进行登记的数量并不多；土地契约登记数量的增
长不能仅仅归因于抵押土地的增加，然而后者毕竟是当时登记业
务中一个重要的组成部分。[15]

88

表 2　已验证遗嘱样本中有关抵押贷款和生息放款的情况
（哈利法克斯，1690—1785 年）

	1690—1709 (N=220)		1710—1729 (N=147)		1730—1749 (N=186)		1750—1769 (N=180)		1770—1785 (N=173)	
	份数	%	份数	%	份数	%	份数	%	份数	%
立遗嘱人所有或所欠的抵押贷款	2	0.9	3	2.0	8	4.3	11	6.1	15	8.7
生息放款	18	8.2	19	12.9	24	12.9	38	21.1	63	36.4

资料来源：Probate Records, Borthwick Institute of Historical Research, Pontefract
Deanery and Prerogative Court。

N = 表内各个时期已检验遗嘱的总份数。——译者注

遗嘱认证档案也反映了资本市场的发展。表 2 反映了记载立遗嘱人所有或所欠抵押贷款的遗嘱件数和涉及生息放债的遗嘱件数。[16] 由于大部分抵押贷款属于 1 到 2 年的短期放债，因此在遗嘱中涉及的抵押贷款只是整个抵押贷款中的一小部分。涉及生息放债遗嘱的增多，表明了哈利法克斯立遗嘱人指望能够方便安全地进行投资的期望。的确，货币生息的期望是如此之热，以至于 18 世纪 60 年代威廉·福斯特（William Foster）认为必须对将给他女儿的一笔为数 200 英镑的遗产作出明确规定，这笔遗产要等到她 24 岁时才能给予，并且不能用于生息。[17]

89

表 3　指定出售地产的遗嘱数量（哈利法克斯，1690—1785 年）

出售原因	1690—1709	1710—1729	1730—1749	1750—1769	1770—1785
偿还债款	6	6	3	2	2
为非长子提供现金	3	5	4	9	17
为所有子女提供现金	2	1	1	4	8
维持寡妻或未成年子女生活所需	—	1	3	—	1
所有原因	11	13	11	15	28
包含土地内容的遗嘱	134	98	115	111	108
出售土地在拥有土地的立遗嘱人中所占比例	8.2%	13.3%	9.6%	13.5%	25.9%

资料来源：Probate Records, Borthwick Institute of Historical Research, Pontefract Deanery and Prerogative Court。

衡量哈利法克斯资本市场发展的另一项手段，是考察那些指定遗嘱执行人出售地产换取金钱并且规定其具体用途的立遗嘱人数量的增长情况。表3显示，直到1730年，卖地最常见的原因是还债；在这种情况下，立遗嘱人一般都规定，只准出售自己的一部分土地。1750年后，为还债出卖土地的情况已不多见。越来越多的情况是，假如出卖土地，目的在于为不能享受长子权利的子女提供部分钱款；更有甚者，假如出卖的是全部土地，那么就是为全体子女提供钱款。因此，到18世纪第三个25年，资本市场使得一个立遗嘱人可以将自己部分或全部地产转化为货币留给子女。

18世纪上半叶哈利法克斯资本市场的规模和性质都发生了变化。17世纪和18世纪之交，债务和抵押一般都出现在同一家族内部。例如，塞缪尔·利斯特的账册显示，他从堂兄弟和叔伯那里借过几笔钱。[18]这种家族借贷贯穿这个时期的始终，但是资本市场的发展使得彼此并无亲属关系甚至并不相识的人们发生借贷关系成为可能。例如，本地律师为使他们的当事人（不管作为放贷人还是借贷人）建立抵押关系起着中介作用，他们也将抵押的财产通过再抵押或转让手段从一个放贷人转移到另一个放贷人手中。[19]资本市场的空间范围也扩大并覆盖到了整个约克郡西区。这种地区资本市场导致经纪业的兴起，例如18世纪三四十年代利兹的本杰明·沃斯代尔（Benjamin Worsdale）在《利兹信使》（*Leeds Mercury*）上刊登广告："数笔50英镑钱款有待以诚信契约放贷；——数笔100英镑钱款以契约或抵押方式

90

放贷；——数笔 150 英镑钱款以土地担保或其他良性抵押方式放贷；数笔 200、300 英镑钱款以土地担保或抵押方式放贷；——400、600、800 英镑钱款以土地担保方式放贷；——1000、2000、3000 英镑钱款以土地……"[20]

如同在国内其他地方一样，18 世纪哈利法克斯可以放贷的种类正在增多。虽然情况比较少见，但是某些哈利法克斯居民购有公债：塞缪尔·利斯特 1776 年去世时拥有利率为 4% 的公共基金（consolidated fund）债券 1000 英镑。更常见的投资是以收费公路、运河或市政设施的收入为担保的。1781 年萨拉·阿克德（Sara Aked）去世时拥有一笔金额为 220 英镑的哈利法克斯供水系统的抵押债权，而伊丽莎白·巴博（Elizabeth Barber）则在 1758 年开工的"考尔德河通航工程"（Calder Navigation）的股份中购买了 200 英镑股票。[21]

尽管 18 世纪哈利法克斯资本市场规模和性质的演变是以地区和全国为背景的，但是其变迁的重要性却在于这些新实践在当地环境内所获得的意义。在哈利法克斯，一个打算出售全部土地以便为子女留下现金遗产的立遗嘱人之所以能够如愿，原因在于安全便利的资本市场的发展。然而这种选择本身只有放到哈利法克斯纺织业发展的具体环境中才能得到理解，因为纺织业的发展使得一个儿子开业起步必须有一笔资本。正如约翰·利斯特和塞缪尔·利斯特的例子所反映的那样，18 世纪早期以前，并没有人需要那种工场主开业用的"资本"（资本在这里被理解为一笔投资纺织业谋取利润的钱款）。确实，看来这些人并没有将原本可以另作他用的资源改作投资的方式来考虑他们的活动。[22]
工场手工业兴起的影响之一，是对作为资本的资金（capital as
capital）的需求日趋增长。就像帕特·赫德森指出的那样，呢绒
丁匠越来越开始将他们的地产作为　种谋取扩大生产或度过萧
条时期所需资本的手段。[23] 这类新观念的另一个迹象是 18 世纪
合伙协议数量的增加，合伙的目的之一在于集中一大笔保证企业运
行的资本。因此，经济实践的变化改变了围绕货币的一系列文化假
设，就哈利法克斯纺织业的具体环境而言，是创立了一种将货币用
于行业投资的资本概念。正如塞缪尔·利斯在遗嘱中声明的那样，
惟有在赢利状况良好的情况下，他的资金才会留在这个行业。这表
明人们意识到这是一种可以投资到其他领域的资金。[24]

　　这种资本概念并不仅限于纺织工场主。例如，土地依然是一
种重要的投资。即便在表 3 最后 20 年的时间段里，也只有 25%
的土地所有者声明他们的土地将部分出售。然而，有证据表明，
土地投资的含义发生了变化；土地不仅是家庭遗产的组成部分，
也不仅是一种防范纺织业波动的可以依靠的安全保障，土地日益
成为一种积极的投资，一种可以买卖、更重要的是可以改良的商
品。[25] 1785 年乔治·拉姆斯博特姆（George Ramsbottam）去
世时，他正在一块新近用抵押贷款购买的地块上建造一批茅舍。
他的遗嘱规定，茅舍应予完工，他授权遗嘱执行人在需要的情况
下再办理一笔财产抵押贷款。一旦茅舍竣工，房屋出租的租金将
用来支付抵押贷款的利息和维持遗孀的生活。如果遗孀去世，茅
舍将被出售，售得的钱款用于偿还抵押贷款债务，剩余的钱则留

92

给他的 5 个女儿。[26] 拉姆斯博特姆把这些茅舍看成是一种增值的商品，而最初购买的土地（可能是用抵押贷款买的）对于拉姆斯博特姆来说，只是一种利用哈利法克斯人口增长机遇最终为自己女儿提供金钱的手段。

放贷人也接受了新的资本概念。资本市场的发展使得更多隐名的借贷成为可能，这就要求放贷人在比 17 世纪晚期寡妇借钱给侄子外甥更加抽象的条件下估计他们投资的安全性。他们也必须在一系列投资机会中作出选择。地方环境在这里也是至关重要的。一些人宁可选择国债或地方法定借贷机构债券的安全性，但是这种倾向始终不如私人贷款和抵押贷款那样流行。[27] 选择抵押贷款的原因之一，就在于抵押贷款市场具有更大的周转性。一笔打算给予未成年儿子的遗产可以先用来放贷生息以供他读书和当学徒，不过当他成年并能自行立业时，这笔遗产就必须作为资本收回。[28]

如同借贷人一样，哈利法克斯资本市场的放贷人越来越把他们的财力资源作为能够用各种方式产生利润的资本来看待，越来越寻求利润的最大化。对于放贷人和借贷人两方面来说，这些文化变迁的发生均源于教区内外因素的共同作用；随着这些实践的逐步贯彻，它们在本地环境中便获得了特殊的含义。

93

消　费

与纺织业领域的经济和文化发展相关但并非衍生性的变迁出

现在商人和工场主账册的另一面：这不是他们对资本的需求，而是他们购买力的扩大。商人和工场主并没有将他们的利润全部重新投资。部分金钱被用于维持一种比较奢侈的生活方式，而这种发展休现在对教区服务和商品的需求方面。正如哈利法克斯货币市场的发展情况一样，消费方式的变化必须在全国范围内进行考察，因为地方仿效大城市的时尚——当然这种仿效往往是有选择的，但在 18 世纪进程中其步伐是逐步加快的。[29] 在这方面人们可以再度看到，采纳（adoption）是与挪用（appropriation）同时进行的，因为哈利法克斯新的上层精英赋予这些新实践和新时尚以富有地方特色的含义。

消费方式的变化一方面体现为能够获得的服务种类的增加。作为一个具有地方性甚至地区性重要地位的城镇，哈利法克斯在整个近代早期都拥有某些种类的律师，但在 18 世纪，该教区从业律师的人数以及他们提供的服务种类都急剧增多。在 17 世纪，本地律师的主要业务是办理财产转让和遗嘱事宜，更准确地说，他们中许多人应当被称为公证人。例如，约翰·哈格里夫斯先生和小约翰·哈格里夫斯这对父子在 17 世纪晚期忙于遗嘱和契约事务；他们既不从事更为复杂的业务，也不承接伦敦的讼案，因为他们不具备这类从业资格。[30]

在 18 世纪，财产转让仍然属于当地律师的大宗业务，但是除此之外，他们的业务往往还增添了一系列其他种类的服务。罗伯特·帕克和约翰·豪沃思是 18 世纪两个比较有名的律师，他们虽然主要靠办理契约赚钱，但同时也承办破产事宜、衡平法院

94

讼案、合伙制协议、婚姻事务以及地方政府的有关事宜。[31] 即便占用帕克和豪沃思大部分时间的遗嘱与契约业务，也比半个世纪前显得更加复杂。例如，原有的抵押和托管财产所有权的分散，使得契约和遗嘱的期限过于漫长、内容过于庞杂，这就需要真正合格的律师而不是公证人提供服务。

其他专业的发展情况不大清楚。教堂数量没有显著增长，然而 18 世纪中叶哈利法克斯从业医生的数量超过以往。簿记员和教师的人数也增加了。18 世纪 30 年代后期以前，在任何保存下来的商业账簿中还看不到簿记员辛勤劳作留下的痕迹，然而此后却变得较为常见了。在哈利法克斯唯一的报纸、短命的《联合日报》(Union Journal)上刊登的广告，提供了 18 世纪中叶教区教师的数量和他们所授课程的大致情况：除了传统文法学校开设的课程外，学生还可以学习近代欧洲国家的语言、簿记、舞蹈和音乐。的确，在较少的专业中人们往往可以戴几顶头衔。例如，威廉·诺里斯（William Norris）被任命为考尔德河工程委员会的职员并且靠教授写作、计算和"真正意大利的簿记法"补充工资收入。同样，教区教会的风琴手希望"靠教授学生、为乐器调音，以及其他凭自身条件可以得到的额外收入"，来补充自己每年 20 英镑的工资。[32]

与教区服务业发展相联系的是居民购买消费品种类的增加。遗嘱记载的非传统手工业职业的增加反映了哈利法克斯经济这方面的增长状况。17 世纪 90 年代，在所登记的居民职业中，只有 8.9% 的职业超出纺织业或普通手工业和食品业（如木器业、石

95

匠行业和面包业）的范围，包括 1 名小贩、1 名制针匠、1 名制钟匠、2 名小旅馆老板、2 名麻布商、2 名绸布商，另外各有 3 名药剂师、鞋匠和裁缝。到了 18 世纪二三十年代，该项比例上升到 10.1%，再到 18 世纪六七十年代，比例又上升到 20%。小旅馆老板、制革匠、麻布商、食品杂货商和店主之类的职业到 18 世纪中叶已比较常见，甚至连不太常见的行业如马裤制造匠、马具匠和船桅支索匠（staymaker）也开始出现。

这些比较新奇的行业提供了一个显然为少数富人服务的市场，在半个世纪以前它还并不存在。这种奢侈品市场的范围可以从《联合日报》的广告上得到估计。书商亚历克斯·史密斯（Alex Smith）推出了一幅拍卖书籍的广告。一个不愿披露姓名的企业家告诉公众，"宽敞的冷水浴室" 在奥文登（Ovenden）开张。细木匠威廉·阿普利和罗伯特·阿普利（William and Robert Appley）发布广告，他们在哈利法克斯凯基尔先生方楼（Mr. Caygill's square）对面开设的店铺里，"以最灵巧的工艺、适应绅士淑女以及所有其他才能稍逊之人的品位，以及最低廉的价格" 承接各类细木工活。这段广告词意识到哈利法克斯正在形成各种层次的市场。[33] 1781 年由威廉·贝利（William Bailey）编辑、首次收录哈利法克斯条目的人名地名录《北部指南》（*Northern Directory*），显示了同样的发展趋向。它在相关部分主要收录了该镇的大商人和大工场主，但也收录了若干奢侈品行业的人名，计有 5 名食品杂货商、4 名绸布商、4 名药剂师、3 名五金商、1 名黄铜制造商、1 名铁器制造商和 1 名箱包制造商、

1 名丝绸商、1 名钟表制造商，以及住在"一所非常漂亮的宅邸"中的小旅馆老板。[34]

这些店主和手工匠人的出现只不过是 18 世纪上半叶哈利法克斯消费方式发生重大变化的一种迹象。正如我们在第二章里看到的那样，17 世纪晚期和 18 世纪早期家庭遗产清单的显著特征是物品档次的高度相似性，不管穷人家庭还是中等阶层家庭都是这样，甚至连相对富裕的家庭也不例外。成员广泛的哈利法克斯中等阶层在家庭物品的种类方面缺少显著差异，是不足为怪的。将要改变 18 世纪社会的消费增长还刚刚开始出现，在哈利法克斯，正如在英国其他许多地方一样，家用品是本地制造的，并且还没有完全受时尚左右。要区分手段不足和欲望不足是不可能的。中等阶层可能会买一块羽毛床垫替代麦秸床垫，或者购买锡蜡和黄铜器皿来取代木制餐碟，但光是谈论这些物品的舒适或美观，还算不上一种反映新的社会差距的重要表述。[35]

即便在 17 世纪和 18 世纪之交，也存在与以上消费方式不同的例外情况。约翰·温豪斯家客厅里的"俄罗斯皮椅"（Russia leather chairs）比同期遗产清单里记载的其他椅子显然要贵重；它们属于可以将他的住所与邻居的住所区分开来的奢侈品。[36]然而，在 17 世纪晚期，这种例子并不多见，并且这类奢侈品即便在拥有它的人们的遗产清单里也显得并不协调：约翰·温豪斯的俄罗斯皮椅在任何相对富裕的约曼农家中的同类房间里都可以看到。进入 18 世纪，这两种情况都开始发生变化。不仅拥有奢侈品在一个可以识别的集团中变得普遍起来，而且这些家庭往往拥有一系列这样的奢侈品，并且把它们放置在单独的一两个房间里。尽管 1730 年以后遗产清单日趋减少，然而 18 世纪 40 年代少量富裕居民去世时留下的遗产清单都包括了这类或那类奢侈品，这些物品通常集中在一两个房间里，表明具有相应社会含义的"前厅"（front parlor）开始出现。例如，希佩霍尔姆（Hipperholme）的约曼农弗朗西斯·普里斯特利（Francis Priestly）拥有一间被称为"高档卧室"（best chamber）的房间，里面有一块地毯、一张椭圆形桌子、一件屏风，以及一张昂贵的床，此外他还拥有一间被称为"旁厅"（lower parlor）的房间，有一张价值 14 先令的可折叠的桌子、窗帘、1 面镜子和 5 幅小型绘画。同样，药剂师杰里迈亚·德雷克（Jeremiah Drake）家有一间包含 1 张茶几、1 盏玻璃罩灯、2 幅家庭肖像、地垫和 6 个瓷盘的客厅。[37]

到了 18 世纪 80 年代，当遗产清单再度变得比较常见时，奢侈品的享用和陈列方面的变化是引人注目的。约翰·萨克利夫住在教区西端，他的一间客厅里有 1 张橡木镶嵌的茶几，6 套瓷杯和瓷碟，6 把银茶匙、银食夹，1 只细颈玻璃水瓶，以及若干瓷杯和德尔夫特陶杯。唯一有损这间作为前厅房间形象的是里面所放的两张床。纳撒尼尔·阿克德 1785 年去世时肯定还是一个住在他人家中的房客，因为在他的遗产清单上只记载了一间房间的情况，然而里面却摆满了奢侈品，包括 1 张红木茶几，以及 1 只配有橡木底座、可以连续走动 8 天的时钟。[38]还需要指出的是，萨克利夫和阿克德都绝对算不上这一时期教区内去世的最富裕居民成员。

遗存的家庭账簿证实了遗产清单留给人们的印象。约翰·豪沃思的现金账记录了这位名律师在一些非耐用奢侈品方面的花销，如给他女儿买的一顶缎帽（3 先令 6 便士）、给儿子买的一顶帽子（6 先令），以及在访问韦克菲尔德时买的一块姜汁饼（1 先令）。[39] 在 1761 年凯瑟琳·利斯特（Catharine Lister）的遗产清单里，除了像五屉柜、浴盆、大衣柜这些普通家用品外，还有 1 只大型玻璃梳妆盒，1 张紫檀木的桌子，1 张铺有天鹅绒的牌桌，6 把"马德格纳"（madgena）椅子，1 口日本式漆箱，1 张红木茶几，一些瓷盘瓷碟、茶杯茶碟，以及 1 个日本式镀银取暖炉等奢侈品。[40] 按照新时尚布置室内环境并不仅仅包括家具摆放；一些哈利法克斯的富裕居民甚至对自己的房屋进行翻修重建，这样一来，就不可避免地要添置大量奢侈品。当小乔治·斯坦斯菲尔德建造一座新宅邸时，他特地交代哪些地方可以搞到红木板材和大理石石料。大理石大概是建壁炉用的，就像利斯家族在一份合伙制协议里提到的那种壁炉。[41] 也许这些新宅邸中最豪华的要数罗伊德斯家族的宅邸，其奢华气派足以使罗伊德斯能够作为主人接待 1768 年访问哈利法克斯教区的丹麦国王。[42]

尤其具有重要意义的是那些与茶叶、咖啡和巧克力消费相关的物品，使我们能够重新认识它们在整个教区的普及程度。在哈利法克斯遗产档卷中最早提到饮茶的是 18 世纪 20 年代的两份遗产清单，立遗嘱人都属于哈利法克斯社会的上层成员。乔治·梅森（George Mewson）是一名本地律师，他有 1 张茶几、1 个价值 12 英镑 2 先令的银茶壶以及少量瓷器。1725 年哈利法克斯镇的羊毛商詹姆斯·基特森（James Kitson）去世时，家中有 67 件"瓷器"（china ware）、1 个"茶几盘"（tea table tray），以及 1 把茶壶。[43]

至 18 世纪中叶，所有保持下来的家庭账簿都记载了茶或咖啡的消费开支，而在遗嘱中也更加频繁地提到茶杯及其他陶瓷器具。纳撒尼尔·查德威克（Nathaniel Chadwick）这个投身呢绒行业的约曼农，去世时从私人财产中拿出 500 英镑留给"亲爱的妻子"伊丽莎白，此外还有伊丽莎白结婚时带来的所有银制品、麻织品和日常用品。他还留给她房地产上的租金和利润，以及足够布置一个房间的用品，包括 1 张床、1 座钟、1 个银杯、2 个腌肉用的银罐，以及与茶桌配套的茶杯和器皿。这些遗产物品并不具有普遍性，但只要涉及这些物品，目的都在于强调它们的重要含义，并且暗示物主开始看重这种上流社会的风雅，他们有品味这种风雅所必需的闲暇时间。当索沃比的哗叽制造商约翰·萨克利夫临终前给他妻子留下一块位于邻近镇区的自由地产和布置一个房间必需的物品时，他唯一强调的物品是"我们平时睡眠用的床"和"我用来饮茶的陶瓷器具及其他用品"。[44]

遗产中个人饮茶和咖啡的器皿通常都留给女性。如同查德威克和萨克利夫一样，许多丈夫也将遗产中的这些物品留给自己的妻子，她们往往又接着再传给自己的女儿。例如，安·史密斯（Ann Smith）给女儿伊丽莎白留下 1 块斜纹亚麻桌布、1 个银制的咖啡壶和支架，还有 6 把银匙；而另 1 块斜纹亚麻桌布和 1 面

99

镜子则留给女儿简（Jane）。男性继承人得到其他物品。纳撒尼尔·普里斯特利将循环报时的时钟、2个银制的船形调味汁壶以及1个银咖啡壶留给了女儿，而儿子和女婿则分享他的藏书。汉娜·萨克利夫（Hannah Sutcliffe）去世时将她的新床和窗帘、金铜色表以及银茶匙留给母亲终身享用，但母亲死后床则传给自己的兄弟，而表和茶匙留给她的侄女。[45] 家庭内部奢侈品的非平均分配表明，妇女在造就和维持一种与这些物品相匹配的社会差别方面起着十分重要的作用。这些物品的使用，以及围绕放在陶瓷盘碟里的一杯茶或咖啡或一份食物而产生的社会习俗和社会实践，是这些男人和妇女正在创造的独特物质文化必不可少的组成部分。[46]

就像货币市场的情况那样，这种发展中的物质文化也有它在哈利法克斯外部世界的起源。这一点或许是明显的，然而在乔纳森·霍尔的账簿中可以看得特别清晰。1701年霍尔离开哈利法克斯前往伦敦当学徒，学习家具装饰手艺，获得伦敦市民资格后在这座大都市一直生活到18世纪40年代。他在18世纪20年代和30年代的详细账目被保存下来，当时他的业务多种多样。霍尔一方面生产和修理椅子和窗帘，同时也充当室内装饰工，例如1723年一天早上他为"尊贵的马丁夫人"的葬礼布置教堂，又如他曾经更带世俗色彩地在罗伯特·罗杰斯先生家里装修若干房间。霍尔还是一名商人，为外地的主顾供应能在伦敦搞到的诸多商品。他与自己的教区保持着联系，例如他的账目中就有与哈利法克斯的威廉·伍德的往来记录。1726年6月发出的一批货物颇具代表性，包括"1 面镶嵌在胡桃木框架上的大镜子，1 对玻璃扶手和 1 对黄铜扶手，1 面胡桃木镶嵌的转镜，6 张荷兰桌（其中 4 张方桌、2 张椭圆桌），12 把带有印度式靠背、法式椅脚和细藤底座的椅子，以及 3 套镀金檐板"。约 6 个月后，霍尔又给伍德发出一批货品，包括数量更多的椅子、1 张带靠背的床、4 张茶桌，以及大量经过挑选的帽子。[47]

　　霍尔发送的货物为哈利法克斯居民提供了伦敦的家用品，这些用品是由一个为身份高贵的精英们服务的人挑选的，因而他熟悉时尚变化。[48]不用说，霍尔的货物并不是哈利法克斯居民同 18 世纪新的物质文化接触的唯一媒介。在 18 世纪的哈利法克斯，几乎任何地位的居民都有朋友或亲戚住在伦敦，并且至少就男人而言，他们本身也经常前往伦敦。人们也并不是非得远至伦敦才能接触这些新商品。[49]利兹、韦克菲尔德和庞蒂弗拉克特（Pontefract）距离哈利法克斯仅一天路程，而约克只是稍远一点。不说法律事务方面的需要，光是这三个城镇的市场就使得大多数哈利法克斯精英肯定会定期访问这些地方。[50]

　　因此，在某种程度上，一种比较高雅的消费文化在哈利法克斯的出现，是商业和专业界精英接受社区外部一系列生活实践和时尚的结果。但是，随着这些新实践和新商品的被效仿和占有，它们便获得或被赋予了地方背景的意义。尤其重要的是这种物质文化的社会含义。首先，接受某些服务和拥有某些商品有助于界定一个特征日益明显的集团。例如，哈利法克斯的律师从这个新的商人和工场主家庭构成的集团中获得最大数量的诉讼委托人。

集团成员生活中越来越多的方面，从单纯的财产权益转让，到合伙制、信托乃至婚姻，都成为律师承担的事务。[51] 较小的专业人士也提供服务，不管是管理合伙制企业的账目还是教授簿记或音乐，这些服务的使用起着界定一个特殊集团的作用。拥有某些种类的消费品也具有同样功能，并且显示这些新实践和新观念逐步超出了商人和工场主狭隘的商界范围。医生、律师和职员都分享着这种发展所带来的舒适和高雅，他们与商人和工场主一起，形成了商品和服务方面新的文化期待，而这些商品和服务对于他们希望的生活来说是必不可少的。

101

　　除了使一个特征日益明显的集团成员彼此认同以外，这些服务和商品的使用也反映了这个集团与其他集团的关系。一方面，中等人士购买与上等身份相称的商品是为了证明他们的社会价值，这种尝试折射出 18 世纪消费文化的真实起源。近来有关消费史的研究成果表明，中等人士这样做并不是盲目模仿社会上层。然而，假如他们购买新潮商品不是为了变成贵族而是为了提高商人或律师的生活水准，那么部分原因在于确立他们的社会资格（social credentials）。[52] 同样重要的是哈利法克斯商人、工场主和专业人士家庭挪用这种将他们与社会下层区分开来的物质文化的方式。的确，要从一系列引人注目的商品占有中获取这种特殊信息并不困难。但是，在一个日益被大规模生产塑造的社会和经济环境中，这种信息是有意义的，并且因此被那些拥有陶瓷茶杯和让他们的儿子接受"真正意大利式簿记方法"的人们所强调。

表 4　哈利法克斯教区内若干镇区壁炉税和
土地税免除情况（1664 和 1782 年）

	壁炉税，1664 年			土地税，1782 年		
	户数	免税户数	免税户比例	户数	免税户数	免税户比例
哈利法克斯	502	209	41.7%	1514	1257	83.0%
斯克科特	85	28	33.0%	321	218	67.9%
南奥兰姆	148	54	36.5%	540	346	64.1%
北奥兰姆	328	157	48.0%	741	476	64.2%
希佩霍尔姆	199	67	33.7%	377	213	56.5%
什尔夫	83	29	34.9%	200	144	72.0%
沃利	256	83	32.5%	502	288	57.4%
米奇利	95	25	26.3%	225	132	58.7%
奥文登	308	117	38.0%	706	480	68.0%
索沃比	468	140	29.9%	640	371	58.0%

资料来源：PRO/E.179/210/393; WYAS/Wakefield, QE/13/7/various。1782 年户数取自 1776 年该教区牧师所做的户口统计：见 CDA/MISC/118。

　　然而，哈利法克斯商人、工场主和专业人士家庭对这些服务的使用和这些商品的占有所赋予的含义，只有在社会结构的变动和导致其产生的新生产关系的背景中才能得到理解。大规模工场制造业的发展对于哈利法克斯社会产生的影响是深远的，远不止工场主与工人之间形成的新的社会关系。或许最重要的结果是形成了一个与中等阶层的社会世界不同的日趋两极分化的社会结构。当 1664 年的壁炉税册显示哈利法克斯居民是沿着一条社会连续光谱排列时，1782 年的土地税册却反映教区社会结构已经变得更不均衡。我们发现，在 1782 年有更多的穷人家庭和更多的富裕家庭。确实，任何壁炉税与土地税的比较都必须谨慎进行，但是免税人数的数据是最可靠和最能说明问题的。如表 4 所示，免税家庭（生活在贫困线或贫困线以下的家庭）的比例在可以统计的每一个镇区都翻了大约 1 倍，从三分之一左右上升到大约三分之二。[53]令人遗憾的是，两种税的不同特征使得对社会光谱另一端的比较问题较多。尽管两种税额均以家庭实际占有的财产价值来确定，但它们是以不同方法来估算的，特别是土地税，它既估算农业土地财产，也估算房产本身的价值。然而对一种不包括仅够小康水平家庭在内的富裕户进行比较，其结果即便不那么令人信服，但肯定是有参考价值的。哈利法克斯是上述两个时期最富裕的镇区，1664 年该区受评估家庭中拥有 6 个或 6 个以上壁炉的家庭比例刚过 12%，而 1782 年被确定为年税额在 20 英镑以上的家庭比例则上升为 30%。

因此，新的消费文化促进了纺织业中经济变革与文化变革的相互作用。由于形成了使工匠转变为工人的新的经济和社会关系，哈利法克斯工场主占有了 18 世纪消费文化的方方面面，从而更广泛明确地表达了使他们与工人分离开来的那些社会差别。实际上，他们正在构建一幅新的变动社会秩序的蓝图。再者，正如第三章中讨论的那样，观念态度的变化与经济实践的变化是互为因果关系的。同样，这些新社会关系在更广泛得多的领域里的出现，以及为其提供解释的假设，与转向大规模生产的趋势以及抽象形式的"工人"的出现，也是互为因果关系的。律师、商人以及工场主的家属虽然本身并不雇用大批劳动力并处于形成中的工资关系之外，但他们却是这种社会两极分化过程的积极的代理人，因为他们在新消费模式的基础上也构建了一幅自己的社会世界变动的蓝图。这些文化变革在强调穷人与富人的社会界线及其变动方面具有累积效应。区分中等阶层与贫困劳动者的界线被更加确切的区分商人、工场主和专业人士家庭与贫困劳动者和教区手工业人口的标准所取代。

消费并不是这些新的社会关系得到明确表达的唯一领域。变动的地方政府结构，以及更为突出的济贫活动，也都显示了一系列新的社会关系的产生，这些新的社会关系使得精英们将穷人作为一个特殊集团的成员来对待。威廉·亨特（William Hunt）、戴维·昂德唐、基思·赖特森、戴维·莱文（David Levine）等人的著作表明，这一变化过程的起点并不在社会关系和谐的前工业黄金时代，而教区清教的平等主义色彩以及在内战爆发之前或大空位时期（interregnum）缺乏任何进行清教社会控制的证据都表明，哈利法克斯的"穷人"与他们比较走运的邻居相比并没有显著的文化差异。[54] 的确，17 世纪的精英自己认为与贫困劳动者存在显著的社会差异，但是 17 和 18 世纪之间体现的社会差别在性质上发生了重大变化。在亨特、昂德唐、赖特森与莱文的著作中，清教改革者针对的目标是穷人的道德控制。亨特尤其明确指出，在詹姆斯一世时期的埃塞克斯，约曼农和乡绅把穷人以及他们的罪孽只看作是反基督徒威胁他们世界的许多领域中的一种。因此，17 世纪的济贫活动尽管知道实际的社会差距，但在试图矫正穷人的方式上依然是"个人化"（personalized）的。正如格特鲁德·希梅尔法伯（Gertrude Himmelfarb）所指出的那

104

样，建立在道德经济基础之上的贫穷观，到了 18 世纪被建立在政治经济学基础之上的贫穷观所取代。[55] 在占统治地位的精英的话语中，穷人被客体化了；他们成了社会系统必然具备的特征，而对他们的控制需要建立各种严格和理性的机构。

哈利法克斯精英日趋理性地对待穷人的标志之一，是镇区账目管理方式的变化。17 世纪和 18 世纪早期无计划的账目，让位于从 18 世纪 30 年代开始的、除了极小镇区之外包括一切镇区的比较严格的账目体系。每个官员往往都备有各自的账册，一项账目某年的借方和贷方分列在翻开一面的两页，差额则接转次页。或许最重要的是，账目受教区委员会审查，一年至少一次，甚至更多。教区委员会成员既包括商人和工场主，也包括专业人士和土地所有者。[56] 账目必须十分细心地进行记载，就像索沃比济贫院账册规定的那样，"知道院里每月每年的开支"。[57]

105　　　新理性在 18 世纪济贫制度的其他方面也得到了明显的体现。帕特·赫德森对索沃比镇区贫民习艺档案的分析表明，从 18 世纪中叶起，这方面济贫活动旨在为控制地方政府的工场主和商人提供工业劳动力市场一切可能的便利。[58] 定居法令（settlement laws）的实施也反映了这些社会关系的变化。[59] 1697 年的法令允许教区内各镇区向任何可能需要济贫的移民索要"定居证明"（settlement certificates），但是在 18 世纪第二个 25 年以前，没有一个镇区大量使用这种规定。1725 至 1745 年，执行定居法令该项条款的情况急剧增加，表明教区精英越来越愿意运用针对贫困劳动者的法律，这进而反映了新的文化观念的产生，它赞同如此严厉地对待一个包括手工业人口在内的集团。[60]

教区精英对穷人的控制之所以采取理性化态度，原因是多方面的，并不仅仅因为济贫税的攀升。[61] 然而，值得注意的是与商人、工场主和专业人士中新式簿记方法出现相平行的变化，特别是账册中的变化。在某种意义上，镇区账册中精确簿记的出现是意料之中的事情，因为管理镇区的工作日趋复杂。只要有更多的金钱卷入，就需要使用更加精确的方法来跟踪了解资金的运行情况。从哈利法克斯中产阶级文化产生的角度来看，这种发展的重要意义在于它影响到商人和工场主进行文化预期的方式，这些预期是在商业环境中形成的，并且被应用于地方政府的管理。无疑，18 世纪 50 年代许多从事济贫和道路整治的官员都像他们 17 世纪晚期的前辈那样记载了大量账目——使详细但缺乏条理的支付账单得以支付，使核定的税款得到征收。在 17 世纪，教区委员会实际上只是在镇一级账册上登记这类账目。到 18 世纪中叶，教区委员会已经管理这类账目并且对年度开支进行比较正规（尽管比较抽象）的计算和登记。这些簿记方法看来是从商界引进到济贫领域里的。一旦进入这个新的领域，这些新实践就具有影响穷人与富人之间社会关系的文化含义。这些新的簿记操作程序内部包含着针对穷人的计算盈亏的技能，因而也意味着贫困问题从根本上被客体化了。

106

小　结

纺织业的发展与范围远为广阔的哈利法克斯经济、社会和文化发展是同时代的。一个新的包括汇票和投资贷款在内的货币市场发展起来，并且开始改变从工场主到律师的遗孀在内的每个人理解货币、贷款和土地的方式。与此同时，商人和工场主家族鼓起的钱包将消费社会引入哈利法克斯并且为它带来了新的专业人士：他们两者都是奢侈品的提供者和一个日趋复杂的金融世界的管理者。丝绸商、医生和律师在某种意义上都附属于纺织业，因为他们的生计依赖于商人和工场主的利润；不过他们进入了同样的社交圈并分享着同样的文化，一种日益具有个性的文化。

这些发展以使中产阶级文化的产生成为可能的方式，同时改变了哈利法克斯经济和社会的客观结构及其精英的主观世界。既受货币与土地使用新观念的制约，同时又鼓励这种新观念的新的货币市场，构成了具有资本主义市场关系特色的经济互动的基础。既受社会差距可以如何衡量和保持这种新观念的制约，同时又鼓励这种新观念的新的消费社会，将新的商品和服务带入了这个教区。因此，17 世纪晚期到 18 世纪中叶在哈利法克斯纺织业中逐步形成的新的经济结构，是与具有更加广泛含义的种种变革相联系的。商人和工场主从约曼农呢绒工匠行列中脱颖而出，是更为基本的从中等阶层世界到中产阶级世界文化转型的组成部分。

乔纳森·鲍姆福斯与小乔治·斯坦斯菲尔德的生活差异，为这一进程提供了特别能说明问题的例证。作为南奥兰姆镇区的一名呢绒工匠，鲍姆福斯在 1720 年去世时拥有价值 1000 英镑的财产，然而正如我们在第二章里看到的那样，他与邻里和工人的关系依然是十分和谐的。的确，地位差异肯定存在。年轻人和仆人不及年长者和独立工匠那样受到尊重，但是在社会等级方面没有一条严格的界线，没有一道巨大的屏障将仆人、手工艺人与约曼农呢绒工匠分割开来。像鲍姆福斯那样的约曼农属于哈利法克斯典型的中等阶层。他们生活在一个个体的、互惠的信任占统治地位的经济世界，在这个世界里，奢侈品并不十分重要。他们的世界是一个由地域上的挨近和共享的文化界定的世界，这种共享的文化显然是与他们本质上属于工匠性质的经济联系在一起的。

从小乔治·斯坦斯菲尔德在索沃比的菲尔德豪斯宅院的生活中，我们也可以深刻感受到中产阶级文化的社会含义。小乔治·斯坦斯菲尔德在鲍姆福斯去世的那年出生，作为已经富裕起来的工场主的儿子，他进而成为全教区最大的毛呢制造者之一。尽管没有与显示斯坦斯菲尔德所在世界的社会关系相关的遗产争议档案保留下来，但是从对住宅建筑的考察中可以大体勾勒出这些社会关系。

几乎可以肯定，乔纳森·鲍姆福斯生活在一所典型的约曼农呢绒工匠的住宅里，这种住宅散布于哈利法克斯教区的山坡上，折射出鲍姆福斯这类中等阶层的社会关系（插图 1 和插图 2）。由于房子大得足以为这些家庭提供尽情享受少数几件奢侈品的空间，因此这类房子也非常适合呢绒工匠的业务活动。鲍姆福斯的住宅很可能有附设的作坊，而楼上的房间大概是帮工和学徒的卧室，他们在这所房子里为呢绒工匠干活，并且作为家庭成员的一部分同他一起生活。[62]

与这所房子形成对照的是小乔治·斯坦斯菲尔德在 1749 年

110

他父亲去世不久后为自己建造的住宅（插图 3）。菲尔德豪斯楼是一所壮丽的新古典式宅邸，包括框窗、杜廊以及摆动式大门装置。斯坦斯菲尔德按照当时流行的双桩（double-pile）式设计建造他的住宅——对称的弧形台阶位居房屋中央——与 17 世纪约曼农呢绒工匠房屋中常见的壁炉过道（hearth-passage）式设计相比具有相当大的差异。一位研究约克郡西区的建筑史家评论说："双桩结构住宅的成功之处，就在于它使得两个彻底分开的空间活动系统可以完全独立地发挥作用。大厅和主楼梯是满足室内上流社会需要的那个系统的中轴，然而住宅也为另一个世界提供了安身之所，即仆人们在自己领域里的活动场所。"[63] 因而，在斯坦斯菲尔德住宅的设计中，他表达了自己希望在家庭成员与手艺人、仆佣之间保持距离的意图。例如，斯坦斯菲尔德的工人不再是家庭的组成部分；他们住在别处——这一点几乎并不出人意料，因为他们的人数多达 250 人以上。[64] 斯坦斯菲尔德生活在一个受利益信任观支配的经济世界，在这个世界里，土地与它的货币价值很容易得到互换。奢侈品对于这些家庭来说是重要的，能够带来更多财富的专业性服务也是如此，进入他们社会世界里的已不再是那些乡邻，而是商务方面的伙伴。1758 年在菲尔德豪斯举行了一个庆祝考尔德河和赫伯尔河通航的宴会，为此，斯坦斯菲尔德特地定做了一件有新航运画面的蚀刻玻璃器皿，他的工人几乎不可能出席宴会。[65]

很难想象，小乔治·斯坦斯菲尔德会像乔纳森·鲍姆福斯那样邀请运煤工和织工前来他家中共饮啤酒，因为一种日益显著的

图 1　下斯纳佩屋，一所典型的呢绒工匠住宅，索沃比，1623 年。（作者所摄照片）

图 2　霍林海伊屋，一所典型的约曼呢绒工匠的住宅，索沃比，1577 年。（取自约翰·莱兰：《哈利法克斯教区的古代建筑》，1879 年版，经哈利法克斯中心图书馆参考部准许复制）

图 3 菲尔德豪斯楼，小乔治·斯坦斯菲尔德建，索沃比，1749 年。（安德鲁·卡夫尼摄）

社会经济经历以及这种经历的文化结构在工场主与手工工匠中间建立了一道屏障——这道屏障本身就是独特的中产阶级经历形成的表征。

113 这道屏障的确也包括这一实体所反映的整个一系列经济、社会和文化的变迁，是逐步形成和产生的。不妨就乔治·斯坦斯菲尔德先生的情况作一番考察，在时间上他正好介于鲍姆福斯与自己儿子之间。作为一个大工场主，其新的经济实践的结果之一，是逐步形成了势必破坏乔纳森·鲍姆福斯所熟悉的社会世界的文化观念。他懂得了盈亏问题；在多少有点偶然的情况下，他明白了新的簿记程序；在也许不太情愿的情况下，他承认自己不再能够保护为他工作的制造者们免受市场波动的影响。[66] 不过，假如乔治先生已经将鲍姆福斯的社会世界置于自己身后的话，他还没有到达他儿子所在的社会世界。他的住宅是17世纪约曼农呢绒工匠的住宅（插图4）。应当承认房子是够大的，因为乔治先生是一个富人，但是它仍然是一所约曼农的住宅，在18世纪20年代和30年代，生活在一所带有附设作坊的住宅依然暗示着某种社会和经济关系。

要识别中等阶层与中产阶级各自不同的文化并不困难，但是要了解中产阶级文化如何发端，却需要对两者之间的过渡作出一种解释。这种解释是靠对进程的关注获得的，因为我已经指出，中产阶级的特殊经历是结构与行为相互作用的结果，导致这种经历形成的实践和文化的转变经过了相当时间的累积。假如乔纳森·鲍姆福斯和乔治·斯坦斯菲尔德先生都未打算成为中产阶级，那么他们经历的变迁所包含的内涵暗示了这种趋向。然而这

图 4　老菲尔德豪斯楼，乔治·斯坦斯菲尔德先生的住宅，索沃比，17 世纪。（经哈利法克斯文物学会荣誉秘书 J·A·哈格里夫斯博士慷慨允准，根据 20 世纪早期幻灯片复制）

个进程不能仅仅被归结为教区毛纺织业的转变；同样重要的是对来自教区外部文化形式的挪用和一个成员更为广泛的社会精英集团的组成。

注 释

[1] Roger Chartier, *The Cultural Origins of the French Revolution*, trans. Lydia Cochrane (Durham, N.C., 1991). T.H. Breen 已 经 运 用 Chartier 的观点研究消费品怎样使美洲殖民地的一种政治抵抗在 18 世 纪下半叶得以展开：见 "The Meanings of Things: Interpreting the Consumer Economy in the Eighteenth Century," 载 *Consumption and the World of Goods*, ed. John Brewer and Roy Porter (London, 1993), 249-260。

[2] C. D. Webster 已经对律师业进行了详细研究，见 "Halifax Attorneys" (共分三个部分), *THAS*, 1968, 69-87; 1969, 117-132; 和 1971, 1-25。 其他职业——医疗、教会以及簿记、教师之类的职业——尚未取得像这 类研究那样系统性的成果。专业行当与工商业之间的密切联系在整个 18 世纪是相当普遍的：见 John Seed, "From 'Middling Sort' to Middle Class in Late Eighteenth and Early Nineteenth Century England," 载 *Social Orders and Social Classes in Europe since 1500: Studies in Social Stratification*, ed. M. L. Bush (London, 1992), 114-135。

[3] R.S. Neale, *Bath, 1680-1850: A Social History* (London, 1981), chap.5, 以 及 他 的 *Writing Marxist History: Society, Economy, and Cultural since 1700* (Oxford, 1985), chap.1。

[4] Pat Hudson, *The Genesis of Industrial Capital: A Study of the West Riding Wool Textile Industry, 1750-1850* (Cambridge, 1986); François Crouzet, ed., *Capital Formation in the Industrial Revolution* (London, 1972).

[5] Paul Langford, *Public Life and Propertied Englishmen, 1689-1798* (Oxford, 1991).

[6] B. L. Anderson, "Provincial Aspects of the Financial Revolution of

the Eighteenth Century," *Business History* II (1969): 11-22. 关于哈利法克斯的直接材料，见 John Styles, "Our Traitorous Money Makers: The Yorkshire Coiners and the Law," 载 *An Ungovernable People*, ed. John Brewer and John Styles (London, 1980), 246-247。

[7] CDA/SH:1/LB/1661-63, SH·1/OB/1668, List account books. Lister 出售羊毛，即便一次卖几包羊毛，都是用现金或呢布进行交割的。

[8] CDA/FH/437, Hill ledger, 1736-1741.

[9] 关于这种日趋普遍的做法仅举一例。索沃比的 George Stansfield 通过汇票支付所欠哈利法克斯的 Samuel Stead 的债款，这笔债务源自 Stead 向他提供的羊毛：见 CDA/FH/396, Stansfield letter book, 2 July 1728。

[10] CDA/STA/81, Stansfield receipts，向一名约克茶叶商人支付的两张汇票各为 10 英镑；CDA/HAS/327 (33), Howarth ledger, 1755-1766, 和 HAS/346 (15), Howarth cashbook, 1762-1763。

[11] CDA/HAS/449 (714), Sutcliffe memorandum book, Sutcliffe to W. W. Richardson, 1769.

[12] Styles, "Our Traitorous Money Makers," 214-217, 248-249.

[13] 关于地方的整体状况，见 B. L. Anderson, "The Attoney and the Early Capital Market in Lancashire," 载 Crouzet, *Capital Formation*; "Law, Finance, and Economic Growth," 载 *Great Britain and Her World*, ed. B. Ratcliffe (Manchester, 1975); 以及 "Provincial Aspects"。

[14] Yorkshire Archaeological Society, Leeds, Wakefield Court Rolls. 1740 年后的法庭档卷虽然被保存下来，但因其价值太低而难以使用。这类程序和相关抵押的一个良好例证是 1730 年 Timothy Normanton 进行的交易，见上述档卷，docket no.85。1680 至 1730 年间法庭档卷记录的交易数量相对稳定，每 10 年大约 200 件左右，然而抵押交易所占的比例却从 7% 多一点上升到将近 15%，抵押物平均价值从 68 英镑增加到 148 英镑。

[15] W. E. Tate, "Five English District Statutory Registries of Deeds," *Bulletin of the Institute of Historical Research* 20 (1943-1945): 100; Hudson, *Genesis of Industrial Capital*, 96.

[16] 或许与利息支付相关的最常见的背景是一笔附有规定的给遗产接受人的货币遗产，说明遗产实际给予之前，这笔遗产将用于生息；见 BIY/OW, Thomas Thompson, Skircoat, September 1751。同样比较常见的情况

是这样一类遗产，其中特地说明这些遗产是立遗嘱人能够获得到期利息的放债款。

[17] BIY/OW, William Foster, Wadsworth, October 1760.

[18] CDA/SH/AB:24, Lister family bounds.

[19] 1760 年 Samuel Fenton 为了获得一笔财产抵押贷款给 Japhet Lister 列出的账目表：见 CDA/SH:3/B/1, Lister family bills。John Howarth 向 John Wells 提供了一份账目表，包括进行抵押贷款的费用：见 CDA/HAS/330（759），Howarth bill book, f.35–36。关于再抵押见 1752 年 Musgrave Brisco 购买的一笔抵押财产；财产所有者已经向同一人进行了两次抵押，两份抵押均已转让给第二个人，由 Brisco 向这个人清偿债务：见 HAS/37（517），Howarth legal papers, 14 December 1752。有关这些律师形成的网络，见 M. Miles, "The Money Market in the Early Industrial Revolution: The Evidence from West Riding Attoneys, c.1750–1800," *Business History* 23（1981）: 127–146。

[20] *Leeds Mercury*, 7 September 1763.

[21] BIY/OW, Samuel Lister, Southowram, Prerogative Court, November 1766（他在 3% 利率基金中还拥有 100 英镑投资）；Sara Aked, Halifax, December 1781; CDA/FH/375, Stansfield navigation papers。政府基金投资缺乏和本地法定团体的重要性在地方上是十分突出的：见 Anderson, "Law, Finance," 108–109，和 "Provincial Aspects," 21。

[22] John Smail, "Manufacturer or Artisan? The Relationship between Economic and Cultural Change in the Early Years of Eighteenth-Century Industrialization," *Journal of Social History* 25（1992）: 791–814.

[23] Hudson, *Genesis of Industrial Capital*, 85–86, 96–97.

[24] BIY/OW, Samuel Lees, Skircoat, Prerogative Court, June 1761.

[25] Charles Steffan, "Gentry and Bourgeois: Patterns of Merchant Investment in Baltimore County, Maryland, 1658–1776," *Journal of Social History* 20（1987）: 531–548.

[26] BIY/OW, George Ramsbottam, Stansfield, April 1785.

[27] John Roydes 是哈利法克斯最富裕的商人之一，生前在"公共基金"（public funds）里为他的一个女儿和他的女管家兼家庭教师留下供支付年金用的钱款，因为他希望这些年金支付不出现问题：见 BIY/OW, John

Roydes, Halifax, Preogative Court, July 1781。

[28] 哈利法克斯一名铁器铸造商 John Emmet 为他的次子 Samuel 留下 2000 英镑，利息将用于其 21 岁以前的生活和教育开支以及"在某一行业或事务里的习艺"：见 BIY/OW, John Emmet, Halifax, July 1785。

[29] 关于时尚在各地的流行，见 Alan Everitt, "Country, County, and Town: Patterns of Regional Evolution in England," *Transactions of the Royal Historical Society*, 5th ser., 29（1979）: 79-108; Peter Bosay, *The English Urban Renaissance: Culture and Society in the Provincial Town, 1660-1770* (Oxford, 1989); Penelope Corfield, *The Impact of English Towns, 1700-1800* (Oxford, 1982); Amanda Vickery, "Women and the World of Goods: A Lancashire Consumer and Her Possessions, 1751-1781," 载 Brewer and Porter, *Consumption and the World of Goods*, 274-301; Lorna Weatherill, *Consumer Behavior and Material Culture in Britain, 1660-1760* (London, 1988)。关于一般的消费史，Neil McKendrick 的著作依然是重要的起点。例如见 "Commercialization and the Economy," 载 McKendrick, John Brewr, and J. H. Plumb, *The Birth of a Consumer Society* (London, 1983), 9-194。然而，Brewer and Porter, *Consumption and the World of Goods* 中的许多论文对于 McKendrick 的分析进行了整体或部分的批评。

[30] Webster, "Halifax Attorneys," pt.1, 82, 84.

[31] CDA/RP/various, Parker legal papers; CDA/HAS/332（1）, Howarth daybook, 1749-1783.

[32] The *Union Journal or Halifax Advertiser*, 29 July 1760 and 15 June 1760; BIY/CO, I/1449, Halifax organ case, testimony of Henry Bates, 12 December 1764; J. W. Houseman, "The History of the Halifax Parish Church Organ," *THAS*, 1928, 77-112.

[33] *Union Journal*, 3 April 1759, 29 July 1760, 29 April 1760, and 24 April 1759.

[34] William Bailey, *Northern Directory* (Warrington, Lancs., 1781), 200-203. 所提到的人数明显增加的其他职业有内科医生、外科医生和书商。

[35] McKendrick, "Commercialization and the Economy"; Weatherill, *Consumer Behavior*. Weatherill 提供的内容丰富的遗产清单样本显示，

1675 至 1725 年间所拥有的消费品中，大多数"高档"消费品的性能都集中在舒适而非奢侈方面。

[36] BIY/OW, John Wainhouse, Skircoat, April 1693.

[37] BIY/OW, Francis Priestly, Hipperholme（特大遗嘱），May 1745; Jeremiah Drake, Northowram, March 1745/46。见 Weatherill, *Consumer Behavior*, 9，关于"前台"（fronstage）活动及其在物质文化方面含义的讨论。

[38] BIY/OW, John Sutcliffe, Stansfield, April 1785; Nathaniel Aked, Halifax, April 1785.

[39] CDA/HAS/346（15），Howarth cashbook, 1762–1763.

[40] CDA/ SH:3/AB/17, Lister account book, 1761.

[41] CDA/FH/399, Stansfield accounts, 无日期（18 世纪中叶）；CDA/RP/897, 1773。

[42] T. W. Hanson, "The Roydes of George Street, Halifax, and Bucklerbury, London," *THAS*, 1941, 76.

[43] BIY/OW, George Mewson, Hipperholme, April 1721; Thomas Kitson, Hipperholme, July 1725. 与 18 世纪 20 年代之前高档次的遗产清单相比，这些清单几乎可以肯定是该教区首批包含茶具陪嫁品例证的清单。McKendrick 认为 18 世纪茶叶消费增长了 15 倍：见 "Commercialization and the Economy," 29, 104。也见 Weatherill, *Consumer Behavior*, 37。

[44] CDA/STA/81, Stansfield receipts, 1763; CDA/SH: 1/SHA/3a, Lister account book, c.1756; CDA/HAS/307（322），Firth daybook, 1750，和 HAS/346（15），Howarth cashbook, 1762–1763; BIY/OW, Nathaniel Chadwick, Halifax, November 1764，和 John Sutcliffe, Sowerby, April 1771。关于饮茶成为这一时期社会身份重要标志的情况，见 Weatherill, *Consumer Behavior*, 187–189。

[45] BIY/OW, Ann Smith, Halifax, September 1770; Nathaniel Priestly, Halifax, May 1781; Hannah Sutcliffe, Halifax, July 1782. Amanda Vickery 业已证实，餐桌瓷器和银具通常是由妻子选定的，她告诉丈夫要买的东西：见 "Women and the World of Goods," 276–281。

[46] Leonore Davidoff and Catherine Hall, *Family Fortunes: The Men and Women of the English Middle Class, 1780–1850*（London, 1987). 我在本书第六章详细讨论了妇女在家庭生产中地位的变化。

[47] CDA/SH:3/AB/11, Hall account book.

[48] CDA/SH:3/AB/10, Hall account bok, draft letter, 5 August 1716，这里谈到他刚刚看过的两个瓷杯，认为收件人会感兴趣。

[49] 在 Amanda Vickery 对一名兰开夏淑女购买物品所作的分析中，她已经表明，时尚界除了包含全国范畴以外，也包含地方和地区范畴：见 "women and the World of Goods," 288–291。

[50] Borsay 在 *English Renaissance* 中认为，约克市尤其是北部上流社会 (polite society) 的中心。

[51] CDA/HAS/327 (33), Howarth ledger, 1755–1766.

[52] Jean-Christophe Agnew, "Coming Up for Air: Consumer Culture in Historical Perspective," 19–39; Colin Campbell, "Understanding Traditional and Modern Patterns of Consumption in Eighteenth-Century England: A Character-Action Approach," 40–57; Lorna Weatherill, "The Meaning of Consumer Behavior in Late Seventeenth-and Early Eighteenth-Century England," 206–227; 以及 Vickery, "Women and the World of Goods"，均载 Brewer and Porter, *Consumption and the World of Goods*。又见 Ben Fine and Ellen Leopold, "Consumerism and the Industrial Revolution," *Social History* 15 (1990): 151–179。

[53] 我据以统计 1782 年免税户数的这项教会"人口普查"(CDA/MISC/118)，是由一名英国国教助理牧师编制的，并且很可能为这些镇区的人口提供相当准确的估计，因为英国国教向所有居民征收什一税。加之，索沃比镇区的数字与一份 1764 年由该镇区（所有教派）居民构成的、非常准确的"人口普查"是吻合的：见 CDA/STA/215/3。不仅对依赖教区救济的住户免征这两项税收，对那些过于贫困而无法缴纳地方税的住户也采取同样办法：见 Roger Howell, "Hearth Tax Returns," *History*, n. s. 49 (1964): 42–54。

[54] William Hunt, *The Piritan Moment: The Coming of Revolutioon to an English County* (Cambridge, Mass., 1983); David Underdown, *Revel, Riot, and Rebellion: Popular Politics and Culture in England, 1603–1660* (Oxford, 1985); Keith Wrightson and David Levine, *Poverty and Piety in an English Village: Terling, 1525–1700* (New York, 1979). 前内战时期"社会控制"方面的一个例子是 1635 年建立的

哈利法克斯济贫院。

[55] Gertrude Himmelfarb, *The Idea of Poverty* (New York, 1984), 1-41.

[56] 从现存的、覆盖整个讨论时期的两份账册里可以看到这种变化：CDA/MIC/9, Halifax churchwardens' accounts, 和 CDA/SPL/143, Sowerby constables' accounts。

[57] CDA/SPL/32, Sowerby overseers' accounts, 1758-1773，建账规定见首页。

[58] Pat Hudson, address to the Halifax Antiquarian Society, 17 October 1991.

[59] James S. Taylor, "The Impact of Pauper Settlement, 1691-1834," *Past and Present* 73 (1976): 48-52; Philip Styles, "The Evolution of the Law of Settlement," *University of Birmingham Historical Journal* 9 (1963-64): 33-63; E. M. Hampson, "Settlement and Removal in Cambridgeshire, 1662-1834," *Cambridge Historical Journal* 2 (1926): 273-289.

[60] 这些定居法令的贯彻情况可以按教区中 6 个镇区依次考察如下：Halifax（见 CDA/MISC/93/1-4, CDA/OR/97, 和 CDA/HAS/154 [672]）, Sowerby（见 CDA/SPL/92-94）, Elland（见 CDA/EG/A/3/1-193 和 EG/A/34, 37, 39, 40, 81, 86）, Heptonstall（见 CDA/HPC/A/11）, Shelf（见 CDA/MISC/374/2/1-2）, 以及 Ovenden（见 CDA/HAS/110 [241]，HAS/106 [255]，HAS/107 [239]，HAS/94 [240]）。经历 18 世纪 30 年代和 40 年代的高峰后，这些法律运用减少的情况就像当初增多的情况一样迅速，很可能由于整个体系过于笨拙而难以维持所致。

[61] 现存的济贫监督员账册显示，18 世纪初至 18 世纪中叶该教区济贫税增长了 2 倍或 3 倍：见 Halifax, CDA/MIC/9; Hipperholme, CDA/HAS/65 (767); Ovenden, CDA/HAS/200 (70); 和 Sowerby, CDA/SPL/31。

[62] Colum Giles, *Rural Houses of West Yorkshire, 1400-1800* (London, 1986), 152-155. 作坊通常安排在与房屋主体某过道相交之处；因而这种建筑类型被称之为 "壁炉过道设计"（hearth passage plan）。

[63] Colum Giles, *Rural Houses of West Yorkshire, 1400-1800* (London, 1986), 99.

[64] CDA/FH/409/2-3, Stansfield stocktaking, 1764.

[65] H. P. Kendall, "Antiquarians at Sowerby," *THAS*, 1901 (unpaginated).

[66] CDA/FH/396, Stansfield letter book.

第二编

结晶：中产阶级意识的形成

17 世纪晚期到 18 世纪中叶，新的商业和专业精英们实践结构的变化，在哈利法克斯教区造就了一种日趋一致的中产阶级经历。这种阶级经历的形成并不是教区纺织业中新生产关系注定产生的结果，因为这些变化只是一个复杂和内容广泛的文化转变过程的组成部分。再者，哈利法克斯精英理解他们变动世界的方式，也是由 18 世纪那些与纺织业并无直接关系的社会特征所确定的，因而这种阶级经历是被一个范围比仅仅包括商人和工场主在内要宽泛的集团所共享的。由此人们需要进一步解释下列问题：18 世纪中叶哈利法克斯共享这种经历的商人、工场主和专业人士，是如何逐步"感到并且明确表示彼此之间具有与他人不同的共同利益"的。[1]

阶级经历与阶级意识在性质上的差异，可以从索沃比的大商人兼工场主小乔治·斯坦斯菲尔德身上得到认识。18 世纪上半叶，斯坦斯菲尔德以及像他一类的人，逐步形成了一套新的社会关系、一套新的经济实践、一系列新的嗜好和欲望——简言之，即形成了一种新的文化。的确，阶级认同，准确说是中产阶级的阶级认同，是隐晦地包含在这个集团新文化的方方面面的：包括他们经营业务，理解资本，处理自己与工人的关系。然而，将这种文化描写成阶级文化的做法是错误的，因为与它相关联的实践一点也没有使得这些家庭有意识地将他们自己组成一个在社会等级上不同于其他集团的集团。他们也并没有明确地将自己的利益界定为一种与其他集团利益相对立的集团利益。虽然阶级认同隐含在这种文化之中，小乔治·斯坦斯菲尔德之类的工场主就是通过这种文化与世界发生联系的，但是阶级认同必须在中产阶级文化能够存在之前就得到明确公开的表达。

对于从隐含在社会经济经历中的阶级向公开表达阶级意识的阶级过渡的一种结晶化进行思考是有益的。[2]第一，这种提法认为，与阶级意识产生相关的文化变迁不是通过辛勤创建全新的文化范式，而是通过对已有的实践和观念进行一种重组（reorganization）、一种"重新解释"（reconstruing）产生的。正如第一章指出的那样，新文化范式的创立需要耗费时日，但是它们的重组可以在相对短暂的时间里，在结晶的瞬间（a moment of crystallization）实现。[3]在哈利法克斯，这一瞬间产生于18世纪50年代和60年代，当时作为一种演进过程组成部分的结构和实践方面基本上无意识的变迁，转变为一个集团有意识地理解世界和他们在世界中所处地位的组成部分。

第二，这种提法强调，阶级形成是一个集体行动过程：个人并不拥有阶级文化，集团才能如此。小乔治·斯坦斯菲尔德实践结构的变动丝毫也没有告诉我们什么有关阶级的情况，除非这些变动的结构为一个大的集团所共有。只有理解许多人共同参与的一系列社会经济实践的政治含义，才能形成一种阶级文化。因此，当导致中产阶级经历形成的文化转型过程通过基本上无意识

的个人社会经济实践变迁得以发生时，对于这些个人自觉意识到
的、作为一个集团的阶级文化的形成，却需要一种更为宽广的
观察眼光。我们必须超越社会经济实践，也超越个人范围，集中
考察那些使人们集体追求共同目标的行为领域。正是通过这些行
为，哈利法克斯的商人、工场主和专业人士家庭才逐步获得一种
阶级认同感。

　　历史学家们倾向于将目光集中到阶级意识形成的两种行为
领域。一些人强调政治斗争在阶级认同的产生中发挥的作用，而
近年来有关中产阶级的著作则强调这种政治行为大量存在的地方
性。安东尼·豪认为，就建立阶级认同的纽带而言，兰开夏棉纺
织业巨子在地方树立的政治权威，很可能比他们对全国政治的参
与还要重要。[4]西奥多·科迪茨切克和罗伯特·莫里斯也强调
共同的政治行为在约克郡城镇布拉德福德和利兹中产阶级意识的
表达中所起的作用。[5]两项研究都显示，自愿团体数量的激增，
既为早期中产阶级政治抱负的展示提供了诸多场所，也为他们形
成中的阶级意识提供了兴奋点。

　　政治对于那些以语言学观点研究阶级形成问题的史家来说也
是重要的。例如，加雷斯·斯特德曼·琼斯（Gareth Steadman
Jones）的宪章主义研究以英国政治中的激进主义传统解释"工
人阶级"运动，他认为，正是共同的政治语言，而不是其他别的
形式，才构成了参与者对于他们在新的工业生产方式条件下所走
过经历的认识。[6]德罗·沃尔曼（Dror Wahrman）研究中产阶
级形成的著作亦持同样观点；他认为，中产阶级的认同感基本上

是一种政治修辞。[7]他们都对阶级的社会经济决定论轻描淡写。这是一种错误，但我认为他们将语言分析置于中心地位是正确的。如同帕特里克·乔伊斯（Patrick Joyce）一样，我也坚持认为，社会经济分析与语言分析两者并不是相互排斥的；[8]的确，阶级意识依赖于语言因素与经济因素之间的相互作用。

另一些史家把是否采纳一系列与众不同的价值和行为方式作为阶级认同形成的研究领域。利奥诺·达维多夫（Leonore Davidoff）和凯瑟琳·霍尔（Catherine Hall）将家庭和宗教看成是1780年至1850年中产阶级意识产生的基础。[9]玛格丽特·亨特（Margaret Hunt）集中研究中等家庭对于18世纪商界变化无常所作的回应，如何导致他们采纳一套独特的价值和实践。[10]在某些方面，这种方法具有把重点放在政治领域的研究所不具备的长处。很明显，这些史家着重研究的价值和观念，对于个人和集团的认同来说都是至关重要的，因为它们是日常生活的组成部分，在某种程度上，甚至连地方政治都不能与之相比。这种方法也使得考察性别关系在阶级形成中的作用成为可能，而性别关系在政治领域里的作用同样不那么明显。然而，这种方法存在一些缺陷。与政治行为不同，一套价值和观念的采纳显然并不构成阶级形成必需的那种自觉行动。同样存在问题的是，这种行动的结果为什么必然形成阶级意识，因为采纳一套价值并不需要一个集团明确表达他们与另一个集团相对立的认同感，并且难以与一种特殊的社会经历相对应。例如，凯瑟琳·霍尔对于塞缪尔·霍尔和杰迈玛·霍尔在彼得卢惨案中的不同经历所作的分析表明，这对工人阶级伴侣是在一种家庭观念的基础上建立他们的相互关系的，而这种观念在许多方面与中产阶级的家庭观念是难以区别的。[11]

令人奇怪的是，大多数研究阶级的历史学家只是选择上述方法中的一种而排斥另一种。[12]但是，这种选择是不必要的，因为这两种方法绝不是对立的。在第五章和第六章里我们将可以看到，政治和家庭关系都是阶级形成同一时刻的组成部分。1750年以后几十年间在哈利法克斯形成的中产阶级的阶级意识具有两个方面：公共的一面和私人的一面。每一方面都为哈利法克斯早期中产阶级的成员提供了一种手段，使他们可以感受并明确表达自己作为一个集团在利益上不同于其他集团的认同感。

第五章从哈利法克斯商人、工场主和专业人士构建公共领域的方面探讨中产阶级意识的形成。该章涉及的内容基本上属于政治领域，因为哈利法克斯精英的阶级认同是他们要求获取地方认可和权力的产物。他们表达自己要求的事件共同确定了阶级形成的时机，因为这些事件都与中产阶级独特的政治文化的清晰表述有着密切关系。这种政治文化既包括哈利法克斯商人、工场主和专业人士定期聚会的机构，也包括这个新精英群体形成其中产阶级意识过程中追求的共同目标。

第六章从哈利法克斯商人、工场主和专业人士构建私人领域的方面探讨中产阶级意识的形成。尽管不及公共领域的同类发展那样明显和突出，但私人领域的形成在中产阶级意识的产生中起着同样重要的作用。如同教区政治一样，私人领域也涉及在社

119

会等级中将这个集团与其他集团区分开来的共享和特有实践的发展。这些价值和实践的一个关键方面是一套新的性别关系，因为私人领域与商界和政界的男人世界迥然不同。

注　释

[1]　E. P. Thompson, *The Making of the English Working Class* (Harmondsworth, 1968), 8.

[2]　正如 Stuart Blumin 指出的那样，结晶化的概念在某种意义上对于历史研究来说是不适宜的，因为它暗示着结晶化之类的"事件"是注定要发生的，同时也暗示着其结果形成一种固定形式：见 *The Emergence of the Middle Class: Social Experience in the American City* (New York, 1989), 258。但是就像 Brumin 一样，我认为这个词汇依然有它的用途。

[3]　William Sewell 指出，工人阶级这方面的过程大体相同：见"How Classes Are Made: Critical Reflections on E. P. Thompson's Theory of Working-Class Formation," 载 *E. P. Thompson: Critical Perspectives*, ed. Harvey Kaye and Keith McClelland (Cambridge, 1990), 70。

[4]　Anthony Howe, *The Cotton Masters, 1830–1850* (Oxford, 1984).

[5]　Theodore Koditschek, *Class Formation and Urban-Industrial Society: Bradford, 1750–1850* (New York, 1990); R. J. Morris, *Class Sect, and Party: The Making of the British Middle Class, Leeds, 1820–1850* (Manchester, 1990).

[6]　Gareth Steadman Jones, "Rethinking Chartism," 载 *Languages of Class: Studies in English Working-Class History, 1832–1982* (Cambridge, 1983), 90–179。有关这方面对 Jones 的十分严厉、也许是过于严厉的批评，见 David Mayfield and Susan Thorne, "Social History and Its Discontents: Gareth Steadman Jones and the Politics of Language," *Social History* 17 (1992): 165–188。

[7]　Dror Wahrman, "National Society, Communal Culture: An Argument

about the Recent Historiography of Eighteenth Century Britain," *Social History* 17 (1992): 43-72; and "Virtual Representation: Parliamentary Reporting and Languages of Class in the 1790s," *Past and Present* 136 (1992): 83-113.

[8] Patrick Joyce, *Visions of the People* (Cambridge, 1991).

[9] Leonore Davidoff and Catherine Hall, *Family Fortunes: Men and Women of the English Middle Class, 1750-1850* (London, 1987).

[10] Margaret R. Hunt, *The Middling Sort: Commerce, Gender, and the Family in Eighteenth-Century England* (Berkeley, forthcoming).

[11] Catherine Hall, "The Tale of Samuel and Jemima: Gender and Working-Class Culture in Nineteenth-century England," in Kaye and McCleland, *E. P. Thompson*, 78-102. 我感谢 Dror Wahrman 提供这种深刻的见解。在一本即将出版的书里，Anna Clark 恰好分析了这些差异：见 *The Struggle for the Breeches: Gender and the Making of the British Working Class* (Berkeley, forthcoming)。

[12] Koditschek 所著 *Class Formation* 在这种认识方面是一个局部性的例外。

第五章

构建公共领域：
社团、争论与议会政治

1750 年以后的几十年里，哈利法克斯史一项最突出的特点是大批社团的建立。它们都有各自要实施的计划——改造一所济贫院、开凿一条运河，或开办一所图书馆。正如约翰·布鲁尔（John Brewer）指出的，这种自愿组织（voluntary associations）是 18 世纪新的政治组织形式，它们使得地方商人、工场主和专业人士"在社区共同发挥一种远远超过仅靠各自个人收入捐赠能够产生的影响"。因此它们是一种特别适应像哈利法克斯这类地区的商界和专业界精英需要的形式。[1] 由于英国社会并没有从组织形式上为这个集团提供发挥他们自身影响并获得社会声望的现成条件，所以他们必须创立自己的机构，而这些机构有助于形成阶级认同。[2] 其次，从 18 世纪下半叶头 25 年一系列有关教区问题的争议中，也可以看到另一方面扩大影响的努力。教区

商界和专业界精英中的这些派别争议——涉及济贫税、一家济贫院、一所小礼拜堂、一个机构——证明阶级认同可以通过冲突、

通过在斗争目标和如何操纵政治体制来实现这些目标方面达成共识而得到界定。最后一方面的努力，包括获得一项议会法令，为行业利益进行的抗议，以及议会选举，反映了哈利法克斯居民特别是上层精英在全国政治范围内是怎样看待他们自己的。

总起来说，这些事件显示，18 世纪中叶是一个政治斗争异常频繁的时期，它们改变了人们关于社会等级和政治文化的看法。社团、争议和对国内政治的参与，是哈利法克斯商界和专业界精英迅速创立他们的中产阶级意识和表达自己不同于其他集团的阶级认同的手段。简言之，它们是阶级形成关键时刻的组成部分。

政治行为确立和巩固了哈利法克斯商人、工场主和专业人士作为教区统治性社会集团的地位，从而改变了社会等级秩序。的确，这个集团光凭自己的经济和社会影响就已经在教区占据了统治地位，但是这些事件为其统治地位提供了明确的制度形式。应当注意，这些人实施的统治权是一个集团的权力，因为实现共同目标需要他们通力合作。再者，共同的认同感既是这些事件背后的动力又是它们的结果，这种认同感并不仅限于事件本身，也不局限于参与者个人经济私利的范围。

即便只是为了公开表达他们对地方政治权力的诉求，哈利法克斯商人、工场主和专业人士在社会等级中也将自己与其他集团明确地区分开来。最明显的是，就哈利法克斯社会结构的具体情况而言，精英们对权力的诉求直接针对体面的中等阶层——约曼农农场主、纺织业中独立的手工匠人。后一集团在 18 世纪初还拥有政治上的发言权，随着这个世纪时间的推移，他们发现自己日趋边缘化。同样重要的是这些事件对地方乡绅产生的潜在影响。乡绅从未对地方政治权力有过强烈的要求，因此，以为商人、工场主和专业人士的阶级认同是直接针对他们构建的猜想是错误的。然而，实际权力虽然没有出现问题，但是新精英篡夺了地方乡绅过去靠权利享有的声望，而他们界定政治领导者概念的方式为地方政治权力造就了另一种基础。于是，通过他们的政治活动，哈利法克斯的商人、工场主和专业人士不仅构建了集团认同，而且构建了一种阶级认同。

尽管政治文化的概念不能不加分辨地进行运用，但是哈利法克斯政治文化的转型，却是尤尔根·哈贝马斯描述 18 世纪"公共领域"形成的一个例证。哈贝马斯的《公共领域的结构转型》一书受到诸多批评，这些批评意见大部分集中在哈贝马斯关于政府与资产阶级公共领域尖锐对立的观点上。[3] 但是，除了公共领域与私人领域的关系之外，批评者实际上同意哈贝马斯提出的作为一种特殊政治话语形式的公共领域所具有的关键特征。其中三项特征对于我们这里关注的问题尤其关系重大。首先是在公共领域里运用理性作出批判性的判断。其次是一定程度的信息自由和在一定程度上依靠印刷业的存在而获得的讨论的公开性。第三是公共领域内部个人与个人本质上平等的认定。[4] 哈贝马斯所论巨大进程中的这些因素，在搅动 18 世纪中叶哈利法克斯小小世界的政治斗争中都是确实存在的。

公共领域的政治话语与哈利法克斯商界和专业界精英在社会

等级中所处的地位产生了共鸣。18 世纪上半叶的经济发展同时
增加了这个精英集团成员个人和整体的财富，但是以等级制和顺
从词汇铸成的 18 世纪传统的政治话语，却没有为这个集团施加
自己的影响提供现成的基础。由于强调集团内部的个人平等，强
调理性是观察世界的正确方法，公共领域的政治话语是具有吸引
力的，因为它为新精英提供了他们可以明确表达自己要求的语
言。这种语言与地方乡绅声称的关于他们权力和声望基础的说法
相左。因此，通过社团和争议，公共领域的形成使这个由商人、
工场主和专业人士构成的集团与社会等级上低于他们的集团明
确区分开来，将他们排斥出权力范围之外；同时，公共领域的形
成也为确立他们不同于社会等级上高于自己集团的认同感提供了
话语。[5]

演　员

　　参与这些事件的演员角色中最重要的成员，是 60 到 70 名
支配哈利法克斯经济，特别是纺织业的富裕商人和工场主。加入
他们队伍的还有大约 15 名左右的专业人士：医生、律师、教区
牧师，以及少数助理牧师。[6] 这两个群体的家庭和个人通过社
会纽带和商业纽带联系成一体。[7] 例如，约翰·豪沃思（John
Howarth）将他的子女送到哈利法克斯一家舞蹈学校学习，该校
其他赞助人只可能是富裕商人和工场主。[8] 医生西里尔·杰克
逊（Dr. Cyril Jackson）是凯基尔家族的密友，并且是那个与牧

师罗伯特·查尔斯沃斯先生（ Mr. Robert Charlesworth）成婚的安·凯基尔（Ann Caygill）的财产托管人（trustees）之一。[9]查尔斯沃斯并不是教区教士中作为商业精英进入这一社交圈的唯一成员；牧师约翰·沃特森先生是哈利法克斯的文物收藏家，他担任里彭登（Ripponden）镇区助理牧师一职的年俸为100英镑，并几乎以同等身份与哈利法克斯主要商业家族保持着信件和人员往来。[10]医学博士约瑟夫·休姆的活动表明，商界与专业界的联系并不纯粹是社会性的。休姆与波拉德、库克和克肖这三个哈利法克斯首要的不从国教者家族有着密切的社会交往；他与索沃比的小乔治·斯坦斯菲尔德一起共同担任戴维·斯坦斯菲尔德遗产的托管人；此外，他与这个集团内部还存在着商业关系。休姆在与另一个商人家族马丁家族的业务往来中向对方放贷3000英镑，并且是哈利法克斯运河建设积极的投资人。[11]因此，哈利法克斯商界和专业界精英是一个比他们收入来源暗示的差异更为一致的集团。

簇拥在这些主要人物周围的演员包括50到150名小工场主，尤其是绒线呢行业里的人们——如约翰·萨克利夫、卢克·格林伍德、乔纳森·艾克罗伊德和约翰·弗思。[12]尽管他们是工场主而非家内制呢绒工匠，但这些人无论在经营规模还是在生活方式方面与塞缪尔·利斯或塞缪尔·希尔都不在同一个档次，不过他们仍然具有与地位更优越者同样的文化品性。在商界和专业界精英外围还聚集着为他们提供商品和服务而使他们的生活方式日具个性的人们——店主、熟练工匠，以及簿记员和教

师之类的下层专业人士。要确定这个集团成员参与哈利法克斯
商人、工场主和专业人士文化世界的范围是困难的。受利斯与爱
德华商行雇用的簿记员除食宿外的年薪为 60 英镑。这是一笔相当
不错的数额，与教区大多数助理牧师的收入持平，大体相当于理查
德·希尔付给监督毛呢后期加工的高级熟练工匠工资的 2 倍。[13]
尽管簿记员凭借自己的努力或许将来有望进一步成为商人，但是
他们在现时是拿工资的雇员，就像教师一样，他们必定是处在一
个日益排他的社会集团边缘的依附者。

店主和熟练工匠（书籍装订商、钟表匠等等）进入哈利法克
斯精英初兴的社会世界的可能性更小，因为他们从来就只是商品
供应者。然而他们的经历与纺织业中日益无产化的"制造者"有
着显著差异，并且他们很可能在商界和专业界精英新生的政治权
力中充当代理人的角色。

社 团

断定 18 世纪中叶中产阶级形成以前在哈利法克斯不存在任
何社团的想法是荒谬的，因为人们发现，在 17 世纪，哈利法克
斯就已存在自愿团体。镇区政府尽管算不上是地道的自愿社团形
式，但可以列入这种类型。更明显的是，斯图亚特王朝复辟后教
区内迅速增多的不从国教者的小礼拜堂，保持了中等阶层满足自
身宗教需要的传统。[14]因此，18 世纪中叶社团选择的时机和性
质都具有重要意义。

首先，18 世纪中叶建立的社团实际数量是惊人的。举行会

议，募集捐助，任命委员会，一切说干就干。[15] 其次，18 世纪
中叶的社团在组织、方法和目标上与早期社团存在显著的差异。
早期社团的活动仅限于地方政府管理和维持教堂会众方面，18
世纪中叶组成的一系列社团则承担了从商业、宗教到娱乐等几乎
所有社会生活领域的职能。它们在社团成员方面更加排外，而在
活动方向上则更加明显地公众化。它们的目的在于控制权力，并
且依靠集团的力量来达到自己的目的。简言之，它们是中产阶级
公共领域颇有特色的机构。

在索沃比镇区成立的两个社团清楚表明了这些新集团在时机
选择上的适时性和它们的性质。第一个团体始于 1749 年在该镇
区举行的一次教区委员会特别会议，会议就一项指控进行调查。
这项指控认为，"本镇若干官员急需经常给予提醒"，因为当地
"主要居民频频受到上述官员和该镇穷人不合时宜的造访和呼唤，
导致他们精力分散而疏忽了自己私人的商务"。会议决定，由于
镇内事务复杂，尤其是慈善钱款的分配，因此"应当成立一个由
捐赠者即索沃比上述主要居民组成的会议，并且固定在每月第一
个星期二举行例会"。1755 年，通过改革镇区最大费用济贫款的
管理办法，"主要居民"巩固了他们在镇区政府的地位。他们任
命了 12 个自己的成员担任济贫款管理人（overseers），重建了镇
区济贫院，并且以 12 英镑的年薪雇用了一名负责人监督济贫款
的实际发放工作。[16] 尽管这个集团对地方政府机构的控制并没
有造就一个严格意义的自愿组织，但是它的重要性却是相同的，

因为它需要这个集团在目标和意志的统一性两方面都取得自觉的认同。

　　索沃比镇区的第二个例子无疑属于自愿团体。1758年，129
"索沃比小礼拜堂的屋顶及其他部分严重损坏，一些主要居民提议，为了减轻贫穷佃农的负担，在不专门进行财产评估征税的情况下举办一次自愿捐助活动，看能否筹集足够的修缮经费"。牧师在小礼拜堂张贴了一张告示，"许多主要居民"纷纷前来商议，最终决定不搞旧房修缮，而是另建一座全新的礼拜堂。为此他们筹集到一笔可观的捐款，随后又通过出售新礼拜堂座位补充了经费。[17]

表5　索沃比主要居民社会政治身份的体现
（1749—1770年）

	教区委员会签名 a	窗户税 b	学校托管人 c	土地税	济贫院 d	PI e	小礼拜堂基金 f
小乔治·斯坦斯菲尔德	20	19	是	£5	是	是	£300
伊斯雷尔·怀尔德先生	6	13	是	5	是	是	100
约翰·普里斯特利先生	15	13	是	5	是	是	100
理查德·托马斯先生	10	14		5	是	是	60
约翰·利先生	6	16	是	1+	是		50
约瑟夫·韦尔斯先生	5	14	是	1+	是		50
威廉·穆尔	8	14	是	5	是		50
约翰·沃尔克 g	1	—	是	5	是	是	20
韦尔什先生 h	13	9	是	1+			20
詹姆斯·格林罗伊德 g	1	—		1+			20
威廉·斯塔基	3	9		—	是		10

（续表）

	教区委员会签名 [a]	窗户税 [b]	学校托管人 [c]	土地税	济贫院 [d]	PI [e]	小礼拜堂基金 [f]
迈克尔·诺曼顿	2	9		2 – 4+			10
约翰·巴特沃思	9	12	是	?			10
威廉·萨克利夫 [g]	9	—	是	1		是	是	10
约翰·萨克利夫 [g]	8	—		5	是		10
埃尔卡纳·霍尔罗伊德先生	7	19	是	2 – 4+	是		10
卢克·格林伍德	20	11		?	是	是	10
詹姆斯·法勒	4	14		1+			10
蒂洛森先生	2	15		1+	是		10
威廉·巴克	2	11	是	1+	是		10
威廉·布罗德本特 [i]	—	19		1+			10
戴维·沃特豪斯	—	9		—			5
塞缪尔·伍德	3	18		?			5
爱德华·怀尔德	—	14		?	是		5
科尼利厄斯·黑格	—	13		0			5
约翰·加尼特 [i]	—	13		0			5
埃尔卡纳·霍伊尔	5	9		0			0
亨利·惠特沃思 [g]	5	—		2 – 4+	是		0
詹姆斯·布罗德本特	3	11		1+			0
约翰·黑格 [i]	1	14		0			0
詹姆斯·希普	1	12		0			0
威廉·克罗斯利 [i]	1	11		<1	是		0
戴森先生 [i]	—	15		1+			0
约翰·哈迪	—	13		0			0

（续表）

	教区委员会签名 [a]	窗户税 [b]	学校托管人 [c]	土地税	济贫院 [d]	PI [e]	小礼拜堂基金 [f]
菲利普斯先生 [i]	—	12		1+			0
乔舒亚·沃兹沃思	—	11		0			0
约翰·贝茨	—	11		< 1			0

注：以教区委员会成员身份在镇区账册上签名 5 次或 5 次以上，或者缴纳 9 个或 9 个以上的窗户税，或者为新的小礼拜堂捐款的所有居民，均列入本表；除非他们不是本地居民或其身份无法确定。另有两家带有 9 个或 9 个以上窗户的住房属于寡妇人家，还有一所住房无人居住。

[a] 在镇区账册上签名次数，1750—1770 年。

[b] 被征税的窗户数量，1758 年。

[c] 任命的索沃比慈善学校托管人，1765 年。

[d] 贫民与新济贫院的监督员，1755 年。

[e] 作为"主要居民"（principal inhabitant）在教区委员会会议上签署协议，1749 年。

[f] 为新的小礼拜堂捐款数量，1759 年。

[g] 窗户税征税评估未涉及的部分索沃比居民。

[h] 韦尔什先生是教区助理牧师，因此他不太富裕，但是大量参与镇区事务。

[i] 不从国教者，因此不太可能在教区委员会供职，或者支持英国国教派的学校或教会。

资料来源：CDA/SPL/30–32, 144（vestry signatures），CDA/SPL/153（widow tax），CDA/FH/380（school trustees），CDA/SPL/150/1–2（land tax），CDA/SPL/31, 32（workhouse），CDA/SPL/30（principal inhabitants），CDA/Sowerby register microfilm（chapel fund）。

因此，在十年时间里，一个认定自己为"主要居民"的集团确立了认同感，并在镇区中组织了拥有政治权力的团体。这些主要居民是由哪些人组成的？重建索沃比小礼拜堂捐助名册上记录了捐款至少在 5 英镑以上的 38 人的姓名。除了不从国教者外，所有重要的镇区居民都在其中；他们中许多人是工场主或商人。实际上，这个集团同样是一个排他性的集团——他们约占索沃比户主人数的 6%——他们在上述 10 年里接手了镇区政府。他们的社会地位在表 5 有关 1758 年窗户税评估的分析中得到了进一步确认。这里我们可以把 1750 年至 1770 年在镇区账册上签名达 5 次以上的人与缴纳 9 个和 9 个以上窗户税的人以及为新礼拜堂捐款的人联系起来。我们看到，那些管理镇区政府并为新礼拜堂捐款的人——小乔治·斯坦斯菲尔德、约翰·普里斯特利、卢克·格林伍德、约翰·利、伊斯雷尔·怀尔德以及其他几个人——他们是主要的纳税人，并且在镇区生活的其他方面起着支配作用。

130 　　虽然这两个团体都是为具体目标建立的，但在某种程度上显示了这类机构造就的新的社会等级。小礼拜堂捐助名册的结构为这种新社会等级提供了清晰线索。列入名册首位的是小乔治·斯坦斯菲尔德的名字，他很可能是新礼拜堂首要的提议人，其捐款达 200 英镑（另以他姐妹的名义捐款 100 英镑），是最大的个人捐助者。接下来名册上的姓名为伊斯雷尔·怀尔德和约翰·普里斯特利；这两个富裕工场主每人各捐 100 英镑。再下来是理查德·托马斯（捐 60 英镑）和约翰·利、约瑟夫·韦尔斯、威廉·穆尔（3 人各捐 50 英镑），往下的名字继续严格按照捐款数量排列。[18]该名册可以视为这些人社区意识十分简明的表白，它承认自己内部在财富上的等级差别，但是对外又显示一副合作与团结的面目。

　　这些团体也重新界定了商人、工场主与位于他们之上和之下人们的关系。或许最重要的是，这些团体使得索沃比商人和工场主拒绝承认在一个明确限定的社会圈子之外的任何权威。1755

年济贫院重组后，镇区主要居民大体按照地位高低轮流担任济贫税管理人。当所有符合条件的人已经担任过一轮职务后，他们又开始第二轮循环——这是对原有做法的偏离，但必须保持这类人担任官职。[19]

同样的排斥现象在新礼拜堂建筑经费的筹措上也体现得十分明显。尽管从表面看来，通过自愿捐助建筑小礼拜堂是为了避免对穷人征收重税，实际上，5 英镑捐款门槛所排斥的参与对象不仅仅是穷人。的确，可能过分强调了重建活动的精英性；镇区的下层约曼农、手工匠人、织工、呢布业工人和一般劳工对这项计划也给予了一定支持。例如，据账册记载，有 40 英镑 12 先令的经费是挨家挨户从无力凑足 5 英镑捐款但有微薄能力的居民那里筹集到的。镇区居民还对新礼拜堂建设提供了一种更加切实的奉献。1761 年复活节，助理牧师吁请会众利用节日期间协助新礼拜堂的基坑挖掘工作，许多人在周一和周二两天前来帮忙，而筹建委员会在星期三之前并不一定要向工人支付报酬。但是，对新礼拜堂所作贡献的具体形式扩大了这些人与镇区精英之间的社会差距。任何工场主都不会有失身份地向募捐箱投入几个铜币零头，或者用一把挖掘地基的铁锹来度过一天。

这些临时捐助者和义务劳动者并没有因为自己的贡献而在新礼拜堂的所有权中得到任何权利。例如，从分配堂内座位所采取的复杂办法就可以看出这点。尽管新礼拜堂的座位数量与原来的相同，但是眼下"拥有"这所建筑物的捐助者们只拿出一部分座位进行分配：在新礼拜堂里，每个农庄（farm）分配的座位只

131

有 4 个，而旧礼拜堂里则为 5 个。这种安排使得捐助者手头掌握了 198 个余下的座位，他们自己买下了这些座位。[20] 当镇区商人和工场主获得与他们财富和影响相称的座位时，不能够提供 5 英镑捐款或礼拜堂靠背长凳费用的茅屋农、手工工匠，甚至约曼农，只落得数量比过去减少的座位。例如，分配给小乔治·斯坦斯菲尔德的菲尔德豪斯的座位虽然从原来的 7 席改为 6 席，但是他在堂内回廊地带买下了好些座位，估计供自己的仆人和工人使用。

如果新礼拜堂座位的分配显示了索沃比这些自封的精英看待他们与下层等级关系的方式，那么接下来发生的与威廉·霍顿为礼拜堂同一席座位的争论，则显示了他们如何看待自己与乡绅的关系。威廉·霍顿是兰开夏一名有影响的绅士——1764 年任治安法官和郡长（sheriff）——不过他的祖籍在哈利法克斯，而他本人在索沃比拥有数量相当可观的地产。自然，新礼拜堂建设之事征询了霍顿的意见，这并不仅仅因为该建筑的位置刚好部分落在他的地产上。从事情一开始，他就持有若干保留意见：在给自己地产管理人的一封信中，霍顿指出，他并不认为他的佃农需要新的礼拜席位，并且他也肯定不会让他们为此花费钱财。他还表示关注，索沃比堂（Sowerby Hall）的座位四周是否用围杆圈围并同普通座位区分开来，就像老礼拜堂的样子那样。这些要求背后透露出霍顿的期望：一个绅士的意见应当予以采纳。正如他在给小乔治·斯坦斯菲尔德和卢克·格林伍德的信中解释的那样："承蒙厚意，告之镇上有关事务；本人认为，近来它们的进展非常顺利，一旦我有新的主意，我将随时乐意提供力所能及的帮助。"[21]

事情的详细情况不太清楚，不过重建小礼拜堂组织似乎并不欣赏这名绅士干预该镇事务的权利声明。他们也不愿意被他个人以及他想获得特殊待遇的想法弄得碍手碍脚。1767 年，霍顿就分配给他手下佃农的座位数量向斯坦斯菲尔德和格林伍德发出抱怨，声称佃农们是在被迫无奈的情况下接受比原先减少的席位的。重建组织成员对此不以为然。1771 年他们写信给约克大主教，认为霍顿指望他们为他的座位花费钱财是不合理的。霍顿与重建组织通过若干法庭进行的争议竟然延续到 18 世纪 80 年代，为此，新礼拜堂的授职仪式也一直拖延到问题解决才正式举行。[22]仅凭身份，即便是一名有势力的绅士，也不再能够将他的意志凌驾于一个商人集团之上。在新的公共领域的政治话语中，已经没有霍顿期望的那种依靠权力对镇区事务施加影响的空间了。假如他希望为他的佃农争得座位，或为自己争得一张华丽的进行祈祷的长椅，那么这些商人要求他出钱获取，就像他们所做的那样。

的确，假如说有人对索沃比小礼拜堂重建施加了非同寻常的影响，那么此人不是威廉·霍顿，而是小乔治·斯坦斯菲尔德。与哈利法克斯镇商人和工场主数量众多的情况不同，索沃比在很大程度上被大工场主斯坦斯菲尔德所支配，他在菲尔德豪斯的豪宅，是全教区最大的住宅之一。斯坦斯菲尔德的影响，很可能与一个农业教区的在乡乡绅（resident squire）相当。例如，他是新礼拜堂建设的推动力量：账目支付由他过目；他提供了最多的资金；他甚至用老礼拜堂的一些部件装点自己豪华住宅的庭院。[23]因此，人们可能认为，小礼拜堂的重建并不意味着中产阶级意识的产生，而是体现了18世纪政治景观中一种更为熟悉的特征——"个人私利"的例证。

133

　　然而基于两项原因，这种看法是不正确的。首先，假如这是一个他所宠爱的方案，那么，即便是像斯坦斯菲尔德这样占统治地位的人物，如果没有同社区其他成员的合作，也无法完成一所新礼拜堂的建设。尽管从任何角度来看他都是非常富裕的，但是他绝不会让自己提供的2000或3000英镑资金在这种运作中亏本；与拥有同样收入的土地绅士不同，一个工场主是依靠资金的运转获取收入的。他也不可能仅仅凭借自己的经济实力左右邻里。普里斯特利、怀尔德、利、沃尔克、格林伍德以及霍尔罗伊德之辈就其权利而言都是重要的工场主，他们也希望通过新礼拜堂建设获得一份声誉。假如小乔治·斯坦斯菲尔德承担了新礼拜堂建设的重担，那么这只是起了一种催化剂的作用；他的主导作用进一步证实了一个在新礼拜堂和捐助名单中显示的中产阶级共同体的存在。

　　其次，创办该机构的人们希望这个机构超然于私利政治之外。在筹备会上，这个团体是以罗伯特·莫里斯所称的"捐助者民主"方式建立的，因为与会者同意，在今后的会议里，"出席现场的5英镑及5英镑以上的成年捐助者，在上述礼拜堂建设的改进方面拥有……规范和指导的充分权力和权威"。正如哈贝马

斯在讨论公共领域性质时所指出的那样，这种政治话语的一项
主要特征在于下列假设：在公共领域内部，所有个人都是平等
的。这个团体的其他贡献与公共领域话语也是吻合的。例如，该
团体的账册保存在约翰·加尼特（John Garnet）小酒馆的专用
箱里，所有捐助者都可以随时进行检查。筹建委员会也决定将
新礼拜堂的建设进行对外公开招标，以降低成本并确保杜绝私下
交易。[24]

　　索沃比的上述团体只不过是 18 世纪中叶哈利法克斯建立的
有文献证明的团体中的两例。在其他许多镇区，人们同样可以看
到自行选举的、自称左右镇区政府的排他性团体。[25] 例如，在
斯克科特,1755 年人们也对济贫院进行了重组，也许还同相邻的
南奥兰姆镇区的济贫院联手：斯克科特 12 个最富裕的商人和工
场主自行组成委员会，旨在"对济贫院实行良好的管理"，并且
对有关账册进行"严格和正规"的记录。这些人包括工场主乔纳
森·莱科克、塞缪尔·利斯、约翰·爱德华兹（利斯父亲原先的
合伙人），以及商人约翰·格里姆和威廉·格里姆。[26] 在所有
这些案例中，这种新精英所确立的控制权都阻止了约曼农和独立
工匠参与镇区政府事务，如同他们在 17 世纪晚期和 18 世纪早期
所做的那样；并且，这种控制权也由此扩大了这些过去一度受人
尊重的居民与新生的商业精英之间的社会距离。

　　在此期间，另外一些小礼拜堂也靠商人、工场主和专业人士
支配的自愿团体得到了改造。[27] 1762 年，位于哈利法克斯镇诺
斯盖特恩德（Northgate End）的长老会决定放弃修缮原有礼拜

堂屋顶的计划，另建一所新礼拜堂，并且筹集了一笔足够的建设资金。1772 年，同样依靠捐赠，哈利法克斯的公理会信徒也修建了一所被人们称为"方形小礼拜堂"（Square Chapel）的建筑（插图 5）。捐助名册显示，以上两个团体都使得少数精英控制了现存机构——这与奥利弗·海伍德所在时代不从国教者的平等主义社会结构形成了强烈反差。[28] 在 18 世纪中叶属于诺斯盖特恩德长老会的 150 到 200 户居民中，只有 67 户家长为礼拜堂建设捐了款；其中，不到五分之一比例的捐助者（13 户）为这所新建筑提供的资金却占到全部资金的四分之三以上。[29] 所有 13 个人，包括理查德·库克和本杰明·库克、约翰·克肖，以及威廉·波拉德等人，都是著名的商人和工场主，其中许多人彼此间都存在合伙关系；医学博士约瑟夫·休姆也是主要捐助人。毫不奇怪，这些人也控制了新礼拜堂的财产管理委员会，所以他们对会众的影响具有一种制度性。尽管手工匠人依然可以出席会议，甚至捐赠了少量钱款，但是，由于事实上他们对礼拜堂重建的贡献有限，因而势必改变他们在会众中的地位观念，与此同时，这种事实也造就了精英自身的领导地位观念。

就像索沃比的情况一样，精英们必须作为一个集团行动才能发挥他们的影响。诺斯盖特恩德最大的捐赠人理查德·库克不可能仅凭自己的钱包拿出最终募集到的 1000 英镑数额的资金，甚至连 3 到 4 名最大的捐赠人加起来也无能力达到此数，但是 15 到 20 个捐赠人能够做到这点。因此，投资建设的团体为商人和工场主形成集体认同感提供了制度形式，而建筑物本身则为他们

图 5　方形小礼拜堂，哈利法克斯公理会教友的新礼拜堂，1772 年。
（作者所摄照片）

的集体认同感提供了实实在在的物质形式。

　　鉴于自身财政和管理结构的制约，这类机构很少在国教教会中建立，不过即便如此，索沃比的情况在当地也并非绝无仅有。[30] 1764 年，为了改善位于哈利法克斯镇的教区教堂成立了一个团体，该团体在教堂顶楼安放了一台管风琴。资助捐款的数额达到 1150 英镑，然而捐助者名册没有保存下来，不过受命接受捐款和负责监督计划实行的 13 名管理人全部是教士或哈利法克斯商业精英中的名人，包括约翰·凯基尔、纳撒尼尔·霍尔登、约翰·沃克、詹姆斯·韦瑟赫德以及罗伯特·罗伊德斯。[31]

如同重建索沃比国教小礼拜堂和哈利法克斯两个不从国教者小礼拜堂的团体一样，这个管风琴团体完全可以作为公共领域里的机构来看待。其会议和捐款显然具有公共性，而管理人员是在一次公众会议上用"放选球"（by ball，一种秘密投票）方式从捐助者中选出的。[32]两项基本特征又一次显现出来。第一项和最突出的特征，在于哈利法克斯镇精英只有作为一个集团才能使这项改进工作得以实现。第二项特征是，这个集团采用公共领域话语作为自己要求掌握权力的天然构架。

137　　这两项特征均不同于早期改善教区状况的行为，而这些差异表明，这个由商人、工场主和专业人士组成的集团是怎样界定他们与地方乡绅不同的社会属性的。在本例中，由于英国官方教会历来是地方乡绅乐善好施的对象，就像18世纪头10年和18世纪20年代通过募集捐款，加上安妮女王的补助金一起提高地方助理牧师的收入那样，所以此类社会关系的变化尤其引人注目。[33]从一种文化角度考察，该集团在地方的权力比实际情况会更加显眼，即便如此，这种姿态也有利于确立那些在教区具有良好修养的家庭的特殊社会地位。当1764年哈利法克斯商人、工场主和专业人士运用自己的力量大力改善教堂状况时，通过否认地方乡绅对于自己以往所享有的社会地位的表白，他们也正在确立与乡绅权力相对立的自身权力。

　　的确，在镇区政府建立的团体或为重建小礼拜堂组织的团体，其吸引力是相对有限的。许多18世纪中叶在哈利法克斯建立的其他团体，特别是那些建设收费公路和改善教区其他交通手段的自愿团体，吸引了更广泛的社会集团参与。[34]最富戏剧性和文献保存最好的这类团体，当首推拓展艾尔河（the Aire）与考尔德河航程的团体，该团体计划将考尔德河的通航河段向上延伸至索尔特赫伯尔（Salter Hebble）和索沃比桥（Sowerby Bridge）。这样一条运河的开凿对于教区毛纺织业意义重大，因为它将使工场主和商人通过廉价的水运直接进入赫尔港。它也将使哈利法克斯工场主对自己的业务具有更大的控制权，因为在运河开通之前，哈利法克斯的大量呢布和原料经由利兹和韦克菲尔德商人之手进出，他们有廉价水路之便。[35]

　　1741 年和 1751 年两次讨论未果。向运河开凿成功迈出的第一步，发端于 1756 年春夏之际在哈利法克斯的塔尔伯特旅馆（Talbot Inn）举行的一系列会议。[36]通过在地方印刷物上刊登广告，有关人员踊跃参加会议，9 月成立了专门委员会，开始了向议会争取通过必要法案的工作。委员会在 1756 年余下的时间里继续进行商议，直到 1757 年。当年 6 月，哈利法克斯联合俱乐部（Halifax Union Club）会员大会决定，在利兹、约克、曼彻斯特的报纸以及伦敦一家报纸上发布广告，正式宣布开凿运河的计划。会议还决定邀请当时一流的水利工程师约翰·斯米顿（John Smeaton）主持运河的规划工作。[37]委员会向议会提交的申请获得成功；1758 年议会通过了该项法案，工程于 1759 年开工。[38]

　　保存完好的一整套会议记录和捐款名册，使得人们可以识别负责建造运河的集团。组织法案申请的委员会和为运河建设捐款的主要集团，其成员均来自教区商界和专业界精英。在 36 名委员会成员中，只有 3 人——乔治·萨维尔爵士（Sir George Saville）、约翰·阿米塔奇爵士（Sir John Armitage）和工程师约翰·斯米顿——不是本地居民；其余都是商人、工场主和专业人士。他们之中大部分人是哈利法克斯镇区居民和英国国教会成员——这是十分自然的，因为哈利法克斯镇是教区的市场中心，而国教是该镇占统治地位的宗教。不过，委员会成员中引人注目的少数或者是其他镇区的居民，或者是不从国教者，或者是集二者于一身的人。同样的模式也显现于为确保法案通过而捐款的人们身上。[39]

十分显眼的是，这些档卷里见不到地方乡绅的名字；他们无人在委员会供职，仅有豪罗伊德（Howroyd）的乔舒亚·霍顿一人为该项计划捐了款。我们不应造成这种印象，以为地方乡绅在这类机构不受欢迎。恰当地说，是委员会所有成员具有的那种身份上的同质性，造成了一种使乡绅感到格格不入的氛围。乔治·萨维尔爵士和约翰·阿米塔奇爵士的积极参与是合乎规律的例外，因为两人都是在地区和全国有影响的重要人物，委员会希望借助他们的影响。

例如，对该集团成员与参与重建索沃比小礼拜堂的成员作一番比较则多少能使人们看到，在整个教区商界和专业界精英内部，不同团体对于各类公众具有怎样不同的吸引力。除了不从国教者属于显著例外，建设索沃比小礼拜堂团体的成员几乎包括了该镇区所有商人和工场主，不管他们有多大的经营规模。像迈克尔·诺曼顿（Michael Normanton）、约翰·赖利（John Riley）和卢克·格林伍德这类制造绒线呢的小工场主，其捐助金额恰好达到为数 5 英镑的捐款底线，因而拥有与约翰·普里斯特利和小乔治·斯坦斯菲尔德同等的表决权。[40]但是在建设运河的团体中，这种小工场主的数量显然要少得多。在通航工程的捐款名册上，只有 5 名索沃比居民：2 名富人，小乔治·斯坦斯菲尔德和约翰·利；3 名小工场主，卢克·格林伍德、埃尔卡纳·霍尔罗伊德和威廉·斯塔基。2 名富人的捐款都超过了 5 英镑，而 3 名小工场主每人的捐款只有 1 个基尼（guinea），即捐款标准的门槛线。因此，一项吸引全教区注意的计划，主要是商界和专业界精英的事务。小工场主处于边缘地位，但是他们在靠近家园的小型团体中的人数显然要多得多。

尽管运河可望为接近呢布市场和获取廉价原料提供看得见的利益，但是认为捐助者以及他们任命的委员会仅仅为了一己私利而奔走的看法则是肤浅的。团体的构成形式以及他们讨论运河问题的方式显示，这个团体是从衡量他们在自身社区领导作用的角度来看待有关活动的。这种态度在该团体鲜明的公共取向方面得到了最为充分的体现，因为可能有人认为，只有在这样的组织框架内才能动员广泛的社会支持，然而这个团体在公共领域活动的事实表明了他们的成员对于自己新的社会作用的理解。

该团体的"公共"机构性质是毋庸置疑的，至少在 18 世纪是如此，因为当时的"公众"仅限于富人（the well-to-do）。

除了利用本地和地区印刷物为会议作广告宣传外，委员会还印刷和分发了 1000 份运河建设方案。这个文件——4 页密排的版本——非常详细地列出了运河建设计划的目录，并且针对有关计划的质疑意见逐点进行了驳斥。这是公共领域具有论辩格式特色的一个范本，因为理性在事实论证过程中得到了最充分的展示。通过深入细致的事实论证，委员会回答了水平面之类问题的质疑，文件引用了相关的水力学和工程学方面的参考手册，任何读者一旦需要寻找答案，都可以从中进行查询。文件还强调，该项工程在性质上比"法国进行并完工的工程"更为复杂，从而暗示了政治权威的必要性。在七年战争最黑暗的岁月里作出如此表示，目的在于批评十分无能的政府政策，突出工商界人士完成该项工作的能力。[41]

同样重要的是，参与这项计划的人士频频提到它是一种"公共利益"（public good）。小乔治·斯坦斯菲尔德写信给捐款 500 英镑的托德莫登（Todmorden）助理牧师罗伯特·哈格里夫斯，告诉他"航运工程获得了出人意外的成功"，并且允诺说，运河在年内即可进行船只通航。"这种公共利益为每个人带来了喜悦，也必然会给那些为此慷慨解囊的人们带来非同寻常的好处。"[42]类似情况是，当戴维·斯坦斯菲尔德因拒绝履行有关购买遭运河影响的土地的合同而受到违约起诉时，他为自己辩护的理由是，他是站在公共利益的立场而非以私人身份来行动的。[43]

正如《哈利法克斯联合日报》1759 年 2 月 27 日刊登的一篇颂词所说，在捐助者心目中，该项计划的"公共产品"与工业扩

图 6　考尔德河航运工程股票的细部，1765 年。
（经哈利法克斯中心图书馆考尔德戴尔地区档案部准许复制）

张产生的社会福利是联系在一起的。一个教区助理牧师赋诗描写　　141
"海王星女神"（Neptune）访问英格兰沿河土地的情景：

远处那边的青山依在，

一个民族深受我的钟爱：

正是靠着健全勤劳的双手，

他们使故土变得富饶强大。

他们拥有一条美丽迷人的河流，

然而船只却几乎无法通航：

将它开辟成航行的通道，

势必大大扩展他们有利的贸易。

同样的信息通过装饰在航运工程股票左上端的雕版画进行宣传（插图 6）。在画面前部，穿着考究的商人监督着成捆的羊毛和毛呢从一条船上卸下，而另一条船正在驶近岸边。位于他们右边的是一些蜂巢，它们是工业的象征物。在河对岸，海王星女神手持盛满鲜花硕果的羊角，向这片土地赐以她的祝福。

与"公共产品"和这方面工业相关的商人、工场主和专业人士，通过重新界定他们同位于自己之上和之下的社会等级的关系，逐步强化了新生的中产阶级意识。作为一个向社会提供公共产品利益的集团，他们向一切认为乡绅应当掌握教区事务领导权的主张发起了挑战，并且用这样的语境和话语宣告了自己在社区的领导地位。诚然，他们是以雇主的身份占领这块伦理和政治高地的（雕版画上有监督的商人和劳动的船工）。他们是纺织工业中获得丰厚利润的人们，而"工业"给予教区其他居民的仅仅是有益的就业。

与具有教区范围吸引力方面性质相似的团体是建设哈利法克斯呢布大厅的团体。这个气势辉煌的建筑（插图 7），旨在为毛呢和绒线呢交易提供一个正规的市场。1779 年 1 月 1 日举行了开工典礼，距离先前在《利兹信使报》发布首次广告的时间几乎相隔了 5 年之久。该团体的组织形式在基础广泛的同类团体中最具代表性。它是这样起步的：一批经常在呢布星期市场碰面的利益相关人员，决定以印刷广告传单的方式召集一次公众会议，商

图 7　哈利法克斯呢布大厅的中央广场，1779 年。（作者所摄照片）

讨论是否建立一所呢布大厅。出席会议的人员同意继续就此事进行研究，并且在地方印刷物上发布广告，介绍他们的具体打算。第二次会议制定了向利益相关人员募集捐款的条款，捐助者将选举筹建委员会成员，由他们指导该项目的有关事务。然而，哈利法克斯呢布大厅是一个很好的提醒者，它告诉人们，这些团体并不总是意见一致的。计划实施不久，在新呢布大厅的选址问题上就发生了两派争议。经商定，该问题通过捐助者的秘密投票予以解决。但是，当落选方案的支持者因遭受挫折而心潮难平时，他们扬言要另建一所自己的呢布大厅。尽管争论双方在大厅选址问题上意见不一，然而他们在更为基本的问题上却并无分歧。双方均不怀疑他们在这种重要决策方面拥有发言权，而权力的基础在于他们作为同一个集团的认同感，因为双方都已成为团体的成员，并且争论是在公共领域里进行的。[44]

1768 年流通图书馆的创立表明，在追求共同目标的过程中，并不需要依靠纯粹的经济动机才能将商人、工场主和专业人士联合起来。在 18 世纪中叶以前，流通图书馆并不多见，但是 1750 年以后它们开始越来越多地在整个英国出现，至少在比较重要的地区中心是如此。这些图书馆象征着为高雅休闲活动提供服务的市场发展，这种市场是哈利法克斯之类地区的商人、工场主和专业人士经营上的成功所产生的直接后果。[45] 1768 年哈利法克斯首次有人提出设立图书馆的建议；正如一份谋求对该项计划予以支持的印刷品所指出的那样，其目的在于以合理的收费方式为"阅读爱好者"（lovers of reading）提供读书渠道。[46]

就像运河一样，哈利法克斯流通图书馆得到了教区大部分商界和专业界精英的支持。经选举产生的图书馆筹备委员会由两位著名教士领头，一位是教区牧师乔治·利博士（Dr. George Legh），另一位是诺斯盖特恩德长老会小礼拜堂牧师约翰·拉尔夫（John Ralph）。其他 11 名委员会成员都是镇上有名的商人和工场主，同样由英国国教徒和不从国教者混合组成。在英国国教会一方有小约翰·罗伊德斯和罗伯特·亚历山大（Robert Alexander）等人；而不从国教者一边则有本杰明·库克及其外甥约翰·克肖等人，他们两人是商业合伙人和诺斯盖特小礼拜堂的财产托管人。图书馆捐助人也显示出类似的人员构成，但是他们之中还包括哈利法克斯镇区以外的人。例如，约翰·爱德华兹是斯克科特镇区的大工场主，而托马斯·默格特罗伊德（Thomas Murgatroyd）是该镇区另一名重要人物。塞缪尔·希尔的儿子理查德·希尔以及律师约翰·豪沃思则分别来自索伊兰（Soyland）和索沃比镇区。[47]

同样与运河工程相似，图书馆也是这个集团市民自豪感的充分体现。有关设立图书馆的前后建议多次提到曼彻斯特、利物浦和利兹已经开办的流通图书馆，暗示哈利法克斯居民也应得到一所融学问（learning）、文雅（refinement）和社会美德（social grace）于一体的机构。如同那些其他城镇的图书馆一样，哈利法克斯筹建图书馆的计划，是一次旨在为商界和专业界精英的新兴社会权力提供制度构架的尝试。[48]图书馆同样使得这个集团可以明确界定他们成员的社会下限。凭借 1 基尼捐助费和每年 5

145

先令会员费的规定，图书馆的组织者有意将教区大多数人口排斥在会员资格之外。[49]

图书馆财产托管人和捐助人的基本情况反映了教区商界和专业界精英队伍里中产阶级意识的产生。在比宗教纽带和邻里关系更强大力量的拉动下，进入图书馆的男人和妇女使得自己处在形成中的阶级认同逐步明晰起来。文化水平、闲暇时间，当然也包括会员费的制约，造成了他们与普通工人的隔离，这些图书馆的读者可以与自己世界观、利益、目标和期望相同的他人进行交流。因此，为了组建图书馆，这个新阶级的成员向世界宣告了他们的到来，他们是用集中体现在自愿团体中的新政治文化的话语来宣告的。这些团体为该集团发挥地方影响提供了新的基础，但是，他们是作为一个集团发挥影响的，这一情况有助于使他们共同经历中日趋隐晦的阶级认同得到明晰的表达。的确，图书馆特别清楚地反映了集团行为对于哈利法克斯精英的社会意识产生的重要影响。私人账册显示，哈利法克斯精英收集藏书。[50]因此，与运河或新礼拜堂的情况不同，建立私人图书馆是这些富人家庭内部的事务；就此事而言，他们对于集团行为的迎合并不是由经营上的必要性决定的。

146　　　确实，不是每个商人或律师都加入所有团体。每个团体都有自己的宗旨并吸引着它们的成员。正如索沃比小礼拜堂和运河建设的情况那样，不同团体的具体空间吸引着中产阶级共同体不同阶层的成员。[51]哈利法克斯中产阶级共同体与其说是一个单一的集团，倒不如说是由一系列交相重叠的界别组成的集团，每个界别都由某个团体划定它的成员范围。每个团体都有一部分成员并不参加其他团体的活动，不过每个团体总有许多成员同时加入其他团体。因此，尽管没有任何一个团体可以单独界定共享这种中产阶级文化的集团，但是交相重叠的会员结构足以证明，将这些商人、工场主和专业人士视为一个集团是正确的，他们自觉地意识到自己在社会等级中所处的地位，并且拥有一种共同的政治话语。

争　论

正如哈利法克斯呢布大厅创建过程所显示的，哈利法克斯精英内部的关系并不总是像流通图书馆、运河和新礼拜堂建设那样能够协调一致。追求权力和声誉的驱动力导致人们组建团体并且使他们逐步意识到自己作为一个阶级存在，然而，这种驱动力又进而使他们为了同样的权力和声誉而彼此竞争。由此产生的争论有助于造就中产阶级的阶级意识，这不是通过合作行为，而是将参与者视为教区占统治地位的社会集团的成员，通过引导争论的政治文化使他们联合起来所促成的。

就像上述团体的情况一样，这些争论的重要性在于它们所处的时间和性质。1748 至 1764 年的 16 年间，教区出现了 5 次大的争论，所有争论都涉及周围镇区与哈利法克斯镇区的权力关系问题。另一次争论发生于 1776 年，它是以上争论延续的终点。这种争论的爆发必须联系 17 世纪的情况加以考察，相比之

下，17 世纪只是偶尔发生一些争论。很难认为这些争论的连续
爆发纯属一种巧合，因为所有争论都涉及相同的问题和相同的参
与者，而争论的连续性显然与参与者的同一性相关；并且，争论
产生的根源在于周围镇区经济和社会的发展，它们造就了一个有
钱有势的工场主集团，这个集团对于哈利法克斯镇区居民支配教
区的现状感到不满。

争论的方式也与以前显著不同。首先，早期争论多半在个
人之间进行，而现在这些争论则是具有自主权力的集团之间的
斗争，它们显然涉及某些重要事务。这并不是说早期争论无关
痛痒，它们也很可能事关重大。但是，据现存材料看，这类争
论往往只是两派不同观点的简要陈述，就像 1685 年关于教堂
税（church-rate）争论所反映的那样。[52] 与这些温和的耳语
（quiet whisperings）相反，18 世纪 50 年代和 60 年代的争论似
乎是从街角发出的大喊大叫——假如不是直白地，至少也是运用
比喻方式通过书面传单和小册子进行表达。因此，凭借这些争论
产生的新兴中产阶级意识，在一个新的公共政治世界里得到了明
确的表达。

在 1748 至 1764 年出现的 5 次争论中，有 4 次是周围镇区
向哈利法克斯权力发起的挑战。1748 年的争论围绕教堂税展开
（1759 年再次爆发）。所有镇区向位于哈利法克斯的教区教会缴
纳教堂税，但税款却由哈利法克斯镇区的教会执事掌管。问题在
于哈利法克斯的教会执事将税款用于"他们的"教堂，而事先不
征求其他镇区的同意。1748 年争论的具体问题是教堂大钟的维

修。米奇利（Midgley）、索沃比和沃利（Warley）的教会执事在他们镇区承担教区教堂维修费用应尽的责任方面或承担大部分费用的问题上并无异议；他们拒付修理大钟费用的理由仅仅在于开工前并未与他们协商。哈利法克斯的教会执事以拒付教堂税为由将他们告上法庭，但此案最终于 1754 年以周围镇区的胜利告终。[53]

发生于 1749 年的另一场争论起因于哈利法克斯济贫院的管理问题。这家慈善机构是由纳撒尼尔·沃特豪斯于 17 世纪创办，并由来自哈利法克斯的人们管理的。当管理人将济贫院基金用于为教区教会的布道师兴建一所新宅时，引起了周围镇区的怀疑。由于疑虑重重，周围镇区的人们查阅了济贫院的原始章程和纳撒尼尔·沃特豪斯的遗嘱，他们发现，有证据表明，济贫院本来是为了与哈利法克斯最靠近的 9 个镇区的利益开设的。这场争论再次以有利于周围镇区的结果告终：原有的管理人和所有哈利法克斯的居民受到了责难，并且任命了一批周围镇区的人员补足章程规定的管理人队伍。[54]

最后，哈利法克斯教区教会设立一台管风琴的计划引发了1764 年的争论。风闻该项计划后，索沃比的教会执事立即向教区法庭上诉此事，声称计划实施之前，哈利法克斯的教会执事并未充分征求其他镇区的同意，他们担心，管风琴的维修费用和操琴手的工资将成为整个教区的一项财政负担。[55]

在所有 4 场争论中，参与者都是以一个较大集团的成员而非个人的身份出现的。例如，在索沃比，教堂税争论的诉讼费用是

148

从一笔捐助基金中开支的，而捐助人的捐款将连本带息从教堂税中得到偿还。[56]除了捐款总额较小和包括一两名著名的不从国教者之外，这份捐助名单与重建索沃比小礼拜堂的捐助名单几乎完全相同。再者，进行这场争论的"团体"很可能是在一次公众会议上产生的。[57]哈利法克斯的人们也组织了自己的团体。当他们设置管风琴的计划在法庭上遇到挑战时，该团体成员的捐款刚刚达到1150英镑，于是他们进而捐款1000英镑，以对付这场法律诉讼所需费用，捍卫本镇利益。[58]

争论双方关注的焦点是权力和声誉。的确，假如这些争论问题的重要性就其表面而言不过如此的话，那么很难想象为什么它们被看得那样严重。例如，教堂税争论涉及的金额少得可怜。1748年，索沃比在教区教堂税中应纳税金为15英镑7先令1便士，而该镇区只愿意缴纳11英镑8便士；因此，哈利法克斯将其告上法庭的拖欠金额仅为4英镑6先令5便士。[59]考虑到同期索沃比镇区每年缴纳土地税和济贫税的金额往往分别超过200英镑，这种问题在财政上便更显得微不足道。[60]

当务之急的问题是权力——哈利法克斯镇行将凌驾于周围镇区之上的权力。索沃比向承办本镇区诉讼事务的哈利法克斯律师约翰·鲍德温提出质询，试图据实验回他的证据。因为鲍德温是与该案有关的当事人，一方面他是哈利法克斯镇区教堂税的纳税人，另一方面假如哈利法克斯胜诉，将会增强或扩大"（哈利法克斯镇）控制教区其他地方或控制教区内小礼拜堂执事的权力和影响"。[61]同样，财政问题在1749年济贫院争论中只占十分次要的地位。周围镇区也许只能指望从这个慈善机构得到少量金钱，但更重要的是与一个受人尊敬机构的管理人任命相关联的声誉。最后，管风琴争论根本不涉及任何实质性问题。针对所谓管风琴将会成为整个教区财政负担的指责，哈利法克斯的组织者们可以指望通过慷慨捐赠来解决维修费用和操琴手的工资问题。

公共领域里扩大的政治话语，对于这些商人、工场主和专业人士组成的竞争性集团表达自己权力和地位要求的方式来说至关重要。凭借反对牧师统治（ministerial rule）的托词，周围镇区向他们所称的哈利法克斯镇区强行干预教区事务的专断和过度的权力发起了挑战。在 1759 年有关教堂税的争论中，辩论涉及一笔哈利法克斯教会执事为粉刷教堂开支的 28 英镑 19 先令 11 便士的费用。当时，索沃比一方并不否认教堂需要粉刷的实际情况，但是他们指出，他们知道有人愿意在 10 英镑报酬的条件下承接该项活计。哈利法克斯一方认为，此人不能胜任这项工作，并且反对索沃比就此事提出的建议：通过实际检验来确定谁更适合承揽教堂的粉刷工程。索沃比的建议体现了公共领域中政治话语的一项基本特征：坚持合理的判断来自实证和运用理性的原则。下列论点可以得出类似结论：如果哈利法克斯拒绝提供他们的账册接受审查，那么索沃比提出的问题就更加严重，因为这里涉及公众对于公共财政状况知情权的原则。[62]

从 1749 年济贫院争论与早先 1719 年争论的比较中可以看到，地方政治的公共领域得到了怎样的发展。如同 1749 年争论一样，1719 年的争论采取了向"虔诚开支调查委员会"（the

Commission of Pious Uses）提起诉讼的方式，在该案中，控方指责沃特豪斯济贫院管理人滥搞施工，私自挪用641英镑钱款。[63] 尽管两次争论形式相似，但是它们涉及的概念领域却不相同。1719年争论基本上是个人之间争执的私人性质的问题。争论的唯一问题是管理人对济贫院的管理，这场争论并未进入公共领域，因为双方中任何一方均未诉诸公众意见或者试图从这场争论中获取政治资本。[64] 而1749年争论是在公共领域里发生的。有组织的集团取代个人成为对立的双方，与1719年调查委员会详细核实和纠正原有管理人的财政弊端所作出的判定不同，1749年判决的文本强调其他镇区而非哈利法克斯应当从济贫院获益的权利。[65] 就像前一案例一样，1749年的争论也获得了"司法"（judicial）裁定，但是它与1719年的争论仅此相似而已，因为该项司法裁定产生了政治影响。司法裁定书被印刷成册，有关话题很快转移到公共领域，演变为一场围绕哈利法克斯镇统治整个教区问题而进行的持续辩论。

公共领域的作用在索沃比反对哈利法克斯设置管风琴的事件中也是显而易见的。鉴于财政方面的理由不足，反对设置管风琴唯一站得住脚的根据是教区大部分人并无这种需要：从本质上看，它体现了周围镇区摆脱哈利法克斯支配的权利要求。为了说明这种立场，索沃比递交了由承担"教区分摊税款"（scot and lot）人们签名的请愿书。[66] 参与请愿的人员大大超过了一般捐助人名册上的人数。508人在请愿书上签名，其中28%的人只会在上面画押。然而，大多数签名并非出自公众反对设置管风琴的强烈呼喊，而是斯坦斯菲尔德花钱进行游说的产物。[67]反对设置管风琴斗争所采取的策略，反映了重视公众意见在政治中的作用的新观念。通过游说签名，精英们造就了一个政治世界，在这个世界里，权力和声誉越来越取决于他们控制公众意见的程度。比较传统的权力表达方式，即一个绅士可以借助其佃农和依附者"利益"的表达方式，还远未过时；一个斯坦斯菲尔德的织工不可能拒绝在请愿书上签名。但是，新兴的中产阶级文化正在将这种私人政治领域转变为公共领域。索沃比的精英们认为，征集这些签名比单纯要求获得为镇区说话的权利更为有利，他们进而设想，这种公众意见的展示可以对法庭审判产生重要影响。

152

在一系列争论中，第五次争论不同于其他争论之处在于，哈利法克斯镇区居民成了受损方。这场争论发生于 1763 年，索沃比居民当时刚刚建成自己新的小礼拜堂，他们决定从哈利法克斯分离出去，形成一个他们自己的教区。小乔治·斯坦斯菲尔德、约翰·普里斯特利和助理牧师约翰·韦尔什（John Welsh）以镇区居民的名义向约克大主教提出请愿，希望批准他们成立单独的教区。[68]他们认为，哈利法克斯的教区教堂太小，距离也太远，结婚公告由于路途原因常常形同虚设；他们为自己宽敞的新礼拜堂感到自豪。他们还指出，索沃比划为新教区将解决不从国教者的宗教活动问题。然而，索沃比希望成为一个教区的真正原因，在于长期以来对于哈利法克斯镇区占据统治地位形成的积怨。哈利法克斯精英对此十分恼怒；他们逐条反驳索沃比的请愿书，甚至向当时的国务秘书桑维奇伯爵争取援助。桑维奇伯爵答应反对任何相关提案，认为这不仅出于一种偏好，也出于自己在维护国王的受俸牧师推荐权（advowson）方面应负的责任。最终，索沃比的请愿失败，因为面对如此强大的反对意见，大主教退让了，而他的支持与否在这件事上极为关键。[69]

这场争论具有三项引人注目的特征。第一，用利益政治（interest politics）的眼光来看待这场争论是不恰当的。即便不考虑礼拜堂的建设，索沃比争取另立教区的图谋看来也是出自小乔治·斯坦斯菲尔德的策划：他聘用一名测量员丈量索沃比至哈利法克斯教区教堂的实际距离，还出资对该镇区进行详细的人口调查，以说明有多少正直的英国国教徒会前往新教区的教堂。不过尽管斯坦斯菲尔德起着领导作用，他仍然受到镇区其他商人和工场主意愿的制约。1764 年 2 月，约翰·普里斯特利对于从小礼拜堂辖区升格为教区图谋的合法性表示怀疑，并且要求将他的名字从向大主教递交的请愿书上去掉。但是他表示，假如"教区会议"（这里指全体镇区精英）继续支持这项方案，他也会采取同样态度。[70]

第二，为了反对索沃比另立教区，哈利法克斯一方采用了周围镇区在教堂税和济贫院问题争论中针对他们提出的同样类型的理由。当他们以受损害者的面目带着有限和十分合理的要求出庭时，他们竭力将对方描绘成追求非分权力和不讲道理的身份狂（status-hungry）。在谈到索沃比居民为自己建造的新礼拜堂时，他们强调，老礼拜堂设施良好，实际上比新的还宽敞。他们进而指出：索沃比的人们"认为（自己新礼拜堂的）地点更为便利，然而对此请允许我们不予苟同，除非对方所说的便利只是意味着言过其实"。[71]

第三，作为最重要的特征是双方立场的公开性。在一份回应哈利法克斯否定他们要求的印刷品里，索沃比将哈利法克斯对周围镇区的指责进行分类，然后专门针对他们反对另立教区的理由逐一予以驳斥。从这些反驳文字中可以看到，哈利法克斯已经公开了他们一方的情况，并且读者已经知道这些情况。[72]争论是在一种公开的公共舞台上进行的。尽管动员舆论的能力起着重大和最终是决定性的作用，但是双方都是在公共领域里论述他们的理由的，并且力图依据理性证明他们主张的正当性。的确，他们试图说服的公众完全是人为组成的所谓公众——并不打算进行任何投票来解决这场争论。然而不管教区的商界和专业界精英成员是否卷入争论，他们都与这个事件有着密切的关系。事实上可以认为，围绕索沃比教区身份争论的最重要问题是这个集团谋求政治权力和社会声誉的权利。

这一系列争论意味着什么？由于这些争论中任何一场胜方实际获得的成果都是那么有限，因而假如不透过表象挖掘其深刻内涵，就难以解释斗争的激烈程度。参与者们自己承认，哈利法克斯与周围镇区权力之争的共同主题比每次事件的具体疑难问题更为重要。一本名为《1764 年备忘录》的小册子在观点上虽然偏向索沃比，却多少记录了这些斗争参与者的活动情景。在一种讽刺笔调的行文中，这本小册子充满了这类话语："但是管风琴弹

154

奏者们浮想联翩，似乎所有权力皆已落入他们手中"，而"（'某些哈利法克斯人'）吹嘘，2名哈利法克斯镇区的教会执事拥有一切大权；而10名附庸（tributary）镇区的教会执事只是奉命为他们征收和缴纳钱款"。[73]

因此，并不是一个集团对另一个集团的胜利使得这些争论有助于阶级形成的分析。虽然在教堂税争论中获胜，但是周围镇区的精英并没有造就他们与哈利法克斯镇商人、工场主和专业人士相对立的中产阶级的阶级意识。尽管表面上抱有敌意，但是这些争论看来对于教区精英的内部关系几乎没有产生什么长期影响。他们彼此间并没有怀恨在心，例如约翰·凯基尔、约翰·沃特豪斯、瓦伦丁·斯特德（Valentine Stead）以及纳撒尼尔·霍尔登等人虽然在教堂税和管风琴争论中站在哈利法克斯镇一边反对索沃比、米德格利和沃尔利镇区，但却能够与小乔治·斯坦斯菲尔德、卢克·格林伍德和约翰·利一起共事使运河计划在1758年开工。

这些争论之所以令人感到兴趣，原因就在于它们显示了地方政治的性质，并且含蓄地反映了阶级关系。在所有这些事件中至关重要的是一个集团对于政治权力和声誉的追求。声誉对于新兴的商界和专业界精英来说意义十分重大，因为18世纪中叶的政治结构和社会结构并没有给予他们炫耀自己优越社会地位和经济地位的足够空间。正如当时数十年里教区进行的一系列改革所显示的那样，这个集团大力创设各种能够确立他们在社会等级中的统治地位的机构。值得组织的事业就是值得为之战斗的事业，而在哈利法克斯与周围镇区特别是索沃比之间进行的这些争论，为这个集团谋求社会声誉提供了发言权。同时，这些冲突从两方面使他们新近产生的阶级认同得以定型。首先，他们在这些争论的参与中识别了一个有权争论此类问题的教区精英集团的成员，包括自身和邻里。其次，双方人员对公共领域政治话语的运用使得商界和专业界精英彼此认同，并且从整体上确认他们自己是社会等级中一个特殊的集团。

155

"真正的"政治：地区和国内的哈利法克斯精英

就像精英的新时尚和新的簿记方法一样，公共领域的政治话语是从教区外部资源中迅速采纳和占有的。从一系列人名可以看出，建立在"公众"观念以及公众表达意见和进行自由讨论权利基础之上的对于武断权力（arbitrary power）的批评，是18世纪政治的一项基本特征，尤其是在构成汉诺威时代寡头政府的反对派方面。[74]的确，批评并不完全采用这种方式；新兴的商界和专业界精英以此为主要消息来源，目的在于理解他们所处的社会和政治环境，因为公众意见使得他们可以作为一个集团的政治力量表达自己的要求，而这在个人情况下是无法做到的。教区精英运用这种政治话语，是由于它曾经发挥作用，并且正如1776年沃特豪斯济贫院争论所反映的那样，如果希望在地方上产生效果，就必须在国内范围运用这种政治话语。

1776年济贫院方面的第二次争论是由下列原因引起的，当时周围镇区的许多大工场主提出，纳撒尼尔·沃特豪斯创办的两个机构——济贫院和另外一所慈善机构——应当通过一项议会法令加以合并。他们认为，不再需要单独保存一所中心济贫院，由于这所机构目前获得的遗产捐赠已经大大超过了遗嘱承诺的数量，所以通过合并建立的共同基金能够有余力向各镇区发放济贫款。该方案在哈利法克斯不仅遭到济贫院管理人的反对，同时也遭到其他人的反对，其中大多数人是有名的工场主和商人。[75]

156　　　争论者运用公共领域表达的话语对武断权力进行了猛烈批评。双方的集会都是公众性的，并且制作了大批传单和小册子来鼓动和说服公众。他们获得了如此广泛的支持，因为"这项法案的提出是哈利法克斯镇和教区居民举行多次公众会议商议的结果……有关方案印刷并分发到全镇和整个教区，在向议会提交法案前早就发布了公告……"。一旦法案获得通过，公共领域的原则将被建立的新托管机构严格遵守。法案规定，托管财产以21年为期，并且"通过在哈利法克斯镇或其最相近之处出版的某两份报纸，以及通过传单"发布公告。[76]这项规定旨在防止托管人滥用职权和以低于市场的价格相互租用财产。

　　将提案置于对专断权力批评基础之上的谋略，也具有全国范围的含义，因为它使议会有理由取消原有的财产权利。[77]经历了一段时间广泛的公众集会、广告宣传和签名同意后，该项新法案的首席律师罗伯特·帕克（Robert Parker）被派往伦敦，为法案的通过进行活动。他的首要任务之一是与行家讨论法案的价值所在，以便使法案的提交获得最佳效果。总的说来，帕克得到了令人满意的回应。正是乔治·萨维尔爵士这位约克郡有影响的议员告诉帕克，他不认为"占有部分受托财产的托管人的反对意见能够产生多大作用"。尽管这些人理所当然地断定，正义在他们一边，但是法案的发起人并没有给他们留下任何胜算的余地。提案者将该案的概要面呈议会上院成员，法案审理将从这里开始，所有内容都强调现任托管人滥用权力。[78] 由于在道义和组织上占据上风，该法案很快获得通过。

考尔德河航运工程和哈利法克斯供水工程需要履行同样的程序，两者均需获得议会批准。[79] 在所有这些案例中，公共领域政治话语的运用，应当视为哈利法克斯精英对一整套有助于理解他们世界的观念的占有，以及出于功效缘故对一种特殊修辞的采用。

罗伯特·帕克为了使济贫院法案获得议会通过而精心策划的活动显示，哈利法克斯居民十分熟悉国家政府机器。的确，哈利法克斯居民在 17 世纪甚至 16 世纪曾经为了特权或保护向议会请愿。[80] 但是哈利法克斯与国家政府的关系在 18 世纪中叶经历了与中产阶级意识的产生相关的变化。变动性体现在这些上诉方式的差异上——早期采用请愿书，现在采用法案。这两种形式反映了狭义的利益政治与以阶级认同为基础的政治之间的区别。请愿背后的目的——共同参与某项行业——基本上是外在于这个集团的。该集团的成员往往分散在广阔的地理空间，由于他们在眼前问题上的共同利益而采取临时的集体行动；在这种组织中看不到任何长期形式的集团认同。与之形成对照的是，慈善法案的目

157

的是内在于这个集团的。况且，提交一项法案的过程比呈递一份请愿书要复杂得多，除了共同目的的缘故必须建立组织和选择达到目的的手段而外，其谋略还显示了对于政治程序的精心把握。

应当承认，利益政治在18世纪并没有完全消亡。约克郡西区纺织业的整体利益常常通过四季法庭（Quarter Sessions）法官的半官方声音予以表达，并且几次向议会递交请愿书。一个长期利益的问题——呢布的印花税征收和尺寸检验——引发了1729年和1765年的请愿。[81]1766年的印花税法危机导致了一次哈利法克斯商人和工场主、利兹商人以及约克郡西区制造宽幅呢绒的工场主支持废除该法令的请愿，他们派出了一个带有3名证人的代表团，向议会调查此事提供证据。[82]这类请愿显示，哈利法克斯中产阶级意识的产生与算不上严格定义的"商业认同"（commercial identity）有关，这种认同正在整个地区扩展，或许甚至以某种模糊的方式在全国范围内扩展。[83]这些请愿日益采用公共领域的语言。这种语言的运用在反对印花税法中体现得最为明显，目的在于对政府的政策进行直接批评，因为正如琳达·科利（Linda Colley）所言，从事该行业的人们越来越感到七年战争以后政府没有站在他们的利益一边。[84]

如果这些政治行为反映了整个地区广泛的中产阶级意识的发展，那么它们也表明了认同的局限性，因为认同只是建立在利益的基础之上。1765年要求废除呢布检查法令的请愿几乎立即被利兹宽幅呢绒商人的请愿所击退。随后几个月里，又有4份请愿书被先后递交，其中既有支持废除法令的混纺呢工场主和本色呢工场主的请愿，也有持反对态度的利兹呢布研光匠与宽幅呢绒制造者和工场主的请愿；双方都派出自己的证人向议会作证。[85] 在一件事上合作，在另一件事上分裂，即便就约克郡西区呢绒工业内部存在的诸多集团而言，它们并不构成一种阶级认同产生的基础。那种认同的发展需要能够超越狭隘经济利益的事件发生。

　　18 世纪中叶的发展有助于克服种种分散的利益，也有助于在哈利法克斯精英以及当地其他人中间造就这样的观念，即哈利法克斯的商人、工场主和专业人士确实正在为了一个单一的目标而行动。可以考察一下对于哈利法克斯建设运河计划作出的回应。1741 年和 1751 年考尔德河通航计划因遭到利兹商人的强烈反对而搁浅，他们生怕失去对于哈利法克斯市场毛呢的大规模出口的垄断权。这种抵制到 1757 年进行了一次成功的招标时仍未停息，它只是被哈利法克斯发起人的执著所化解。利兹商人威廉·班克斯（William Banks）于 1757 年被说服将他的磨坊出售给工程委员会成员，条件是他不再反对运河施工。他把自己比作海军将领约翰·宾（John Byng），后者在 1757 年因失职而被送交军事法庭严审。因为从利兹的角度来看，他与哈利法克斯人的妥协是"出卖了（自己的）市镇和家乡"。[86]

　　当然，地区关系并不总是那样敌对的，但是当集团组成时，它们通常都是首先认同自己社区的集团。例如，1780 年约克郡西区商人和工场主试图劝说财政署（Treasury）削减出口到弗兰德尔的克瑟粗呢的关税。在给堂兄弟、索沃比的小乔治·斯坦斯菲尔德的信里，利兹的戴维·斯坦斯菲尔德暗示，尽管利兹和哈

159

利法克斯的商人对此事的看法并不完全一致，但是两者之间仍然存在着广泛的共识。他谈到"利兹商人"和"哈利法克斯商人"，似乎他们是富有凝聚力的集团，似乎该项计划的成功依赖于每个社区的团结一致。[87]

从地区观点看，所发生之事可以依据所有权得到最适当的描述。通过他们在地区和全国舞台上的活动，哈利法克斯的商人、工场主和专业人士坚持他们作为一个集团对教区的所有权。可以看看一个最后的自愿团体。1758 年 12 月，乔治·萨维尔爵士写信给"哈利法克斯的绅士"，要求教区的 150 到 200 个自由持有农届时出席在约克市举行的选举。此人是土地面积覆盖教区内半数镇区的庄园领主，即便在进入议会之前，他也是当地的一个重要人物。为了响应他的来信，一个十分排外的商人和工场主集团举行会议，同意在他们当中分摊镇区，分别指定一两个成员"与（各镇区）绅士接头，要求他们到约克参加选举"。[88] 然而萨维尔并不是向个人寻求支持，而是向作为一个整体的哈利法克斯"绅士"（读作"精英"）寻求支持。正是作为一个集团，这些商人和工场主依据他们各人在本镇区的影响分派教区内镇区的任务。当最终因他们的出色社会才干向这些新精英致谢时，萨维尔也以一种不寻常的方式与他们接近；这不是一封写给某个绅士要求他确保"他的"教区选票的信件。就对方而言，被萨维尔接近的"绅士们"愿意承担要求包含的这种类型的教区"所有权"，不过正是作为一个集团，他们才如此行事。

乔治·萨维尔爵士关于组织一支哈利法克斯投票人队伍在未

来选举中支持他的要求，引发了最后一个问题：选举与政党政治问题。像 18 世纪大多数成长如此迅速的米德兰和北部制造业城镇一样，哈利法克斯在议会中毫无自己的代表权。但是，自由持有农投票人相对可观的数量又使得该教区在约克郡选举中具有重要的地位，特别是因为约克郡西区的自由持有农早就习惯于行使他们的投票权。[89] 我们可以从两本投票人名册——1734 年大选和 1741 年补缺选举的投票人名册，以及从 1784 年实际上无差额选举的两项民意调查报告中判断哈利法克斯自由持有农的投票方式。[90]

1734 和 1741 年投票人名册显示，从总体上看，哈利法 **161** 克斯支持托利党。1741 年，有 346 票支持托利党候选人乔治·福克斯（George Fox），而赞成辉格党候选人乔姆利·特纳（Chomley Turner）的为 143 票。[91] 教区精英内部对于两党的支持率不出预料地明显分为两派。大多数为首的国教徒投托利党的票，而不从国教者中大部分人则支持辉格党。少数国教徒支持辉格党，其中最有名的人物是教区牧师乔治·利博士（Dr. George Legh）。不过由于他的职位来自王权的惠赐，因而他站在官方利益一边几乎并不让人感到意外。的确，利是被特意选择担任约克大主教所说"本人辖区内最桀骜不驯角落"的这一职务的。[92]

1784 年民意调查报告展示了一幅更为复杂的图景。一个重要变化是乔治三世即位以来形成的辉格党／托利党传统划分界限的模糊。[93] 更直接的影响来自克里斯托弗·怀维尔

（Christopher Wyvill）的约克郡协会（Yorkshire Association）。虽然这场运动在选举前不久就失败了，但是对于议会改革的类似要求仍然是难以预料的，而官方的候选人受到该协会代表的反对。在这场"选举"中，官方利益看来主要体现在教区牧师和相当一部分教区首要商人和工场主投票方面。其他有影响的商人和工场主，包括约翰·沃特豪斯和塞缪尔·沃特豪斯、小乔治·斯坦斯菲尔德、约翰·爱德华兹，以及大部分主要的不从国教者，包括约瑟夫·休姆和约翰·克肖，则支持两名协会候选人威廉·威尔伯福斯（William Wilberforce）和亨利·邓库姆（Henry Duncombe）。[94]

尽管事实清楚表明，哈利法克斯居民具有十分成熟的国家政治意识，然而只有当商业或经济政策成为当务之急时，国家政治意识才对这些个人或集团的认同感具有至关重要的作用。例如，小乔治·斯坦斯菲尔德的文档里保存着一份《希普顿院长嬷嬷的预言》（*Mother Shipton's Prophecy*）的复制品，据说原文写于"约百年以前，并且是在某个名叫奈特·坦普尔的人的墓碑下发现的"，显然这是一件政治宣传品。它将 1641 年"一个位居王权之下 / 既公正又明智的宠臣"（斯特拉福德）的牺牲与 1741 年"一个位居王权之上 / 完全自作主张的宠臣"（沃尔波尔）的倒台进行对照。通告这种政治结局，目的在于高度关注英国的商业政策。《预言》继续说道：

不列颠抬起你那低垂的头！

时机已经来临。

上院将振兴你的商业，

并且锁定敌人的末日。[95]

　　除了行业和商业政策问题外，几乎看不出建立在政党政治基础之上的认同感本身具有什么特别重大的意义；同样，有关18世纪的历史编纂学也表明，分析的重心应当放在地方问题与国家问题的交叉点上。[96]例如，1748年教堂税争论双方集团的成员在1741年选举中都投托利党的票。与之相似的是，1776年一些抵制沃特豪斯济贫院重建的哈利法克斯镇区居民在1784年对活动选票者表态时却又分成两派。这种行为并不特别让人感到意外。对于许多地方居民来说，国家政治与其说是目的还不如说是达到目的的手段。从乔治·萨维尔爵士的情况可以看出，作为一个独立的辉格党人，他在1758年能够取得哈利法克斯商人和工场主几乎无一例外的支持。这种支持既来自1741年曾经支持过辉格党候选人的人员，也来自当年支持托利党候选人的人员。考虑到下列事实，即萨维尔谋求竞选支持之时正值考尔德河航运工程法案提交议会审议，这种态度的转变就不难得到解释。在1758年支持萨维尔之后，约翰·罗伊德斯和威廉·沃尔克退回到他们原先支持托利党的传统老路上去同样可以理解。18世纪60年代早期，随着托利党的力量在乔治三世时代再度上升，罗伊德斯和沃尔克两人均向约翰·斯坦厄普（John Stanhope）请求批准让他们在哈利法克斯周边地区征收西区土地税，这是一项十分有利可图的职务。[97]

18 世纪中叶哈利法克斯选举政治的运作方式倾向于肯定下列观点：地方政治和国家政治造就了哈利法克斯商人、工场主和专业人士新兴的阶级意识———一种中产阶级的意识，因为这个集团凭借他们作为工场主和商人的经历，逐步将自己界定为与教区的约曼农、手工匠人以及与土地精英相对立的集团。

注　释

[1]　John Brewer, "Commercialization and Politics," in Neil McKendrick, John Brewer, and J. H. Plumb, *The Birth of a Consumer Society* (London, 1983), 224–225.

[2]　关于这些机构在中产阶级文化发展中所起作用的讨论，见 R. J. Morris, "Middling-Class Culture, 1700–1914," 载 *A History of Modern Leeds*, ed. Derek Fraser (Manchester, 1980), 200–222, 以及他的 *Class, Sect, and Party: The Making of the British Middle Class, Leeds, 1820–1850* (Manchester, 1990)。与此相关的还有 Leonore Davidoff and Catherine Hall, "The Architecture of Public and Private Life: English Middle-Class Society in a Provincial Town, 1780–1850," 载 *The Pursuit of Urban History*, ed. Derek Fraser and Anthony Sutcliffe (London, 1983); and Theodore Kodischek, *Class Formation and Urban-Industrial Society: Bradford, 1750–1850* (New York, 1990)。

[3]　Daniel Gordon, "Philosophy, Sociology, and Gender in the Enlightenment Conception of Public Opinion"; David A. Bell, "The 'Public Sphere,' the State, and the World of Law in Eighteenth-Century France"; 以及 Sara Maza, "Women, the Bourgeoisie, and the Public Sphere: Response to Daniel Gordon and David Bell," 均载 *French Historical Studies* 17 (1992): 882–950; Anthony LaVopa, "Conceiving a Public: Ideas and Society in Eighteenth-Century

Europe," *Journal of Modern History* 64 (1992): 79-116; Dena Goodman, "Public Sphere and Private Life: Toward a Synthesis of Current Historiographical Approaches to the Old Regime," *History and Theory* 31 (1992): 1-20。

[4] Jürgen Habermas, "The Public Sphere. An Encyclopedia Article," *New Germany Critique* 1 (1974): 49-55, 和 *The Structural Transformation of the Public Sphere: An Inquiry into a Category of Bourgeois Society* (1962), trans. Thomas Burger (Oxford, 1989), 特别是 24、27 和 34—37 页。公共领域内部政治的发生，无疑与中产阶级将他们的世界划分为政治和商业的公共领域和家庭的私人领域有着十分密切的关系，这个看法在 Leonore Davidoff and Catherine Hall 的下列著作里得到最为清晰的展开，见 *Family Fortunes: Men and Women of the English Middle Class, 1780-1850* (London, 1987), 13,29-33。我对哈利法克斯中产阶级形成在这方面所作的讨论见第六章。

[5] 尽管 Linda Colley 并未专门涉及公共领域，但她提出了非常相似的观点，即商界人士感到他们被排斥在政治进程之外，并且明确表达了他们对于政治权力的诉求：见 *Britons: Forging the Nation, 1707-1837* (New Haven, 1992), chap. 2, 尤其是第 98—100 页。

[6] 要获得这个集团的准确人数是不可能的。我所依靠的是遗嘱档案、契约与各类地方档案之间的综合运用。此外，我检索了 1785 年前哈利法克斯居民在太阳火险公司和 1787 年前在皇家保险公司进行财产投保的人数；总计有 40 名个人或商家以货品或地产投保一定数量的商业财产，价值共计 62945 英镑：见 Guildhall Library, London, Sun Fire Insurance, Ms. 11936 和 Royal Insurance, Ms. 7253。

[7] John Seed, "From Middling Sort to Middle Class," 载 *Social Orders and Social Classes in Europe*, ed. M. L. Bush (London, 1992), 120。

[8] J. H. Priestly, "John Howarth at Home," *THAS*, 1947, 11.

[9] CDA/CN 95, marriage settlement, 1761.

[10] S. L. Ollard and P. C. Walker, eds., *Archbishop Herring's Visitation Returns, 1743*, Yorkshire Archaeological Society Record Series 72 (Leeds, 1928); 哈利法克斯教职岁入表所列 Ripponden 的助理牧师 (curate) 收入为 100 英镑。

[11] BIY/OW, David Stansfield, Prerogative Court, July 1770; PRO/

C.12/896/2, Chancery, Edwards v. Martin for debt, 1769; C.12/424/12, Banks v. Stansfield re Calder Navigation, 1769.

[12] 假如哈利法克斯精英成员难以认定，那么这个集团的人数就越发难以确定。在有大量档案遗存的索沃比镇区，各类工场主的数量看来有 15 至 25 人，他们的地位低于上层人物，但高于一般的约曼农或手工匠人。在哈利法克斯经商的约克郡西区商人档案表明，索沃比的情况在这方面具有一定的代表性，该档案提到几个人的名字，他们在其他档案里未曾露面，但经营规模十分可观。例如见位于布拉德福德附近 Frizing Hall 的绒线商人 R. J. Lister 的账簿：University of Leeds, Brotherton Library, Business Archive, Marriner Records, no. 33. University of Leeds, Brotherton Library, Business Archive, Marriner Records, no. 33。

[13] CDA/FH/461a, Hill to Stansfield, 31 January 1775.

[14] William Sheils, "Oliver Heywood and His Congregation," 载 *Voluntary Religion*, ed. Sheils and Diana Wood (Oxford, 1986)。

[15] 本处未予讨论的团体包括从事案件起诉组成的团体（CDA/CN/99/1, Hull harbor dues suit）；获取圈地裁决书组成的团体（CDA/CN/99/1, Northowram enclosure）；以及诉讼协会（CDA/HAS/B:11/10/1, 1757; CDA/HAS/B:11/10/2, 1766; and HAS/b:11/10/4, prosecution society deed, 1785）。

[16] CDA/SPI/30, Sowerby chapel warden's account book, special vestry meeting, 5 December 1749; CDA/HAS/378（425）, Sowerby workhouse agreement, 1755; CDA/SPL/31, 32, Sowerby overseers' account, 1737–1758, 1758–1773.

[17] CDA/Sowerby register microfilm, unpaginated. 有关重建事宜的会议记录和认捐名单见于该小礼拜堂 18 世纪中叶登记簿的尾端。又见 CDA/STA/215/1, petition to the archbishop of York requesting parochial status for the Sowerby chapel, 1763。

[18] CDA/Sowerby register microfilm, subscription list.

[19] CDA/SPL/31, 32, Sowerby overseers' accounts, 1737–1758, 1758–1773. 在此之前，几乎未听说有官员再度履行职务。

[20] CDA/FH/280/1/2, index to the pews in the old and new Sowerby chapel; CDA/Sowerby register microfilm, accounts. 账册中新建小礼拜堂座位的实际数字不太确切；出售的座位可能是 216 个而不是 198 个。

[21] CDA/STA/215/1/4, Horton to Stansfield and Greenwood, May 1763; STA/215/1/3, Horton to William Whitworth, March 1761; STA/215/2, Horton to Stansfield and Greenwood, April 1761.

[22] CDA/FH/282/6, 14 November 1771; FH/282/5, archbishop of York to Rev. J. Welsh, 11 November 1771. 又见 PRO/C. 12/423/17, Chancery, Stansfield et al. v. Horton, 1777。

[23] CDA/STA/215/1/2, 小礼拜堂账册，George Stansfield 提交和支付。

[24] CDA/Sowerby register microfilm, minutes, 尤其是 31 January 1759。关于"捐助者民主"以及它对中产阶级文化所具有的内涵意义的讨论，见 Morris, *Class, Sect, and Party*, 184。Morris 也强调了账册的共同保管。

[25] CDA/HAS/65（767），Hipperholme town book, 7 December 1747, 23 August 1750, and 2 September 1752; CDA/MISC/309, Elland town book, meetings of December 1743 and April 1757; CDA/MISC/272, Shelf township book, vestry meeting, 1758; CDA/HAS/142（770），Skircoat town book, town meeting, 7 May 1760; CDA/HPC/A/3, Heptonstall town book, township agreement, 17 September 1761.

[26] CDA/HAS/142（770），Skircoat town book, vestry meeting, 7 July 1755. 1773 年的一项征税估产显示，他们属于该镇区最富裕的居民，而他们中的许多人是重要的工场主：见 HAS/609, Skircoat assessment。

[27] 修缮奥利弗·海伍德在北奥兰姆的老礼拜堂屋顶，是靠少数商人和工场主精英为主的捐助支付的：见 Mark Pearson, *History of Northowram* (Halifax, 1898), 118; 而埃兰的长老会教众于 1756 年建立了一座新的小礼拜堂：见 Albert Rinder, *A History of Elland* (Elland, n. d.), 55。

[28] 17 世纪 80 年代至 18 世纪 30 年代担任 Warley 教众牧师的马修·史密斯（Matthew Smith）与奥利弗·海伍德两人似乎都捐献了一大笔修建他们小礼拜堂需要的资金，其余部分由全体教众提供：见 H. Armitage, "Mixenden Chapel," *THAS*, 1964, 3-4; James G. Miall, *Congregationalism in Yorkshire* (London, 1868), 325; Sheils, "Oliver Heywood," 272。关于方形小礼拜堂，见 CDA/SC/3, accounts and member book, 1772–1900。

[29] CDA/NEC/38, Northgate End account book, 1762. 会众规模可以凭洗礼登记簿进行估计：见 PRO/RG4/3167, register of Northgate End

Chapel, Halifax。

[30] 其他与英国国教会发生联系的团体有的为 1787 年 Lightcliffe 小礼拜堂新钟进行捐款：见 Pearson, *History of Northowram*, 240; 有的为 1777 年 Ovenden 小礼拜堂的重建捐款：见 W. B. Trigg, "Some Ovenden Houses," *THAS*, 1828, 327。

[31] BIY/CP, I/1449, Halifax organ dispute; CDA/HAS/B:8/4, documents prepared for the hearing of the organ dispute in King's Bench.

[32] 见该团体针对其保密性要求所作的申辩，见 CDA/HS/B:8/4。除了教区牧师之外，所有托管人均以这种方式选出，他们按职务高低在托管会就座。

[33] Christopher Hodgson, *An Account of Queen Anne's Bounty* (London, 1884). 1718 年后至 1730 年前，共有 5 项针对哈利法克斯小礼拜堂辖区的慈善捐赠，总计金额达 200 英镑：J. Wilkinson 对 Illingworth 的捐赠，从男爵 Sir John Armitage 和从骑士 John Bedford 对 Rastrick 的捐赠，M. Horton 夫人对 Ripponden 的捐赠，以及 J. Taylor 对 Sowerby 的捐赠。

[34] 例如见 CDA/HAS/297（323）和 CDA/HTB/1 有关 Halifax 至 Burnley 的公路的情况，以及 CDA/HAS/250（55）有关 Halifax 至 Rochdale 公路的情况。

[35] 利兹和韦克菲尔德均位于艾尔河和考尔德河原先航道两侧，该航道于 1699 年开通。

[36] 1741 年 9 月 29 日《利兹信使报》刊登一则召开策划考尔德河韦克菲尔德至哈利法克斯段通航会议的广告，一家商行忙于制定运河规划，但因利兹商人强烈反对这项方案而未果。另一次尝试发生在 1751 年：见 Charles Clegg, "Our Local Canals," *THAS*, 1922, 207–215。关于成功尝试的开端，见 CDA/CN/99/1。

[37] CDA/MIC 2/1, Calder Navigation, minutes and accounts.

[38] Clegg, "Our Local Canals." 该法令为 31 George II, c. 72。1768 年运河为洪水所毁。1769 年理事会获得议会第二项法令后，运河必须进行重新投资和重建。此项工程最终于 1774 年竣工：9 George III c. 71。

[39] CDA/MIC 2/1, Calder Navigation, minutes and accounts; subscription list, 1757.

[40] CDA/Sowerby register microfilm, subscription list.

[41] WYAS/Bradford, SpSt/13/2/2, *Reasons for Extending the Navigation*

of the River Calder. 关于政治环境，见 Nicholas Rogers, *Whigs and Cities: Popular Politics in the Age of Walpole and Pitt*（Oxford, 1989）, chap.3。

[42] CDA/FH/375, Stansfield letters, 无日期，很可能是 1758 年 8 月。

[43] 该案十分复杂。在工程早期，为了排除影响计划的障碍，斯坦斯菲尔德曾经表示，假如运河威胁到利兹居民威廉·班克斯（William Banks）位于河畔的磨坊，他同意收购这些磨坊。当运河线路改变后，组织者们决定争取通过一项授权一个公共委员会而非私人业主团体的法令，斯坦斯菲尔德因而没有完成这项收购，而班克斯将他告上法庭。案件取决于斯坦斯菲尔德原先与班克斯协商的基础。班克斯声称，正是作为一个民间的个人，斯坦斯菲尔德应当对合同中断造成的损害承担责任。斯坦斯菲尔德申辩说，他是以一个公共团体代表的身份与班克斯达成协议的，特别是在目标转向争取获得一项有关运河的公共法令之后：见 PRO/C.12/424/12; C.12/57/28 和 C.12/61/22, Chancery, Banks v. Stansfield et al。

[44] Ling Roth, *The Yorkshire Coiners*（Halifax, 1906）, 207-212.

[45] J. H. Plumb, "Commercialization and Society," 载 McKenrdick, Brewer, and Plumb, *Birth of a Consumer Society*, 268, 270; Peter Borsay, *The English Urban Renaissance: Culture and Society in the Provincial Town, 1660-1770*（Oxford, 1989）, 135。

[46] CDA/MISC:5/96a/79, printed proposal for a circulating library, 1768.

[47] CDA/MISC:5/96a/79, printed proposal for a circulating library, 1768. 这些只不过是少数比较容易识别的人名，大多数捐助者实际上无法认定。

[48] Arnold Thackray, "Natural Knowledge in Cultural Context: The Manchester Model," *American Historical Review* 79（1974）: 678; John Seed, "Unitarianism, Political Economy, and the Antinomies of Libral Culture in Manchester, 1830-1850," *Social History* 7（1982）: 1-25; 以及 Morris, *Class, Sect, and Party*, 170-171.

[49] CDA/MISC/49/1, Halifax library accounts, 1768-1790s. 18 世纪下半叶会员费迅速上涨。1786 年会员费为 1½ 基尼，1787 年为 2 基尼，而 1790 年为 3 基尼：见 CDA/HAS/MAC/88/2, Halifax library minute books（20 世纪复制件）。

[50] 例如，见 CDA/SH:3/B/1/1, Lister account books。

[51] Morris 认为，正是自愿组织这方面的情况使得它非常适于维护中产阶级的认同感。由于人们可以在一系列活动中进行选择，所以中产阶级为了获得阶级认同，并不一定要具备一致的目的；见 *Class, Sect, and Party*, 4–5, 161–168。

[52] CDA/MIC/8, Halifax churchwardens' accounts, 11 May 1685. 早期争论档案材料的不足，就我所知，并非出于历史保存方面的意外事故，而是这些争论的风格不同所致。

[53] 此案在 1751—1752 年以前实际上并没有交到约克教会法庭。三个镇区中每个镇区均进行单独起诉，但是它们卷宗里的文件是相同的：见 BIY/CP, I/1369 (Midgley), I/1370 (Sowerby) 和 I/1371 (Warley)。这场争论和 1759 年争论的简要情况见 CDA/STA/215/1, Sowerby's to Halofax, 无日期（很可能是 1764 年之后）。

[54] CDA/HAS/668/72/16, pamphlet on disputes, 1764; CDA/FH/325/6, Commission of Pious Uses judgment concerning the Waterhouse workhouse, 1749.

[55] BIY/CP, 1/1449, Halifax organ dispute; CDA/HAS/B:8/4, document prepared for the hearing of the organ dispute in King's Bench.

[56] CDA/FH/279/1, subscription for the Sowerby debt, 1775.

[57] 碰巧，关于这类争论的组织过程有文献保存下来。一次，公众集会进行了结构相似的关于教区大路维护费用的争论：见 CDA/HAS/374 (577), Erringden Highway dispute, 1757。

[58] CDA/HAS/668/72/16, pamphlet on disputes, 1764.

[59] BIY/CP, I/1370; Midgley 和 Warley 的教堂税份额比 Sowerby 要低得多。

[60] 关于土地税，见 CDA/SPL/150/1-2, Sowerby land tax assessment, 1761 和 the testimony of John Eagle of Bradford Gent. In the consistory court case: BIY/CP, 1/1370。关于济贫税，见 CDA/SPL/31, Sowerby overseers' accounts。

[61] BIY/CP, I/1370, interrogatory administered to John Baldwin of Halifax.

[62] CDA/FH/284, Watson to Stansfield, September 1760.

[63] WYAS/Wakefield, D53, Waterhouse workhouse case, 1719. 该委员会作出了有利于原告的决定，这些人被任命为新的管理人。但是，在 1723 年以前，他们尚未就职，因为原先的管理人向大法官厅提出反诉，当然

没有成功。

[64] 1764 年的一份小册子提到这场争论（CDA/HAS/668/72/16），但是案件事实遭到如此曲解，以至于使得其中的联系成了作者试图从比较晚近的事件引出一种长期传统的体现。

[65] CDA/FH:325/6, judgment of the Commission of Pious Uses, 1749.

[66] BIY/CP, I/1449, Halifax organ dispute. 要弄清楚请愿书上每个签名者的住地是不可能的。尽管许多签名者住在 Sowerby 镇区，但仍可辨认出一部分签名者是住在如 Warley 和 Skircoat 等镇区的居民。

[67] CDA/STA/215/1/12, bill of William Whitworth to Stansfield for canvassing for votes against the organ, 1764.

[68] 斯坦斯菲尔德和普里斯特利是索沃比债务偿还和新的小礼拜堂的捐资人。

[69] CDA/STA/215/1/1, petition to the archbishop for parochial status, 1763; STA/215/1/6, petition to the archbishop by the curate, churchwardens and principle inhabitants, 无日期（很可能是 1763 年）；STA/215/1/8, Bates to residents of Halifax, 1764; STA/215/1/9, archbishop to Stansfield, 1764。

[70] CDA/STA/215/1/12, bill of William Whitworth to Stansfield, February 1764 and June 1765; STA/215/1/19, Priestly to Stansfield and Welsh, February 1764.

[71] CDA/FH/282/9, Halifax's answers to Sowerby's petition,1764；着重号为原文所加。

[72] CDA/STA/215/1, Sowerby's reply to Halifax, 无日期（很可能在 1764 年之后）；CDA/FH/282/9, Halifax's answers to Sowerby's petition, 1764。

[73] CDA/HAS/668/72/16, pamphlet on the disputes, 1764; 着重号为原文所加。

[74] 在其他人中，见 J.G. A. Pocock, *The Machiavellian Moment: Florentine Political Thought and the Atlantic Republican Tradition*（Princeton, 1975），以及他的 *Virtue, Commerce, and History*（Cambridge, 1985），特别是 pt. III; Rogers, *Whigs and Cities*; Istvan Horn and Michael Ignatieff, ed., *Wealth and Virtue: The Shaping of Political Economy in the Scottish Enlightenment*（Cambridge, 1983）。

[75] CDA/HAS/616/18, a printed "State of the Case," 无日期，HAS/616/23,

petition to Parliament, 无日期（两者均可能为 1776 年）。反对该方案的人是 William Alexander（医生之子）、John Alexander（医生之子）、John Baldwin（律师）、John Bellamy、Richard Bracken、John Bramley（商人）、John Ferguson（商人）、Henry Hamer、Thomas Hudson（布道师）、John Lees（商人）、Thomas Ramsden、John Ramsden、John Royds（商人）、John Schofield、George Smith（商人）、William Smith（商人）、John Swire、Samuel Waterhouse（商人）、John Waterhouse（商人）、James Wetherherd（商人）、Henry Wood（教区牧师）和 William Wright（我猜测两名 Ramsden、Henry Hamer 和 John Swire 可能是商人，但不能最终肯定）。

[76] CDA/HAS/616/16, Heads of a Proposed Bill for the Waterhouse Charities, 无日期（很可能是 1776 年）。

[77] Paul Langford, *Public Life and Propertied Englishmen, 1689–1789* (Oxford, 1991).

[78] CDA/RP/3/144, 145, Parker to Howarth, 22 and 23 January 1777; CDA/HAS/171 (616)/48, materials relating to the charity bill, 1777.

[79] 哈利法克斯镇自来水供水工程是通过公众会议和广告由另一个团体承担的。1760 年承接该项目后，托管会以利息保证的抵押方式筹集了 3000 多英镑资金。1768 年，该项目范围扩大，托管会被授予更大的权限，包括街道照明和进行简单的道路铺设：见 H. Armitage, "Halifax Township's Early Water Supply," *THAS*, 1969, 89, 93 和 CDA/MISC:5/96a/37, water work mortgage deed。

[80] 1699 年，Tetbury, Cirencester, Leeds, Halifax, Wakefield, Reading 和 Coventry 等城镇递交了一份关于呢布业的请愿书：见 Leo Francis Stock, ed., *Proceedings and Debates in British Parliament Respecting North America* (Washington, D. C., 1927), 2:278。在 16 世纪，该镇区获得了 1555 年哈利法克斯羊毛法令的颁布。

[81] WYAS/Wakefield, QS/10/16, Quarter Sessions order books, 15 January 1728/29; *Common Journals* 30–91.

[82] R. C. Simmons and P. D. G. Thomas, eds., *Proceedings and Debates of the British Parliaments Respecting North America, 1754–1783* (Millwood, N. Y., 1983), 2:95–96, 215–218.

[83] 关于这一问题，见 John Money, *Experience and Identity: Birmingham*

and the West Midlands, 1760–1800 (Manchester, 1997)。

[84] Colley, *Britons*, 100. Nicholas Rogers 也觉察到，伦敦商人因结束七年战争的和约而对政府政策的批评增大，因为这个和约没有顾及他们的利益。

[85] *Commons Journals* 30：143, 155, 158, 167, 207, 262–264.

[86] PRO/C.12/61/22/g, Banks to David Stansfield, 13 March 1758.

[87] CDA/FH/414, 1780. 上等宽幅毛呢被征关税相当于其本值的 5% 到 10%，而廉价的克瑟呢被征关税却高达本值的近 25%。

[88] CDA/FH/378, election agreement, 1758. 起草选举协议的人除教区牧师外，均为哈利法克斯中产阶级成员：他们是 William Greame, David Stansfield, Samuel Lees, Jeremiah Royds, Valentine Stead（全都是商人和工场主），以及 Dr. Cyril Jackson。他们选出至各镇区游说的人，大部分是像他们一样的中产阶级成员。

[89] 选举传统回溯至 16 世纪后期：见 Richard Cust, "Politics and the Electorate in the 1620s," 载 *Conflict in Early Stuart England*, ed. Richard Cust and Ann Hughes (New York, 1989), 134–167。

[90] WYAS/Bradford, SpSt/11/5/3/14, poll book for the Yorkshire election, 1734; *The Poll Book for the County of York, 1741* (York, 1742); Sheffield City Library, 181/Z1/1, microfilm of a partial canvass for the election of 1784 and Wentworth Woodhouse Muniments/E1, 2, canvass for the election of 1784.

[91] *Poll Book for the County of York*. Turner 以 8000 票比 7000 票获胜；见 J. F. Quinn, "Yorkshiremen Go to the Polls: County Contests in the Early Eighteenth Century," *Northern History* 21 (1985): 137–174。

[92] 一封大主教致沃尔波尔的信，见引于 G. Collyer, "The Yorkshire of 1734," *Proceedings of the Leeds Philosophical and Literary Society: Literature and History Section* 7 (1952–1955): 59。Legh, 一名低级教士，深受不从国教者的欢迎。

[93] James E. Bradley, *Religion, Revolution, and English Radicalism: Nonconformity in Eighteenth-Century Politics and Society* (Cambridge, 1990).

[94] Sheffield City Library, 181/Z1/1, microfilm of a partial canvass for

the election of 1784 and Wentworth Woodhouse Muniments/E/1, 2, canvass for the election of 1784.

[95] CDA/FH/377.

[96] Rogers, *Whigs and Cities*; Bradley, *Religion, Revolution, and English Radicalism*, 18–31.

[97] WYAS/Bradford, SpSt/11/5/6/15, Roydes and Walker to Stanhope, 14 March 1765 and 6 March 1763. 关于比较广泛的背景，见 R. G. Wilson, "Three Brothers: A Study of the Fortunes of a Landed Family in the Mid-Eighteenth Century," *Journal of the Bradford Textile Society*, 1964–1965, 111–121。

第六章

构建私人领域：家庭与社交

　　以共同的价值观和新式社交来定义的私人领域的出现，在形成哈利法克斯新兴的中产阶级认同感方面起着与公共政治斗争同样重要的作用。这种私人领域的范围和性质并未得到明确的界定。正如一些史家指出的那样，对于 17、18 世纪甚至 19 世纪的社会而言，尚不存在单一的公共或私人的界限，也肯定不存在与明确界定的性别角色相对应的公共或私人界限。[1]界定由政治活动组成的公共领域是可行的，因为这些活动存在着一致性。但是这里的"公共"决不能作为与"私人"相对照的含义来使用，因为某些方面的政治活动总是在私人背景下发生的，其中妇女往往起着一定作用。同样，公共领域之外的大多数活动也可以作如是观，因为人们进行的许多活动似乎同时具有公共性和私人性。

17、18 世纪哈利法克斯许多社交活动的方式，从啤酒屋聚会，到俱乐部会议和各种舞会，就它们并不对一切来人开放而言具有私人性质，但是就它们把个人组成的集团集中到一起而言又具有公共性。人们或许以为家庭肯定属于私人领域，然而，即便是家庭也具有某种公共性，因为在 17、18 世纪的哈利法克斯，几乎任何人都在家庭经济的背景下谋生，并且在家中接待来客。

因此，私人领域的"构建"并不是像公共领域与私人领域分化之始那样明确分裂为两个不同的世界。这种分化在两个方面是明显的：第一，哈利法克斯商人、工场主和专业人士的家庭采纳了新的价值观并形成了新的心理预期，它们强调家庭的公共层面与私人层面的区别，其中最明显的是家庭的经济事务（family business）与家庭生活的其他方面的分离。第二，他们形成了新的社交方式。显然，人们在公共领域与私人领域之间的边际进行社交活动，但是这些新的活动正在分化为与公共事务相关的、诸如政府和商务一类的活动和与这类公共领域无关的活动。

这些价值观、期望和行为方式不仅仅是一种共同经济利益或政治利益的体现，它们也是具有自己不同于其他社会集团认同感的哈利法克斯商人、工场主和专业人士家庭在意识上日趋一致的体现。最重要的是，私人领域有助于将这个集团同位于他们之下的集团区分开来。一对夫妇的期望是：妻子不再工作，建造一所适合私人休闲的住所，捐献一个基尼成为流通图书馆的成员或者在某个俱乐部与本郡的议会成员共同进餐。这些期望的实现有助于使该精英集团有别于工匠和约曼农。就该集团与位于他们之上的集团的关系而言，这些价值观和行为方式的意义就不那么明显；然而，正如我们下面将要看到的，在这个集团培育的有节制的体面方面，隐含着对贵族奢华放纵的批判。

正如彼得·博尔塞（Peter Borsay）、保尔·兰福德（Paul

Langford）、尼尔·麦肯德里克（Neil McKendrick）以及约翰·布鲁尔（John Brewer）等学者的著作所指出的那样，造成这些社会差别的因素在 18 世纪整个英国迅速增多。[2] 这些因素同时包括物质财富和行为举止：刺激 18 世纪消费繁荣的商品，俱乐部、各种集会以及构成博尔塞所描述的"城市文艺复兴"（urban renaissance）的其他活动。伦敦在这些发展方面居于领先地位，风尚的变化正是从这里扩散到各个地方。这些价值观和行为方式的专有，以及它们在教区经济、社会和文化环境中产生的意义，使得哈利法克斯商界和专业界精英能够构建一种造就并维持他们新的文化认同的私人领域。

166

这种文化认同的关键因素，并且也是公共领域与私人领域形成差别的关键因素，是一套新的性别关系。家中妇女不再工作的期望表明了包括商务、政治和地方事务在内的男性领域与涵盖其他活动的女性领域的分离。新式社交也是由性别区分的。流通图书馆之类的团体组织，其宗旨是非政治性的，因而同时对男人和妇女开放。但是诸如"联合俱乐部"（Union Club）之类公开宣布与政治和公共事务相关的组织，就只准许男人参加。的确，这些性别关系并不是哈利法克斯一地独有的；许多 18 世纪的出版物阐述中等阶层妇女应有的行为举止、角色和感情。[3] 然而，随着它们被哈利法克斯教区精英所挪用，这些性别关系有助于在哈利法克斯造就和维持一种新兴的中产阶级的认同感，因为它们使这个崛起的精英集团同位于他们之下的社会成员区分开来，而公共领域与私人领域的差异在中等阶层的文化中则没有这样明显。

家　庭

在许多方面，这个时期人们对待家庭的态度基本上没有发生变化。期盼自己的儿子自立、女儿婚姻美满的愿望，对于 17 和 18 世纪的富人和穷人来说都是相同的。哈利沃克斯家庭甚至依然保持着某些更加显著的特征。例如，大多数立遗嘱人都尽量为他们的子女提供大体等量的财产。重男轻女的现象显然存在，有时财产也集中到某个儿子手中，但是平等而非两极分化是普遍现象。大多数人的经济活动都与家庭有着密切关系。17 世纪 90 年代的家内制呢绒工匠和 18 世纪 60 年代的商人都在家庭关系的背景下谋取生计。呢绒工匠家庭的成员在自己家中一起干活；而商人则与兄弟、父亲或姻亲兄弟合伙从事商务。

妇女退出劳动力领域成为最引人注目的变化。在工匠或约曼农家中，劳动和生活无论从观念还是实际情况看都无法分开。家庭的生产活动，不管是农业或手工业，都是由家庭全体成员共同参加的。当然，中等阶层家庭内部劳动的性别分工是非常明显的；但是，这仍然是一个家庭，而不是形成劳动场所与住所那样两个不同的空间。相反，到了 18 世纪中叶，哈利法克斯精英家庭的妇女，已经把她们的活动转移到了比较确定的私人领域。在一定程度上，这种变化产生的原因来源于她们丈夫经济上的成功和她们自身劳动性质的转变。一个成功的工场主能够负担整个家庭而无需自己的妻子在纺车边辛勤劳作。不仅如此，由于他本人不再从事制造毛呢的生产劳动，妻子那种辛劳也显得与他的身份不相符合。

关于中产阶级文化这方面情况最突出和最清晰的论述，是由利奥诺·达维多夫和凯瑟琳·霍尔在《家运》(*Family Fortunes*)一书中作出的。[4]他们指出，男人公共领域和妇女私人领域的区分，成为18世纪晚期起英国中产阶级新兴认同感的一项显著特征。在哈利法克斯，上述两个领域文化和实践的材料要比达维多夫和霍尔所说的历史早一代人时间，它们为玛格丽特·亨特的著作提供了佐证。亨特认为，这两个领域的起源可以追溯到17世纪晚期，追溯到工商界成员面临18世纪新的商业世界的严峻形势所作的特殊反应。[5]认为这两个领域在起源的时间上远比达维多夫和霍尔所说的要早，不会因此而贬低他们的贡献。相反，人们应当看到，在哈利法克斯这类地区，或者在亨特所讨论的这类环境中初步产生的一系列价值观和其他观念，必须同它们在后来作为一种高度一致的意识形态而形成的明确表达相区别。[6]

168

尽管文化难以量化，但是通过分析寡妇在管理她们未成年子女财产中的作用，可以衡量这方面的变化。由于必须指定一名监护人来抚养未成年子女并且管理他们继承的财产，因此立遗嘱人为他们立下的有关规定，在涉及自己遗孀管理家庭财务能力的预计和愿望方面，提供了一种直截了当的说明。[7]

这些情况下作出的规定，按未来寡妇在子女抚养中应起的作用分为三类。一些寡妇被授予完全责任，她们是遗嘱的唯一执行人并且对自己的子女负有全部责任。1696年，哈利法克斯一名小酒店老板约翰·杰克逊（John Jackson）在遗嘱里规定，他的妻子萨拉（Sara）将拥有他全部的公簿持有地和自由持有地以及其他财产，用以偿还他的债款和支付丧葬费，对于自己的子女"根据他们的能力和资质"进行抚养，并且给予他们以她认为适当的部分财产。[8]与此相似，杰弗里·洛奇（Jeffrey Lodge）的遗嘱（1709 年）授予他的妻子伊丽莎白出售他全部房产以偿还债务的权力；债务还清后，她应当为儿子小杰弗里在自由持有地上投资 220 英镑，给其他孩子每人 300 英镑并安排他们外出"在任何合法的行业或职业里接受学徒训练"。[9]

169　　　　另一些寡妇被授予部分责任。这类情况下立遗嘱人的意图往往是含糊不清的。有些人想限制将来其遗孀的作用，例如斯坦斯菲尔德（township of Stansfield）镇区一个富裕的约曼农呢绒工匠的情况就是这样，他指定自己的妻子和侄子作为遗嘱执行人，但对几个儿子的监护权却只给予侄子，而照料未成年女儿的责任则由两名遗嘱执行人同时承担。另一些立遗嘱人只是想减轻一下他们妻子在执行人方面的负担。托马斯·基特森（Thomas Kitson）把所有物品和土地留给了他的妻子，"指望她将我的孩子抚养成人"；她是唯一的遗嘱执行人，但是基特森希望她得到他的"姻亲兄弟"理查德·沃尔克和乔纳森·罗森（Jonathan Rawson）的"支持"。[10]

　　　　还有一些寡妇完全没有得到她们孩子的监护权或财产的处置权。1780 年，沃兹沃思（Wadsworth）镇区的哗叽制造商理查德·阿什沃思（Richard Ashworth）指定他的 4 个兄弟作为自己的遗产执行人。他们应当卖掉他的全部私人财产，然后用钱对外放债生息。所得收入用于子女的生活开销和教育支出，而他的遗孀玛丽将得到 60 英镑利息维持自己的生活。无疑有许多例外情况存在，但是大多数男人并没有刻意将他们的遗孀排斥在财产管理之外。事实上，假如条件允许，他们往往会给妻子留下一份可观的财产。威廉·格里姆（William Greame）是一名非常富有的商人，他留给自己遗孀 100 英镑零花钱作为寡妇所得遗产（jointure）正式生效前的过渡费用，不过他把整个财产的处置权交给了他的兄弟和妻舅。[11] 女方家庭的男性成员往往被指定为遗产托管人这一事实表明，性别而不是保住丈夫遗产不致外流的某种意愿，才是这类情况中所要考虑的重要因素。

表 6　遗孀对于未成年子女财产管理承担的责任
（哈利法克斯全部遗嘱样本，1690—1785 年）

时　　期	单独承担	共同承担	不承担	合　　计
1690—1709	14	9	2	25
1710—1729	8	8	3	19
1730—1749	3	7	7	17
1750—1769	3	4	4	11
1770—1785	3	11	9	23
所有时期	31	39	25	95

资料来源：Probate Records at the Borthwick Institute of Historical Research, Pontefract Deanery and Prerogtive Court。

　　表 6 显示了 1690 至 1785 年遗嘱样本中三种类别各自的数量。我们看到，17 世纪晚期到 18 世纪中叶期间，给予寡妇以单独抚养未成年子女的责任权的情况越来越少。18 世纪 30 年代和 40 年代开始出现变化，到 18 世纪 70 和 80 年代这种变化已显得

非常明显。一个立遗嘱人或许有一系列原因要将妻子排除在他子女财产的管理权限之外。他也许担心将来妻子一旦再嫁会影响到孩子继承的那部分遗产；或者担心她将来没有能力履行应当履行的职责，如一个富裕的约曼农呢绒工匠这样解释："我的妻子实在差劲，她的眼睛已经几乎完全失明。"[12] 然而，以上种种理由并不能够从整体上解释排斥寡妇参与遗产管理的变化。这种变化体现了一种文化观念的增强，即妇女不适合理财，更不用说经营一项实务。

如果考虑到事实上这种做法在哈利法克斯的精英家庭中更为常见，或者扩大一点说，在相对富裕的家庭里更为常见，那么上述结论似乎更站得住脚。当我们把表 7 与表 6 进行对比时，我们看到，整个时期在这些家庭中给予全权的妇女人数，要低于同期在一般人口中所占的 1/3 的比例；即便在 17 世纪晚期，妇女与其他遗嘱执行人共同承担抚养自己后代责任的现象也比其他家庭

表 7　遗孀对于未成年子女财产管理承担的责任
（哈利法克斯精英遗嘱样本，1690—1785 年）

时　　期	单独承担	共同承担	不承担	合　　计
1690—1709	1	7	4	12
1710—1729	3	11	3	17
1730—1749	4	12	5	21
1750—1769	1	4	8	13
1770—1785	—	2	7	9
所有时期	9	36	27	72

资料来源：Probate Records at the Borthwick of Historical Research, Pontefract Deanery and Prerogative Court。

普遍。然而，从整体上排斥妇女参与遗产管理的变化在这个集团中显得尤为突出：1750 年以后，精英家庭的妇女中很少再有人以任何身份参与她们子女财产的管理。

对表 6 样本里立遗嘱人财产状况的考察，进一步显示了表 7 数据中隐含的意义。1729 年以前，给予妻子单独遗产管理权的男人遍及从富人到穷人的一系列人员。尤其引人注目的是诸如哈利法克斯羊毛供应商卢克·克罗斯利（Luke Crossley）这样相对富裕的人。他死于 1696 年，留下一笔价值将近 800 英镑的财产给他的妻子，要求她抚养孩子并管理财产。约翰·杰克逊（John Jackson）和杰弗里·洛奇也都是拥有可观财产的人，他们将遗产事宜交给自己的妻子掌管。相反，1750 年以后，在 6 个给予妻子完全处置权的人中，除了 1 人之外，其余全都是穷人或只有少许财产之人。例如，一个哈利法克斯木匠留给他妻子一所小茅屋和抚养子女用的价值仅 32 英镑的个人财产。[13]

171

排斥妻子参与财产管理的男人情况呈现出相反的趋势。1750 年以后，有两个穷人排斥妻子参与遗产的管理权，他们这样做的原因非常清楚。一人家里有两个成年的儿子、几个将近成年的女儿和很可能已经完全衰老的妻子；另一人则希望在一个业已成婚的儿子、一个私生女和妻子腹中尚未出生的孩子之间分配他的财产。[14]因此，妇女被排斥在她们孩子财产的管理之外与社会地位的高低有着密切关系。这些地位差别通过下列两方面差异得到了体现：一方面是对于妇女在作为公共领域的工商业中能力估计的差异，另一方面是对于她们从事这类活动的价值判断的差异。

　　另有证据表明，将富裕家庭的妇女从管理未成年子女财产的领域里排斥出去，仅仅是她们在更大程度上被排斥在家庭生产领域之外的象征。

　　17世纪晚期和18世纪早期几名立遗嘱人在给予自己妻子以财产处置和子女安排的全权时，对于他们的意图作了明确的表达。乔舒亚·利（Joshua Lea）所立遗嘱的第一部分涉及土地和这位富裕呢绒匠毕生积累的相当可观的个人财产的分配。他的儿子中有两人尚未成年，为了使他们得到抚养，他希望他的妻子苏珊娜"用像我现在那种工艺从事本色毛呢制造……由于他们年幼还无法自立，她应当与我这两个儿子约翰和托马斯一起合伙经营此业"。鉴于此因，她有权将300英镑用于行业投资获利，同时也有权管理儿子继承的遗产，总计价值达920英镑。总之，利期望他妻子从事他的行当，并且认为她完全有能力在错综复杂的商界为儿子指点迷津。爱德华·弗格森（Edward Fugerson）在旧历1735年（新历1736年）2月的遗嘱中留下了类似的遗产。他的妻子将获得价值120英镑的遗产，"以便她能够从事眼下我经营的亚麻布生产"；她既可以采用现金方式接受遗产，也可以接受经营的存货。[15]

　　的确，在更多情况下，立遗嘱人并不特意表明希望妻子接手业务的意愿。1691年卢克·格林伍德这位家境稍好的呢绒工匠立下遗嘱，按传统方式将遗产的三分之一作为他妻子（寡妇）的亡夫遗产（dower）；其余财产待子女长到21岁时分给他们。由于妻子伊丽莎白是唯一的遗产执行人，因此她有责任抚养孩子并且对他们继承的财产进行监管。她多半会从事家内纺织业，或许另外雇用一名学徒或帮工接替她丈夫的劳动。[16]确实，这只是一种推测，因为伊丽莎白·格林伍德也许没有能力或不愿意从事她丈夫的营生。但是，在大多数家庭，妇女对日常生产过程的参与使她们获得了必要的经验，而经济上的需要也会促使她们形成这种经营动机。

　　一些寡妇从事生产经营的规模相当可观。苏珊娜·利（Susannah Lea）看来肯定可以作为这方面的典型，由于手头掌管着 1220 英镑的资本，她显然具有良好的起步优势。索沃比的苏珊娜·赖利（Susanna Riley）是一名寡妇，她于 1706 年（新历 1707 年）2 月立下遗嘱，此人在毛纺织业领域十分活跃。的确，赖利是教区最有实力的早期工场主之一，也是少数直接向荷兰发货的工场主成员。[17]很可能像苏珊娜·利和伊丽莎白·格林伍德一样，赖利也是从丈夫手里继承了产业。这三个寡妇均显示了妇女在中等阶层社会中所起的作用。她们是家庭经济的积极参与者，至少就寡妇而言，她们是行业活动的直接参与者。

173

　　到了 18 世纪中叶，妇女在商界和专业界精英家庭的经济活动中的作用开始发生变化。有些商人和富裕工匠仍然让他们的妻子参与家庭的工商业事务，但是这种做法越来越少。[18]许多立遗嘱人直接表明这样的态度：尽管他的妻子应当抚养孩子，但是她不应当接手他的行业。托马斯·梅特卡夫（Thomas Metcalf）是哈利法克斯的一名食品杂货商，1746 年他的遗嘱通过法庭检验，遗嘱要求执行人收回他的一切债款，卖掉他的存货，然后将全部钱款用于生息，所得利息交给他的妻子和孩子。因此，汉娜·梅特卡夫（Hannah Metcalf）应当用利息抚养孩子，但是并不要求她经营自己丈夫的行业。的确，在遗嘱附录中，托马斯并没有把自己用来"卷、切和加工烟叶"的工具留给妻子，而是送给他的外甥；由于存货卖出的钱足以为她提供一笔可观的年金，因而他没有必要把从事自己行业的工具留给妻子。[19]

1760 年塞缪尔·利斯（Samuel Lees）遗嘱中涉及妻子苏珊娜的内容反映了类似的安排。利斯是斯克科特的大工场主，由于较早面临与合伙制和作为一种投资的企业观念有关的问题，因此他留下了一份内容十分复杂的遗嘱，包括在他的妻子和未成年子女之间分割土地、财产和产业。塞缪尔遗嘱的突出特点体现在他对遗产使用的规定上，按规定，只要每年的利润达到 4% 以上，托管人就可以使用"本人现在所从事的行业或商务方面"的财产。苏珊娜在这些事务中只不过是一个消极的旁观者。她每年将获得一笔价值不菲的数量为 40 英镑的年金，并且只要她仍然是一名寡妇，她就可以住在名为威洛霍尔（Willowhall）的宅邸。不过她不能参与塞缪尔制造业的任何继承事宜，除非像他指出的那样，该项业务是以"本人遗孀的名义来经营的"。[20]

174 因此，可以拿苏珊娜·利斯（Susanna Lees）与苏珊娜·赖利作一番比较，后者死于 1707 年，身后留下了"已经安全运抵"荷兰的价值 450 英镑的呢布。两名妇女都是她们所处时代的社会顶层的成员，是在纺织业迅速扩张中交上好运的家庭的成员。然而，尽管赖利进行"高级的"经济活动，但她在文化上依然属于中等阶层。她直接参与家庭的生产活动，并且在丈夫去世后凭自身能力成为一名富裕的工场主。她在接手丈夫赖以发迹的呢布业方面达到的最高程度，是以她丈夫合伙人的名义经营该项业务。这两名妇女之间的反差表明，前后出现的变化本质上是一种文化变迁，因为两家的经济实践方式（面向外贸的大规模分发制生产）是基本相同的。区别在于，利斯和她的丈夫共同认可了排除妇女参与生产活动的文化设定。

排除妇女参与生产过程，在某种程度上只是富裕家庭方能提供的一种奢华。妇女劳动在中等阶层家庭中具有十分重要的意义，对于 18 世纪的约曼农和手工工匠家庭来说情况依然如此。尽管富裕的工场主完全可以供养一个闲散的妻子来证实自己经济上的成功，然而，如果她不参加劳动，那么她也就不会被认为有能力管理财产。再者，具有重要意义的是，社会地位的差别是通过性别的角色来体现的，并且只是到了 18 世纪中叶，这种现象才变得非常明显。

没有证据表明，妇女对她们被排除出家庭的生产活动感到不满。闲暇在 18 世纪是一种昂贵品，而许多妇女无疑非常乐意从纺毛和梳毛的苦差事中解脱出来，如果家庭能够免除她们的劳动并雇用若干仆人，她们甚至乐意从家务中解脱出来。归根结底，在确立使这个商界和专业界精英集团与普通民众区分开来的身份差别方面，妇女抱有与男人同样浓厚的兴趣。既然对于家庭性别角色的强烈期望是确立这种差别的一种方式，那么在形成构建与公共领域相区别的私人领域的价值观中，妇女就应当被认为是自愿的合作者。

的确，仅仅通过妇女在家庭经济中的角色来描述上述变化，容易给人造成一种错误印象，即私人领域的兴起纯粹是传统（家庭）格局的崩解。毋宁说，这种文化变迁应当理解为一系列可供选择的价值观、期望和行为方式的形成。在 18 世纪中叶，随着哈利法克斯商人、工场主和专业人士的妻子逐步退出工商业公共领域，她们将自己的精力和注意力转移到日趋活跃的私人领域。这种私人领域是围绕住所、家庭和家庭美德的培育构建起来的。在 19 世纪以前，公共领域与私人领域分离的观念还没有完全成熟，但是从 18 世纪中叶开始，这种观念在哈利法克斯精英集团妇女的价值观和实际行为中已经得到了一定程度的含蓄的体现。

指出公共领域与私人领域的显著分离排除了妇女直接参与家庭的经济活动，并不是说这两个领域处在完全不同的空间。精英家庭的妇女在推进家庭的经济事务方面仍然起着作用，但是事实表明，这种作用是一种彰显私人领域特性的作用。一个男人的外界形象，对于他在这个新的商业世界里的经济成败，起着远比在中等阶层的家庭经济中更为重要的作用。[21] 只有当买主相信，对方承诺的合格商品会在所承诺的时间按时交货时，商人和工场主才可能做成一笔买卖。的确，信誉在很大程度上取决于以往的业绩，但是商人或工场主以及他的家庭的形象也至关重要。妇女在造就这种值得尊敬和信赖的形象方面能够发挥重要的作用。例如，卡罗琳·沃尔克（Caroline Walker）在自传中对夏普夫人（Mrs. Sharp）轻率和奢侈浪费的持家方式进行了多次尖锐批评，而这些批评又与她对夏普先生财务上不稳定性的分析紧密联系在一起。[22]由此看来，在同哈利法克斯教区相邻地带的男人打交道的过程中，商人和工场主已注意到他们家庭给周围来访者造成的印象。

与距离较远地方的商业伙伴的联系不太可能产生频繁的人际接触，但是事实同样表明，妇女仍然可以发挥作用。哈利法克斯的商人和工场主往往在他们信中加上一段附言，问候对方家庭的身体状况和经济状况，假如无法邀请他们在伦敦或阿姆斯特丹的客户前来喝茶，他们便尽量通过邮件充分表达自己的热情好客。例如，一个利兹商人家庭的信件显示，一些客户将会收到一块有助于加深某种特殊关系的奶酪或火腿。[23]特别令人感兴趣的是塞缪尔·希尔的信件，这些信件表明，维持这方面的商业关系将是妇女的职责。1739 年，他告诉他的伦敦银行家朋友，"我的妻子已经寄给（您）一块火腿和另外一些不成敬意的食品，诚望高森太太（Madam Gaussens）笑纳"。还有一家收到一块火腿和半打口条，这是希尔夫人对他们向希尔家族寄赠牡蛎的回报。希尔夫人并不是以丈夫事业的一般推动者身份来做这些事的，因为此种待遇只针对少数与希尔关系特殊的客户和朋友。然而上述行为符合新兴私人领域的特点，因为这类活动有助于构建私人领域。

家庭住房建筑方面的变化为私人领域的存在创造了物质条件。16、17 世纪甚至 18 世纪早期哈利法克斯教区的家庭住房建筑显示，当时公共领域和私人领域还没有分离。对于仅有一两个房间的贫穷呢绒工匠和织工的茅屋而言，情况显然如此，然而，

176

即便是富裕呢绒工匠的房屋，其功能也显得庞杂。作坊附设在大多数约曼农呢绒工匠家中，尽管往往用一条过道与其他房间隔开，它仍然是整个房屋的组成部分。[24] 遗产清单的材料表明，各个房间的用途还没有明确划分。假如有作坊，那么与生产有关的物品大概会集中在这样的房间，但是它们常常也出现在其他房间里。北奥兰姆呢绒工匠保尔·格林伍德（Paul Greenwood）的遗产清单在这方面颇有代表性。他的房屋由主室（大房间）、主厅、北厅、厨房、地下室、作坊、小作坊间、食品储藏间、厨具间和南室组成，在房屋背面，但是很可能不与房屋相接的某个地方是畜棚。格林伍德拥有价值 20 英镑的纺织品中大部分存放在作坊，然而也有 6 匹呢布放在北厅，1 台纺车放在厨房，一部分羊毛放在小作坊间，而 1 块包装布放在食品储藏间。[25] 在这样布局的房屋里，不管是以直接参与者身份从事纺毛或梳毛，还是在保尔外出到市场的时候充当学徒的监工，妻子玛丽·格林伍德（Mary Greenwood）都不可避免地会参与家庭的生产业务。

许多商人和工场主为自己建造了新型建筑样式的豪华府邸，将生产场地移出了住宅。仅以索沃比镇区而言，1751 至 1775年期间就有 4 所这样的府邸落成，主人全部是该镇区商界精英的成员：1749 年小乔治·斯坦斯菲尔德建造了菲尔德豪斯楼（图 3）；塞缪尔·希尔在 1759 年去世前不久重建了梅肯普莱斯楼（Making Place）；1768 年约翰·普里斯特利建造了怀特温多斯楼（Whitewindows，图 8）；18 世纪 70 年代利家族重建了霍亨德楼（Haughend）。这些住宅的设计全都采用所谓古典风格，

图 8　怀特温多斯楼，约翰·普里斯特利（索沃比的一个工场主兼商人）的住宅，1768 年。（安德鲁·卡夫尼摄）

对称式凸形台阶衬托着前门。类似的豪华府邸也出现在教区其他地方，特别是哈利法克斯镇。它们之中有约翰·凯基尔的斯克维尔方楼（Square），该楼完全仿照伦敦方楼的式样；戴维·斯坦斯菲尔德的霍普霍尔楼（Hope Hall）；以及罗伊德斯家族的豪华府邸（图 9）。[26]

建造这些府邸，无疑是希望来访者对于居住在这里的家族的地位和财富留下深刻印象，因为它们的规模即使是最富裕的约曼农家庭的住所也无法相比。这些房屋足以在物质条件上把新精英与手工匠人共同体区分开来。同时，新的建筑风格体现了新兴精英集团新的性别关系。这些府邸里没有作坊的容身之地；家庭的生产活动转移到外屋或与住所相隔一定距离的水力坊。住宅本身的设计旨在赋予私人领域以更加重要的意义。各自分开的入口和楼梯划定了仆人与由男女主人及其宾客构成的上流社会之间的界线，而这些府邸的内部设计突出雅致的餐厅、客厅和休息室，房间非常适合家庭美德的培育。[27]的确，这种房间用于接待来访，因此必须配备高雅华丽的消费品加以布置。尽管男人们肯定会对此类事情感兴趣，但是与接待来访有关的餐具和衣物首饰却是妇女的分内之事。例如，就像我们在第四章看到的那样，正是妇女从遗产中获得了茶具以及其他类似物品。

最后，一种独特的私人领域的构建，还体现在立遗嘱人对于自己男女后代期望的变化上。17世纪晚期和18世纪早期，立遗嘱人对于包括男性和女性在内的两种性别的孩子在日后培养方面作出大体相似的规定，并非属于罕见现象。威廉·斯科特（William Scott）留给妻子抚养年幼子女的费用，"直到他们将来各自分别能够外出充任仆人或学徒的时间或年代为止"。[28]斯科特对于孩子的期望确实存在性别差异，因为他指望儿子担任学徒，而打算让女儿成为别人家庭的仆人。不过斯科特把儿子和女儿相提并论，并且将学徒生涯和仆人生涯看成是子女生命周期中大体相当的组成部分——事实上两者的确如此。

18世纪的精英对于男女后代分别寄予不同期望。如同中等阶层的男人那样，许多商人、工场主和专业人士为他们未成年的儿子提供当学徒的费用。但是工匠家庭里的普通学徒与商人或工场主手下的学徒之间存在着极大的差异，前者的学徒费至多也不过10英镑，而后者的费用可以高达100英镑之多。乔舒亚·赫德森在遗嘱中指定，他的儿子应当外出从事为期 5 年的学习某种"工艺、行业、科学或手艺"的学徒，同时他特地说明，学徒费不应超过 100 英镑。这类家庭的女孩决不会被期望充当家庭女佣；赫德森的女儿将"按照与我身份相符的方式"培育。[29]这种方式包括哪些内容？约翰·豪沃思的账册为这个精英集团的其他成员对于他们女儿未来的设想提供了一些线索。这些女孩子应当有文化教养；其开支中包括支付羊前腿肉（shoulders of lamb）的钱款、支付家庭教师的工资，以及支付在客厅饮茶和咖啡的费用，豪沃思就记录了支付杰里米·罗瑟拉（Jeremy Rothera）教他孩子读书习字的费用。她们也受到了比较高雅的社交礼仪教育，因为豪沃思定期送女儿们到哈利法克斯舞蹈学校学习。[30]因此，当男孩子们学习成为商人和工场主时，女孩子们则被作为未来高雅的女主人进行培养。这些对男女后代的期望，反映了与家庭有关的若干观念的重大转变。精英家庭的身份地位现在将通过造就妇女单独的私人领域而得到体现。

社　交

　　适于造就一个独特私人领域的价值观和实践在家庭外部产生了回响。客厅、中国茶具、舞蹈课程成为精英生活的固有特征，正是在这种公共和半公共背景以及家庭背景中，这些价值观和实践所包含的意义得到了清晰的表达。例如，小乔治·斯坦斯菲尔德及其姐妹于 1758 年举办庆贺考尔德河通航的宴会，他们能够提供专门刻有庆贺图案的伴汁酒酒杯（punchbowl）。又如在沃尔特克劳夫（Walterclough）举办的庆贺夏普先生女儿受洗的家宴上，餐厅里非得安排两张大餐桌才能接纳众多贵客。[31]这些场合显示，18 世纪中叶出现的新的社交形式在私人领域的创建中起着一定的作用。

　　这类精英的新型社交形式与中等阶层的社会世界形成了鲜明对照，后者基本上受工作和住地制约。1720 年有关乔纳森·鲍姆福斯遗嘱争议的证词表明，这位早期工场主与自己日常事务中相遇的人进行社交——包括男女两种性别的邻居和一起共事或为他效力的人。鲍姆福斯"以打伙方式花费 2 个便士"与采煤工乔纳森·哈格里夫斯共饮啤酒，出便士份子钱与邻居朱迪斯·伍德共品烟丝。[32]

　　显然，一个人际交往多半乃至一定程度上由邻里和工作因素的优先考虑所决定的社交世界，与哈利法克斯商人、工场主和专业人士家庭正在形成的关于他们具有独特社会身份的意识是不相容的；而一个毫无显著性别差异的社交世界，与开始形成的有关公共领域和私人领域的观念也是不相容的。随着这种认同感在18 世纪中叶的结晶化，新的社交形式开始出现，这些社交形式日益受制于身份的优先考虑和性别的特殊性。的确，通过创建一种面向哈利法克斯商业和专业精英人士的特殊空间，这些新式社交同时造就着一种阶级认同。[33]新社交采取两种形式：公共领域里的组织，以商务和行政为中心，完全由男性参加；而私人领域的活动则同时对男性和女性开放。

181

教区商业和专业精英人士所特有的新型社交形式是教区自愿团体会议。大多数组织的理事们都定期举行会议，因而社区头面人物被卷入一种聚会圈，而这种聚会圈往往超越宗教和住地界限。的确，这些聚会既具办事功能也具社交功能，由于它们通常在哈利法克斯众多小旅馆中的某一家举行，因此除了商务内容外，这些聚会也包含宴饮活动。[34]

这些会议在中产阶级意识形成中的作用是有限的，因为经历一个社团初兴的繁荣期后，它们开会的次数已不大频繁。但是，正如约翰·布鲁尔所言，自愿团体与18世纪英国社会的另一项显著特征——俱乐部密切相关。他指出，"俱乐部"更多地是作为一个动词而非名词来使用的。因此，就加入某个俱乐部或参加某个社团而言，其重要意义在于采取共同行动以追求某项共同目标。社团和俱乐部均同时提供了物质利益和社会利益。许多俱乐部为他们的成员在18世纪脆弱的经济中提供了一定的安全保障，多半采用的方式是对受债主逼债的成员进行援助。它们并不仅仅具有自我保护性质。通过俱乐部，一个工场主可以获得新的贸易联系，或者结识进行资金放贷的人。犹如一个社团那样，一个俱乐部能够使其成员在传统权威面前保持某种程度的独立性。[35]

从"哈利法克斯联合俱乐部"里可以看到俱乐部与社团之间的密切联系，该组织成立于1756年，恰好在"七年战争"爆发之后。正如一封致《哈利法克斯联合日报》读者的通信所解释的那样，联合俱乐部"如名所示，是一个诸党派的会议，目的在于为了国家利益，以及为了所有其他公共领域和私人领域的社会进步而放弃它们的一切分歧".[36]如同两周前刊登在该报的一首赞美联合俱乐部的诗一样,这封信的语调也是民族主义的。俱乐部的名义领袖是乔治·萨维尔爵士,它试图在反对法国的共同目标下将辉格党和托利党联合起来。尽管它高度关注国家和国际大事,但俱乐部在哈利法克斯却有着深厚的根基,形成了一个能够超越种种不同地方利益的组织。考尔德河通航工程是在联合俱乐部里开始启动的,为修建哈利法克斯呢布大厅而成立的团体,其情况也同样如此。[37]

对于内部成员(以及无法入会人员)来说,联合俱乐部的社会含义是清楚的,因为它具有鲜明的排他性。看看 1760 年 5 月 27 日《联合日报》登载的宣布召开下次俱乐部会议的广告即可说明问题:

联合俱乐部

联合俱乐部成员预期下次于 6 月 15 日(星期三)在塔尔波特的标志建筑物约翰·梅林先生府邸与主席乔治·萨维尔爵士会晤。

聚餐会将于 2 点开始。

塔尔波特酒馆的聚餐会肯定超出了家内制呢绒工匠的经济能力,即便对于一名约曼农呢绒工匠来说,它也很可能是一种奢侈;与乔治·萨维尔爵士进行密切交往是以上两种人在社交能力上无法企及的事情。

有关哈利法克斯俱乐部的零星材料显示，18 世纪社会的这种新特征在中叶出现于该教区。见于记载的首例俱乐部是 1738 年由哈利法克斯羊毛分拣商兼梳毛商小约翰建立的共济会会所（Masonic lodge）。该会所属于"笃信会第 61 分会"，尽管创办时规模很小，但到 1750 年已构成教区生活的一大特色，在 1764 年管风琴争执中，它捐款资助哈利法克斯反对索沃比。大多数俱乐部成立于 18 世纪 50 年代以后。总的看来，这些俱乐部具有社会排他性，尽管像考尔德河通航工程委员会一类的团体也许情况稍好。像该团体的总体状况那样，小约翰建立的共济会所的成员由商人和工场主组成，也包括从律师到教师的一系列专业人士。成员中还有少数店主甚至一两个手工工匠，他们全都来自该系列技术性较强和较体面的一端：包括一名印刷工、一名书商、一名钟表匠和一名麻布商。[38]

由于与公共领域——政治、地方事务和商务等密切相关，因而俱乐部和理事会成为男人独占的地盘。然而，其他与社团有关的新的社交形式显然不具政治色彩，因而有女性参与。哈利法克斯流通图书馆理事会负责这所公共机构的管理工作，其成员全部由男性组成，但图书馆的认捐者即实际使用者包含了一系列妇女。她们是拥有自己权利的成员，毫无疑问，数量更多的妇女凭借其丈夫的身份享受这种特权。一个相当诱人的组织是"哈利法克斯音乐俱乐部"（Halifax Music Club），1767 年由受雇于教区教堂从事新管风琴演奏的那位音乐家创办。[39] 有关该俱乐部成员或活动的详细材料未能保存下来，但是很可能女性和男性都参

183

与了活动。

这些俱乐部的存在有助于将各自组织所暗含的社会和文化含义转化为观念。它们的进展并不只是一些瞬间的泡沫现象，而是一种时间远为持久的阶级意识的形成征兆，这种意识产生并长期存在于新式社交之中。新式社交在性别基础上形成某种差异，折射出家庭私人领域的兴起。

在其他并不一定与自愿团体相联系的社交活动里可以看到同样的格局。这类新社交中最重要的形式——教区精英家庭之间的互访，或许几乎完全被掩盖了。卡罗琳·沃尔克的回忆录显示，其母伊丽莎白 1772 年完婚后进行了一系列访问，同时也在自己家里接待来客。随着岁月流逝，拜访活动似乎逐渐减少，但是回忆录暗示，这在很大程度上与她家住所的地理位置偏僻有关，而非自身意愿或教区商业和专业精英人士的习俗所致。[40]

18 世纪中叶也是哈利法克斯小旅馆社交活动频繁的时期。[41] 由于该镇尚未达到获准设立集会大厅和剧院的规模，小旅馆对于中产阶级社交界的发展来说就具有特别重要的意义。[42] 例如，在 1776 年，当地制定了标志教区教堂新管风琴正式启用的一系列庆祝方案。庆祝活动通过地区印刷物进行广泛宣传，除了 8 月 26 日和 27 日将分别演奏两场拥有全声部合唱队的亨德尔（Handel）的《弥赛亚》外，广告还特别告知每晚将在塔尔波特旅馆举行集会。剧团也依赖于小旅馆。流动戏班在塔尔波特旅馆一间专用房间演出，有时也在"大公鸡旅馆"和"白狮旅馆"的院子里演出。[43]

尽管无法明确分辨出席这些集会和戏剧演出会的人们，但是很难想象，除了哈利法克斯比较有名的市民之外，还能有什么人能够成为其中的主要成分？仅入场门票的价格就会将教区大多数人口排除在外。《联合日报》刊登的一则为庆贺威尔士亲王 21 岁生日在塔尔波特旅馆举办舞会的广告表明，每张门票价格达 3 先令——相当于一名技术工匠周工资的 1/4 到一半左右。[44] 况且，只有商人、工场主或专业人士才能够备有这类场合所必须显露的高档毛料西服和时髦女装。

的确，在某些场合，这类社交活动是对人们普遍开放的。1779 年新年庆祝哈利法克斯呢布大厅正式开张的活动就是其中一例。尽管这场活动比较开放，但是划分一种特定私人领域的社会界限依然清晰可见。根据 19 世纪的记载，"各行各业的工人由他们的师傅伴随，（预定）在午前会聚于呢布大厅；大厅回廊到处都是淑女和绅士，为他们安排的座位早已准备就绪，从这里他们可以目睹佩戴徽章和穿着特制服装的各类团体的工人入场"。晚会开始之前，"西格诺·佩特罗（Signor Petro），一名意大利艺术家"，在大厅中央庭院主持了焰火表演；只有凭票方准入内。[45] 虽然面向整个社区开放，但是呢布大厅庆典依然将（中产阶级的）"绅士淑女"与"工人"和"他们的师傅"（熟练工匠和独立工匠）区分开来。

另外一些社交活动在 18 世纪虽然谈不上是什么新形式，但却逐渐具备了新的含义。奥利弗·海伍德是 17 世纪晚期著名的不从国教派牧师，他的日记记录了大量赛马和斗鸡比赛，不过从

185

他对这些活动的描述里可以清楚地看到，它们是一些相互混战的闹剧。从乡绅到贫民，彼此乱成一团，某些"绅士"与"贫困阶层"在一场斗鸡比赛中爆发的激烈争吵就是如此。当时菲克斯比庄园的领主、从骑士托马斯·桑希尔（Thomas Thornhill）认为，"乞丐们"不能"在绅士中间进行斗鸡"。[46] 桑希尔可以坚持认为地方绅士应当与哈利法克斯斗鸡者保持社会距离，但是他必须用双拳来证明自己的观点。

在 18 世纪，赛马和斗鸡依然是大众性质的活动，然而人们作出种种努力来提升活动的品位。1736 年哈利法克斯的一批酒馆老板为首，加上教区牧师、两名绅士，以及几名大工场主，共同订立了一项为在斯克科特高沼地（Skircoat Moor）举办一次正规赛马活动提供资金而募集捐款的协议。依照彼得·博尔塞（Peter Borsay）的说法，30 年代是整个 18 世纪赛马的高峰时期，然而其潜在的破坏性受到越来越多的关注，哈利法克斯的革新精神应当放到这样的背景下给予理解。1740 年的立法严格限制比赛次数的增长，每年举办赛会的数量逐步减少。不过，该项活动在哈利法克斯仍然以比较高雅的形式继续坚持下去。例如，1759 年 9 月 25 日，"哈利法克斯的绅士们"认为有必要在《哈利法克斯联合日报》上宣布，凡参加或组织奖金低于 50 英镑跑马赛的人，均应受到起诉并处以 200 英镑的罚金。尽管斯克科特高沼地跑马赛不大可能提供像约克市那样的座位设施，后者一个看台座位的票价达 1 基尼，但是哈利法克斯的跑马比赛已经变成了一项更具排他性的社交活动。[47]

由上可见，一个独特的私人领域的兴起，是与新的社交形式的涌现联系在一起的。略微夸张一点说，中等阶层的社交可以浓缩为一幅地方啤酒馆的图景，它是一种生活在当地的男女可以聚集的场所。的确，尽管乔纳森·鲍姆福斯因病体过于衰弱无法出门，但由于不断派人去取啤酒，他只不过在自己家里复制了啤酒馆的社交世界。这是一个身份或性别均不构成鲜明社会标记的社交世界。对于 18 世纪中叶哈利法克斯商业和专业精英人士而言，社交的规范性和排他性增强了，并且分化为公共领域和私人领域。因此，中等阶层的啤酒馆被两个平行的机构所取代：男性俱乐部和性别兼容的集会。这些社交形式的涌现表明，对于哈利法克斯精英构建和理解自身世界的方式来说，社会身份和性别正在成为不可或缺的重要因素。参与社团、俱乐部、集会活动和观看剧场演出，有助于哈利法克斯精英形成他们中产阶级的意识，因为这种参与提供了一把可以衡量社会差别的标尺。再者，在特有的私人领域创立过程中形成的中产阶级意识，也是衡量的标尺，因为它补充完善了在地方政治公共领域里逐步增强的中产阶级意识，与第五章所述的在比较短暂的改进和争论中所体现的文化态度相比，俱乐部和集会是体现相同文化态度而为时更加持久的组织形式。

187

注 释

[1] Dena Goodman, "Public Sphere and Private Life: Toward a Synthesis of Current Historiographical Approaches to the Old Regime," *History and Theory* 31 (1992): 1-20; Sara Maza, "Women, the Bourgeoisie, and the Public Sphere: Response to Daniel Gordon and David Bell," *French Historical Studies* 17 (1992): 935-950.

[2] Peter Borsay, *The English Urban Renaissance: Culture and Society in the Provincial Town, 1660-1770* (Oxford, 1989) 和 "The Rise of the Promenade: The Social and Cultural Use of Space in the English Provincial Town, c. 1660-1800," *British Journal for Eighteenth-Century Studies* 9 (1986): 125-140; Paul Langford, *A Polite and Commercial People: England, 1727-1783* (Oxford, 1992); Neil McKendrick, "Commercialization and the Economy" 和 John Brewer, "Commercialization and Politics," 均载于 McKendrick, Brewer, and J. H. Plumb, *The Birth of a Consumer Society* (London, 1983)。

[3] 仅举两例，见 Dr. Gregory, *A Father's Legacy to His Daughters* (London, 1784) 和 James Fordyce, *Sermons to Young Women* (London, 1766)。

[4] Leonore Davidoff and Gatherine Hall, *Family Fortunes: Men and Women of the English Middle Class, 1780-1815* (London, 1987). 又见他们的论文"Architecture of Public and Private Life: English Middle Class Society in a Provincial Town, 1780-1850," 载 Fraser and Sutcliffe, *Pusuit of Urban History*, 328-329。

[5] Margaret R. Hunt, *The Middling Sort: Commerce, Gender, and the Family in Eighteenth-Century England* (Berkeley, forthcoming).

[6] 第八章讨论了这种关系。

[7] 我没有区分男孩与女孩或区分所有孩子均为未成年人的家庭与只有部分孩子是未成年人的家庭。

[8] BIY/OW, John Jackson, Halifax, June 1696; Jackson 在 3 个镇区拥有土地并且很可能相当富裕。

[9] BIY/OW, Jeffrey Lodge, Halifax, July 1709. Elizabeth Lodge 显然成功地履行了她的责任，因为她去世时留下了一笔价值 2500 英镑的动产；据认为，她已经卖掉了全部土地：见 BIY/OW, March 1714/15。

[10] BIY/OW, John Baker, Stansfield, May 1706; Thomas Kitson,

Lightcliffe, October 1715. Kitson 财产包括一幢家宅和价值 100 英镑的动产。

[11] BIY/OW, Richard Ashworth, Wadsworth, January 1780; William Greame, Skircoat, September, 1747.

[12] DIY/OW, Henry Dyson, Rishworth, March 1742/43. 如果一名立遗嘱人特别注明，其妻子一旦再婚则失去对子女的监护权，那么我将这种遗嘱列入"共担责任"类型。

[13] BIY/OW, Luke Crossley, Halifax, June 1696; Thomas Bradley, Halifax, October 1780.

[14] BIY/OW, William Horsfall, Wadsworth, September 1751（Horsfall 只不过留下价值 40 英镑的遗物和一块价值 50 英镑的私人地产）；Bramham Hudson, Halifax, July 1755。

[15] BIY/OW, Joshua Lea, Sowerby, September 1737; Edward Ferguson, Halifax, June 1738.

[16] BIY/OW, Luke Greenwood, Erringden, June 1691.

[17] BIY/OW, Susanna Riley, Soyland, November 1707.

[18] BIY/OW, Joshua Hudson, Halifax, January 1765. Hudson 是比较富裕的铁器商。他在遗嘱里让妻子负责其营生，并说明如果她认为适当的话，可以让儿子一起合伙经营。

[19] BIY/OW, Thomas Metcalf, Halifax, February 1745/46.

[20] BIY/OW, Samuel Lees, Skircoat, Prerogative Court, July 1761. 在这份遗嘱附录里，Lees 的确指定他的妻子作为托管人成员。然而，她的角色似乎并无变化，因为业务是由他的合伙人和女婿 John Edwards 经营的；Susanna 仅仅是一名不参与经营的匿名合伙人：CDA/RP/2110, 2111, Lees and Edwards partnership articles, 1772, 1773。

[21] Brewer, "Commercialization and Politics," 214–215.

[22] CDA/SH:3/AB/20, Walker memoir, ff.64, 79, 97.

[23] WYAS/Haddersfield, DD/TO/11, Tolson family letters, 5 August and 4 October 1780.

[24] Colum Giles, *Rural Houses of West Yorkshire, 1400–1800*（London, 1986), 152–155. 这种"壁炉过道"的安排在 16 世纪和 17 世纪奔宁丘陵的住宅建筑中是很常见的。

[25] BIY/OW, Paul Greenwood, Northwram, March 1699/1700.

[26] Giles, *Rural Houses*, 168-169, 216; T. W. Hanson, *The Story of Old Halifax* (1920; Otley, Yorks., 1985), 210-211 和 "The Roydes of George Street, Halifax, and Bucklersbury, London," *THAS*, 1941, 76; R. Bretton, "The Square and the Piece Hall, Halifax," *THAS*, 1961, 69-76; Derek Linstrum, *West Yorkshire Archtects and Architecture* (London, 1978), 99; W. B. Trigg, "Northowram Hall," *THAS*, 1932, 144. "古典式" 住宅规划也被称之为 "双重型建筑"。

[27] Giles, *Rural Houses*, 99-101. 关于这些趋势的走向，见 Davidoff and Hall, "Architecture of Public and Private Life," 332-333。

[28] BIY/OW, William Scott, Halifax, December 1689.

[29] 哈利法克斯的 John Senior 给他女儿留下 5 英镑遗产，让她送儿子外出跟一名细木匠当学徒：见 BIY/OW, December 1773; Joshua Hudson, Halifax, January 1765。

[30] CDA/HAS/346 (15), Howarth cashbook, 1762-1763; J. H. Priestly, "John Howarth at Home," *THAS*, 1947, 9. Lister 家庭账册显示，除了住房和膳食费用外，他们在 1764 年还为女儿支付了学习舞蹈、音乐、绘画和法语课程的费用：见 CDA/SH:3/B/1, bill for Miss Lister schooling, 1764。

[31] H. P. Kendall, "Antiquarians at Sowerby," *THAS*, 1902 (unpaginated); CDA/SH:3/AB/20, Walker memoir, f.63.

[32] BIY/CP, 1/498, testamentary, Stead v. Baumforth.

[33] 有关社交如何可以用于造就和维护社会界限的两项论述，见 Borsay, "Rise of the Promenade" 和 Leonore Davidoff, *The Best Circles: Society, Etiquette, and the Season* (London, 1973)。

[34] 例如，考尔德河通航工程会议均在哈利法克斯的塔尔伯特旅馆举行：见 CDA/MIC/2/1。

[35] Brewer, "Commercialization and Politics," 217, 219-224。Brewer 慎重指出，18 世纪的俱乐部并不为商界和专业界精英所独有。有贵族和乡绅的俱乐部、手工匠人和小零售商的俱乐部，甚至还有包括不同社会、经济和宗教背景的人们混合组成的俱乐部。Brewer 认为，与更加追求快乐主义的上层阶级俱乐部或中等阶层的友谊会不同，零售商人和工场主的俱乐部显示出通过社交实现自我保护和发展双重目标的强烈意识。

[36] *Halifax Union Journal*, 27 March 1759.

[37] CDA/MIC/2/1, Calder Navigation, minites; Ling Roth, *The Yorkshire Coiners* (Halifax, 1906), 207–208.

[38] A. Porritt, "Eighteenth and Nineteenth Century Clubs and Societies in Halifax," *THAS*, 1964, 65–68, 84–86. 至少另一家编号为 39 分会的共济会会所在同期设立：见 T.W. Hanson, *The Lodge of Probity No. 61, 1738–1938* (Halifax, 1939), 17–20, 48, 352–354; J. W. Houseman, "The History of the Halifax Parish Church Organ," *THAS*, 1928, 81–82。Brewer 在整体上将该团体成员称之为"可靠的自治城镇中产阶级居民和品德高尚的商人"：见 "Commercialization and Politics," 220。

[39] CDA/MISC/49/1; Porritt, "Eighteenth and Nineteenth Century Clubs," 85. 保存下来有关设立图书馆建议中的一份副本署名致"库克夫人"：见 CDA/MISC: 5/96a/79。

[40] CDA/SH: 3/AB/20, Walker memoir. 第七章对这份资料进行了比较详细的讨论。

[41] 在 1735 年，哈利法克斯镇区拥有 12 家年租金超过 10 英镑的小旅馆，其中半数年租金超过 20 英镑：见 P. W. Robinson, "The Emergence of the Common Brewer in the Halifax District," *THAS*, 1981, 70–107。高尚旅馆的发展对于中产阶级社交活动的重要性，见 Davidoff and Hall, "Architecture of Public and Private Life," 341。

[42] 正如 Peter Borsay 所示，事实上，巴斯的会议厅只不过属于 18 世纪建筑的一大批地方会议厅中的佼佼者：见 "English Urban Renaissance," *Social History* 5 (1977): 582。例如，1731 年约克市民发起一场募捐活动并建设了一间会议厅：见 Brewer, "Commercialization and Politics," 225n。

[43] Houseman, "History of the Halifax Parish Church Organ," A. Porritt, "The Old Halifax Theater, 1789–1904," *THAS*, 1956, 17. 戏剧演出广告出现在《哈利法克斯联合日报》短暂存在时期。例如，1760 年 1 月 8 日刊登了一则《大马士革受围和所谓上流社会的地下室闹剧》的演出广告。

[44] *Halifax Union Journal*, 19 May 1759. 关于工资水平，见 CDA/FH/461a, 31 January 1775, 这里提到一种每周 12 先令的工资，而 1760 年 3 月 25 日《联合日报》一则广告上检查夏龙呢后期加工的周工资是 6 先令。这些都是技术工种；织工挣不到这么多钱。

[45] Roth, *Yorkshire Coiners*, 215–216.

[46] Oliver Heywood, *Autobiography, Diaries, Anecdotes, and Event Books*, ed. J. Horsfall Turner (Brighouse, Yorks., 1882), 2:272.

[47] CDA/MISC/325/4, horse race agreement, 1736; Borsay, *English Urban Renaissance*, 180–196. Borsay 的概括性考察表明，到 1760 年赛马活动再度兴起之时，1740 年的立法已经使这项体育活动变得更有组织和更加排外。在这些情况下，哈利法克斯赛马大会的长期存在是引人注目的。

结 语

第七章

中产阶级及其世界

在构建公共领域和私人领域的过程中，通过确定一种区别于其他社会集团的共同的认同感，哈利法克斯商人、工场主和专业人士家庭为一种阶级文化奠定了基础。对于这种认同感来说，至关重要的因素是"文雅"（gentility）。正如彼得·博尔塞和保尔·兰福德所证实的那样，这个含义广泛的概念涉及穿着、行为举止、品位和休闲娱乐。[1]文雅并无固定标准，因为对于文雅内涵的理解取决于观察者；但是，在一个传统的社会分层越来越不起作用的世界，它提供了显示社会差别的一种手段，因为文雅的包容面十分丰富。随着18世纪中叶哈利法克斯商人、工场主和专业人士对自身社会认同感的解析，他们在文化上挪用了文雅，并且使之与自己的经历相契合。

向下看：下等阶层

首先，文雅是区分中产阶级与下等阶层的要素，但是总的

192 说来，中产阶级文化如何形成自己的下层边界，是一个历史著述中尚未得到充分阐述的问题。例如，西奥多·科迪茨切克有关布拉德福德新兴资产阶级的名著认为，家内制工人与"绅士—资本家精英"之间的社会鸿沟是社会景观中一种自然和长期不变的特征，因而用不着进行研究和解释。利奥诺·达维多夫和凯瑟琳·霍尔的《家运》在这方面做得较好。通过探讨"尊贵"（respectability）这样的概念可以怎样用于划分相关集团，他们阐述了中产阶级如何将自己与下等阶层区分开来的问题。然而在其他方面，他们的探讨是成问题的，部分原因在于"尊贵"的外延边际过于模糊，以至于难以根据不同的经济运作模式进行清晰的定位。[2]

对于中产阶级这方面历史关注的欠缺并不使人感到特别意外。大多数中产阶级研究的时段都集中在 1780 年甚至 1820 年以后。因此，它们研究中产阶级认同感的时期，是一个与工业革命相联系的经济和社会变迁业已十分显著的时期。工厂劳动力、破产的城市手工匠人和受剥削的乡村分发制工人，与构成中产阶级的工场主、商人、专业人士和店主的差距已经如此之大，以至对于双方之间存在的社会鸿沟几乎用不着再作什么解释了。此外，整个近代早期英国社会等级制的基本性质似乎告诉人们，对于一个拥有可观财富和重要影响的集团而言，将自己与地位低于他们的人区分开来是比较容易的事情。的确，戴维·昂德唐、威廉·亨特、基思·赖特森和戴维·莱文等学者的著作表明，受人尊敬的人与穷人之间的界限在 17 世纪比以前变得更为突出，显然，科迪茨切克提到的劳动人口与地方商人资本家之间的社会鸿沟已经提前形成。[3]

的确，穷人总是不同于富人，但是，哈利法克斯中产阶级的社会下限与中等阶层有着根本差异，关键在于纺织业独立工匠地位的变化。在 17 世纪晚期和 18 世纪早期，其成员用自己的人手、工具和原料从业的工匠家庭无疑被归类为中等阶层，无论工匠自身或地位高于他们的上等人都认为如此。他们可能也被归于这种相当不规范的社会分类的底层，但是经济上的独立性会使他们与贫穷劳工和赤贫者区分开来。但到了 18 世纪中叶，同样的工匠家庭在教区商人、工场主和专业人士家庭眼里看来已属于劳动阶级。因此，随着这一新精英集团形成自己的阶级认同感，他们使工匠变成了工人。

这些变动的社会关系植根于 18 世纪上半叶出现的新的经济运作模式。教区纺织部门大规模制造业的兴起，使资本与劳动力作用的差别日见突出，而这种差别在中等阶层的工匠生产模式中从来就不具有重要意义。工场主以及（实际上也包括）商人在内，已经越来越不可能亲自从事任何体力劳动。他们向工人付酬，让工人为他们干活，工人不再拥有自身工作的原料。甚至具有熟练技艺的工匠也遭到了强调主人与工人社会地位差别的父家长式待遇。[4]

这种经济关系在社会和文化意义上的转变，是造就两个截然不同的社会世界的更广泛历史进程的组成部分，而这里原先仅仅是一个社会世界，两个世界是在文雅基础上分化出来的。

在 17 世纪晚期和 18 世纪早期，即使像工场主和工匠那样显然不同的人们基本上也生活在同一个社会世界。托马斯·波拉德（Thomas Pollard）是乔纳森·鲍姆福斯雇用的一名染匠，而他的法庭证词显示，因为他是一个独立工匠，鲍姆福斯对他待之以礼，并且出于邻居因素考虑，把他当作自己的伙伴。同样，17 世纪 80 年代一桩诽谤案的证词表明，富裕羊毛批发商之子亚伯拉罕·米切尔（Abraham Mitchell）在啤酒馆与若干工匠为伴消磨时光。[5]

在某些方面，直到 18 世纪中叶似乎没有什么变化。例如，1783 年一项四季法庭的案例，反映了艾萨克·斯科菲尔德（Isaac Schofield）及其几个伙伴在数月内犯下的一系列小偷罪：在一处偷窃几只家兔和鸭子，在另一处偷窃 4 袋羊毛，外加几袋子弹和一点煤炭。通常情况下他们将赃物卖掉，揣上几便士或买啤酒花光。斯科菲尔德及其同伴并不是贫穷的乞丐，他是一名织工，而其他人是羊毛梳毛工，法庭证词显示，作案时期他们并非处在失业状态。一次，他们决定偷鸡，当时他们全都聚集在威尔金森先生的梳毛坊里饮酒，其中一些成员正在劳作。同样的工场文化也体现在 1769 年审问的一桩诽谤案里。有一名证人威廉·泰勒（William Taylor）是制革匠，他告诉法庭，在周六晚上，"他与作坊里的伙伴干完一天繁重的活计后，大伙都想喝点啤酒，便派人到阿布萨勒姆·威尔金森（Absalom Wilkinson）家里去取"。威尔金森显然随人一同前来，打算"花几个便士与他们打伙"，正当他们在一起喝酒时，伊丽莎白·希琼（Elizabeth Hitcheon）进来，与威尔金森说了几句泰勒并未听到的话（这正是起诉的理由，因为她状告威尔金森骂她是"娼妓，一个泼辣的娼妓"）。另一名伙伴、哗叽呢织工詹姆斯·拉德克利夫（James Radcliffe）也陈述了同样的经过。[6]引起法庭注意的这两桩小偷和性诽谤案，其意义尚不及它们所处的历史情景重要。如同我们深入17世纪晚期的哈利法克斯所得到的大致印象那样，这些事件展示了一个围绕作坊和啤酒馆构建起来的社会世界。18世纪的重大差别在于，这个社会世界已仅仅属于手工匠人了。商业和专业界精英——斯科菲尔德、泰勒、拉德克利夫之类的工匠劳动者的雇主——在追求文雅中业已抛弃了这两种场所。

诚然，只要某些群体处在富裕商人、大工场主和受过高级训练的专业人士与受雇工匠之间的边缘位置，手工匠人与工场主的世界就不是完全分离的。这些人包括簿记员、中小学教师、其他下层专业人员；钟表匠、制革匠、成衣匠一类的独立工匠；还有各类店主和食品供应商。此外，由于从家庭生产到大规模生产的过渡远未完成，在纺织业中肯定还存在着相当数量的独立工匠，该群体可包括最小的新绒线呢工场主在内。

为简便起见，人们可以称这些群体为"下层中产阶级"（lower middle class），不过，使用这种称谓，只是回避了详细说明这些群体在18世纪哈利法克斯变动的社会和文化环境中所处的实际地位问题。一种可能性是像达维多夫和霍尔的看法那样，"下层中产阶级"在观念和行为方式诸方面与中产阶级相同，

195

只不过色彩比较"淡化"。他们提供了一份"对应表",将他们论述的中产阶级上层和下层在观念和行为方式方面的差异作了揭示。[7]

中产阶级上层与下层之间类似的下移现象肯定存在于哈利法克斯。当地许多机构容纳了多种社会背景的人。例如,共济会会所在某种程度上被认为是各种社会出身的人可以兼容的地方,尽管哈利法克斯共济会会所在人员的社会构成上很可能不如某些更具世界主义色彩的会社那样复杂。[8]同样,许多向索沃比新礼拜堂捐助 5 英镑以上款项的人是在纺织业中雇用外作工的小地产主。简言之,他们是属于教区绒线呢行业中一般角色的小工场主。[9]虽然他们在镇区事务中十分活跃,但是这类人不太可能在整个教区里扮演重要角色。

然而,将商业和专业精英与人们可能大胆称为"下层中产阶级"的任何集团之间的界限,看成是完全可以穿越的界限,是不明智的。同时拥有两类集团成员的组织被控制在精英手中。建在诺斯盖特恩德的长老会派礼拜堂就是一例。各种背景的人为这座新大厦捐款,但是大部分捐款来自一小批精英,他们最终控制了教堂会众。正如我认为的那样,这种含义的所有权体现在从镇区管理到选举机构的方方面面,对于阶级意识的形成具有至关重要的意义。它将精英与中间集团区分开来,犹如区分精英与"工人"那样。

还必须指出的是,18 世纪下半叶中产阶级与"下层中产阶级"的社会差异变得更加显著了。不妨考察一下 1779 年建立的

"忠诚的乔治协会"（Loyal Georgian Society）的情况。乍看起来，它似乎是又一种自愿团体，但实际上"忠诚的乔治协会"是一个互助会（friendly society）。其章程开头说：

> 鉴于人们遭受着种种苦难，这些人维持生计的家境并不富裕……因此，我们各自和相互建议并同意，当我们由于伤残、疾病或年迈实在无法谋生时，实施下列有关我们救济和支持的条款……

"下列条款"陈述了召开月会、选举干事以及符合申请条件接受帮助人员的数量等项规定。遗憾的是，会员名册并未提到职业，但是由于每月捐款固定为 1 先令，外加用于喝啤酒的 2 便士，其成员的生活状况肯定在贫困线之上；的确，第 5 条章程规定，只有"确认的师傅工匠"可以入会。[10] 这既不是辛苦干活的手工匠人的世界，也不是商人和工场主的世界。

中间集团更重视互助利益而非公共利益，与其相适应的自愿团体的存在，显示了这些边际性集团与商业和专业界精英之间的一条界限。同样重要的是由高雅文化诸层面形成的界限，尤其是将哈利法克斯精英与这些边际性集团区分开来的涉及家庭和社交的一系列价值观、期望和实践。

没有任何事物比教区精英建造的新宅邸更能反映文雅的界限。这里是可以体现文雅共同标准的家庭空间。18 世纪 50 年代后期约克市著名建筑师约翰·卡尔为约翰·凯基尔建造的方楼，

197

实际上是围绕一个大面积中央花园建筑的一排住宅，它们具有相同的外表，而入口只有一个，为的是确保安全和私密。每所住宅楼下有3间大客厅，楼上有5间带有更衣室的卧室和1间会客室，所有的门都用坚硬的桃花心木制成。加上马厩，每所住宅的年租金达50英镑。更为壮观的建筑当属约翰·罗伊德斯的新宅，也由卡尔设计（插图9）。它面向"精心设计的令人赏心悦目的庭院并用高墙遮挡视线"。这栋建筑共有7部分17个隔间，包括罗伊德斯本人的银行办公用房和1间货栈。房屋内部十分豪华，其中最引人注目之处，是用洛可可（rococo）墙饰手段描绘的《伊索寓言》故事和表现罗伊德斯及其夫人和4个女儿的群体爱国形象的大幅画面。卡尔还为教区设计了其他几处住宅，均为流行的帕拉第奥式（Palladian）或新古典式建筑风格。甚至由这些精英建造的新礼拜堂也仿效此类风格；例如，索沃比的新礼拜堂和方形礼拜堂的窗户是威尼斯式的（插图5）。[11]这些新建筑的豪华风格和与众不同的建筑结构造就了一个排他的社会世界，总的说来，除了最上层的教区成员外，它们不会对任何其他成员开放。

总之，哈利法克斯精英从自身在社会等级制中所处环境向下看时的观念是相对明确的。将他们与下层专业人员、店主和独立手工匠人区分开来的界限并不清晰，因为两个集团在某些团体机构中共同相处并且具有共同的价值观和行为方式，但是边界是存在的。更为明显的是标记——地方政治权力、社会习惯、嗜好——它们使精英与工匠、当然也与贫穷劳工区别开来。然而，

图 9　萨默塞特楼，约翰·罗伊德斯的豪宅，哈利法克斯，18 世纪中叶。
（经哈利法克斯文物学会荣誉秘书 J·A·哈格里夫斯博士慷慨允准，根据 20 世纪早期幻灯片复制）

尽管这方面界限清楚，但这种界限相对而言却是新的。在哈利法克斯，传统的社会秩序观念还没有把教区精英与独立工匠区分为不同的社会类别，这些商人和工场主也不可能达到土地乡绅的社会地位。因此，这种社会下限不仅是新的建构，并且也是一种新的范式；与旧有的社会差别的表达不同，它建立在经济实践的新方式，尤其是工资关系日趋普遍化的基础之上。这一事实表明，中产阶级文化的最早表达既关系自己社会下层界限的维持，也必然包括对英国传统精英的社会和政治霸权的挑战。

向上看：土地精英

鉴于目前已经知晓的 18 世纪政治、经济和社会领域相当微妙的图景，我们不再会把中产阶级与土地精英的关系看成是完全对立的关系。正如琳达·科利（Linda Colley）所指出的，直到 18 世纪下半叶，土地和商业之间仍被认为存在着一种互利关系；彼得·博尔塞和保尔·兰福德也指出，英国社会里的贵族因素并不是人们一度认为的那样铁板一块。他们认为，尽管 18 世纪的高雅文化从贵族和大乡绅那里吸取灵感，但是它并不仅仅是一种土地所有者社会的现象。情况就是如此，几乎不可能存在一种潜在的中产阶级可以与之斗争的铁板一块的地主因素，因为两个被设想的对手似乎正在同一边行动。阿曼达·维克里（Amanda Vickery）通过具体分析一名兰开夏乡绅妇女的社会世界证实了这一点，它是一个商界和土地所有者阶级的妇女和男人共享的世界。德罗尔·沃尔曼以此为据进一步指出，18 世纪后期产生了两种对立的精英文化，一种是"地方性"的，另一种是"世界性"的，但是两者都不是专门与土地或商业相联系的。[12]

来自哈利法克斯的证据充分证明，商业和专业界精英与土地所有者阶级之间的界限并不十分清晰。以一桩官司为例，罗奇代尔的从骑士理查德·汤利在法庭作证说，大工场主塞缪尔·希尔的儿子理查德·希尔，与破产前身为工场主兼商人的他本人，拜访过"周围一带好几户在财富和名声方面属头等家庭"的住所。[13]此外，尽管下列做法并不普遍，但哈利法克斯精英与土地所有者之间通婚的现象确有发生。

在他们力所能及的时候，哈利法克斯的商业精英便采用土地所有者阶级某些显示身份的做法。例如，富裕商人威廉·格里姆在 1757 年是地方民兵头领，当他买下南奥兰姆的分庄园时，便同时加入了狩猎协会（hunting fraternity）。另外一些人采用乡绅分配地产的长子继承制，不过通常作一点变更。18 世纪哈利法克斯商业与土地之间不存在不可逾越界限的情况，还体现在当时尚未出现区分教区商业和专业界精英与乡绅或贵族的用语。[14]

哈利法克斯商业和专业界精英与土地所有者阶级之间这种一定程度的交叉滑动现象表明，中产阶级文化并不起源于土地与商业的单纯竞争。也没有理由指望情况如此。正如威廉·雷迪在论及 19 世纪法国工人阶级文化产生时所说的那样，能够加以表达的阶级意识，或更笼统一点讲包含阶级意识的话语，需要进行巨大的投入；它必须靠个人和集团在自身生活经历中精心构筑。[15]

200

中产阶级文化必须以同样方式进行建构。因此，我们可以认为，在其早期阶段，中产阶级文化的某些要素是从具有不同含义的那些体系中挪用过来的。需要分析的是这些要素先被挪用、然后被加以明确表达的特殊方式。[16]

显然，通过挪用文雅观念，哈利法克斯商业和专业界精英将他们自己与下等阶层区分开来的过程就是这样一种过程。他们这样做是很自然的，因为区分体力劳动和非体力劳动的社会差别观念在英国社会得到广泛的共鸣。然而，以文雅为基础划分界限的特殊位置具有重要意义，这种下限与变化的经济实践，特别是与工资劳动扩大的密切关系也同样重要。

同类过程也使得哈利法克斯商业和专业界精英将自己与地位高于他们的人区分开来。这里的故事并不是从高雅文化开始的，而是始于18世纪对于贵族特权和贵族腐败的批判。尽管它的起源可以追溯到17世纪晚期，但是这种批判，如托利党和"老辉格党"（Old Whig）对沃尔波尔政权的批判，特别是对政府与"金钱利益"（money interest）紧密结合而产生的腐败思想的批判，对于当下故事里的人物来说是耳熟能详的。这种"乡村"（Country）批判显然不是"商业"对"土地"的批判，但由于借助这种批判，哈利法克斯的商人、工场主和专业人士可以树立他们政治权力的合法性，而通过这种批判，他们也开始明确表达自己道德高尚的生活方式，与游手好闲的富人身上的恶习相比所具有的优势。[17]

哈利法克斯精英采用这种做法的证据见于一系列史料。在其存在的 1759 年到 1760 年期间,《哈利法克斯联合日报》发表了一批进行这类"乡村"批判的来信。该报 1759 年 2 月 13 日发表的一封来信,从某酒馆爆发的一场牌局争吵说起,痛斥赌博的危害性。署名"画谜"(Rebus)的作者接着指责说,反对赌博的法律未能实施,其原因在于"赌博正在变成上流社会偏爱的活动"。1759 年 2 月 6 日的一封来信指出政治干预的危害性。由于政府腐败源于道德品质的腐败,作者认为最好的做法是"在我们力所能及的范围内大力推进个人美德"。他最后说:

202

> 因此,无需对官方手段进行评论,它们很少被人理解;也无需揭示国家的奥秘和教授那些支配君主或其臣下的方法手段。对于我们来说,更好的办法倒是扪心自问……增进爱心和信奉真理的平和心境,以及一种对于与懒散、奢侈、纵欲相对立的节俭、克制和勤勉精神的普遍珍爱,是使我们所在的体制长期保持良好状态的途径。

另外一些作者对于政治干预并不如此小心谨慎,但是他们也将自己对于政府政策的批判建立在商人美德的基础之上。一封刊登在 1759 年 5 月 19 日《联合日报》上的署名"笑谈"(Funnibus)的来信说道:

> 先生,对于商人而言,一年一度结算自己的账目和平衡收支是司空见惯的事,我们希望,假如我们建议君主每隔

一个世纪结算一次他们的账目，他们将不会见怪；就像检查
英国的分类账那样，我觉得我们对于德意志一家具有悠久声
望的名门大族可以提出查询要求，我们将冒昧地呈上她的
账单。

接着是一份名为"玛丽亚·特里莎公司"（Maria Therisa
and Co.）账目的幽默模仿作，该公司为"乔治·雷克斯公司"
（George Rex and Co.）的借方。其细目内容如下：

——在布莱尼姆战役中使最优秀的法国人血染多瑙河：

200 万英镑

——在兰米尔斯击败路易大帝：　　　　　100 万英镑

——在奥登纳德再次击败路易大帝：　　　100 万英镑

——在枫特诺伊埋葬 2 万名英雄所用锹铲等：

100 万英镑

——使英国人血溅瓦尔，每加仑 10 先令：　100 万英镑

203　　债务总计达 9600 万英镑，而"玛丽亚·特里莎"迄今尚未
偿还。因此，哈利法克斯居民在对政府和操纵政府的人们进行批
判时所维护的道德是账目的道德，而不是乡村地产的道德。

要评价书面语言的文化意义总是困难的，因为难以确定这
种信息在多大范围内被接受或全部接受。因此，考察表达同样感
情的哈利法克斯商业和专业界精英的数量是可取的。这方面的证

据显示，他们对社会世界的理解清楚地区分了"我们"（新兴中产阶级）和"他们"（土地精英）。此外，虽然这种区分的基础来源于品德良好的乡绅对腐败的宫廷贵族的批判，但是哈利法克斯商业和专业界精英采纳了这些观点并依据他们的经历加以精心发挥。

不妨考察一下律师罗伯特·帕克或他的某个办事员于 1748 年设计的一份仲裁协议的文本草案。这是一种具有现成格式的协议，协议书上留有填写姓名和其他细节的空白。帕克和他的办事员没有选用中性的姓名——18 世纪相应的姓名为约翰·多伊和理查德·罗伊 ①——他们刻意开了一个不无讽刺性的玩笑。协议书相关部分如下，文本空白处用斜体字填写：

> 众所周知，根据本协议：*本人，约克郡哈利法克斯的夏龙呢制造商狄莫西·斯利夫蒂（Timothy Thrifty）*经裁定确实欠本地约曼农*托马斯·塞夫沃（Thomas Saveall）100 英镑*……
>
> 此项债务的限定条件如下：即便上述债务人*狄莫西·斯利夫蒂的*继承人、遗嘱执行人和管理人……也应当……服从、遵守、履行、兑现协议，并且信守仲裁人哈利法克斯当地乡绅*威廉·柯利厄斯（William Curious）*和*塞缪尔·普赖（Samuel Pry）*所作出的该项判定、规定和最终裁决；两名

---

① 在法律文书中，约翰·多伊（John Doe）和理查德·罗伊（Richard Roe）均泛指无性别特点的"某人"。——译者注

仲裁人均以公正方式选定，分别代表上述债务人狄莫西·斯

利夫蒂和上述托马斯·塞夫沃进行仲裁、判断、裁定和决

断……[18]

显然，品德端正的夏龙呢制造商斯利夫蒂和勤劳的约曼农塞夫沃，与乡绅柯利厄斯和普赖之间的对照是有意作出的。这对乡绅来说是不利的，因为其中隐含的意思是，乡绅地位仅仅给予他们成天热衷于寻求"婆娘式的"（feminine）闲聊以一种借口。[19]的确，无所事事的富人身上想必会有的婆娘气，是18世纪批判恶习过程中通常针对的对象；然而，帕克用它来区分具有良好道德的工商界人士与闲散的富人，因为前者从事的活动是生产性活动。姓名的选择越发显得意味深长①，因为两名仲裁人本来很可能是一名商人和一名工场主——实际上他们的身份往往就是如此。[20]

在第四章里，我们已经考察过家具商乔纳森·霍尔的账册，他也向我们显示，这些商界人士怎样理解将他们与位于他们之上的人区分开来的界限。在他继伦敦事业成功后隐退哈利法克斯家乡所存的笔记里，充满了下列一些主张："彼得·波特爵士和约翰爵士以及海军上将庞奇散步的规律颇有节制，但是许多人却因

① Thrifty（斯利夫蒂）的含义为"节俭的"；Saveall（塞夫沃）是 save 与 all 的合成词，可以理解为"省吃俭用"，含义与节俭相似；Curious（柯利厄斯）本身为形容词，英文含义是"好奇的"、"好管闲事的"；Pry（普赖）作为名词使用时的含义是"过于好奇的人"、"爱打探的人"。——译者注

漫步而堕落……节制（是）最好的医疗，而良好的道德是最好的
财产；让一个人尽量到户外锻炼并尽可能与莫尔先生和格林先生
为伴。"[21] 有幸的是，乔纳森·霍尔在记述自己的活动时喜欢插
入这样一类评论，这种偏好使得我们可以探究他是如何真正理解
体现在"彼得·波特爵士"和"莫尔先生"身上的过度与节制、
恶习与美德之间的对照的。1749 年夏，他对自己在游览巴克斯
顿（Buxton）温泉区时的遭遇表示强烈不满：

> 我并未像有些想要发财致富的人那样穿着华丽的服装前
> 往巴克斯顿；或许我更注重一个人的人品而非着装；或许作
> 为我邻居的你们知道我人品的好坏程度。一个人不应为没有
> 地产而受到歧视，因为同样的上帝既管辖富裕的地产主也管
> 辖穷人。

看来，霍尔曾因服装土气而成为某场恶作剧的讥讽对象。他
所遭受的羞辱、刻骨铭心的羞辱，是对他的文雅程度的凌辱，作
为这方面的反应，霍尔从内心深处隐晦地承认一个零售商在上流
社会的卑下感。但是，他对"富裕的地产主"的批判是建立在商
业世界同样背景的基础之上的，因为这些地产主的恶习具有商业
含义。正如霍尔解释的那样，"人们希望钱花得值得"。巴克斯顿
只是一个有"一点点商业"的城镇，那里的人们不应当因自己的
行为使来客望而却步；的确，他们应当"为了自己的利益和该镇
的公共利益吸引来客"。在乔纳森·霍尔看来，美德实际上是一

个关系到良好商业行为的问题。

奥文登的约翰·萨克利夫是 18 世纪下半叶活跃的绒线呢工场主，也是一名笔记保存者。有一则夹在有关绒线呢品种的尺寸暗标和治疗痛风处方之间的笔记，可以看作是新兴中产阶级世界观的一种概括性表述：

> 随着这个世界年轮的增长，人类后代的不道德行为也在增加。财富造就了溺爱，溺爱带来了奢侈，奢侈导致了纵欲，而纵欲是毁灭之母。当财富散尽时，就不择手段来重新攫取财富，因此犯罪并不仅仅是先天固有和与生俱来的平民品质。大人物常常像小人物一样犯罪；但是黄金掩盖了许多贫穷暴露的罪行。
>
> 注：[根据] 一个因伪造罪行将受苦之人。[22]

通过抄写这段文字，萨克利夫将自己置于社会等级的中层位置，一方面区别于奢侈和纵欲，另一方面区别于"与生俱来的平民品质"。这里受到批判的集团认同感，就像在其他例子里的情况一样，其界定是非常不准确的。这些人界定他们自己的认同感时所针对的世界，似乎就是土地精英的世界，只不过他们是把奢侈、懒惰和专断权力视为土地所有者阶级的特征。实际上，将后一集团界定为无所事事的富人比较恰当。

当哈利法克斯商业和专业界精英以这种方式理解土地精英时，他们就挪用了 18 世纪对于腐败贵族的批判，并且用一整套

情感和价值观念进行了变更。对此我将合起来用总的"节俭"　206
（thriftiness）一词加以概括。萨克利夫在笔记中抄写的另外两段
文字反映了他对"节俭"含义的理解：

> ——一段意大利谚语：永远不要靠别人来做你自己能做
> 之事，永远不要把你今天能做的事情……推到明天去做。从
> 不忽视小事和成本。
> ——荷兰的大政治家德·维特（De Witt）被问及他如
> 何处理如此纷繁的事务时，他回答说，他做事的全部诀窍就
> 是思考和行动，但是每次只专注一件事。

萨克利夫抄录上述话语的目的在于以这种品质反复提醒自
己，因为他容易犯它们批评的两种毛病。然而，他把这些对于像
他这样的工场主来说非常适合甚至必备的品质，看作是闲得无聊
的富人价值观的对照物，后者求助于冒牌货作为满足他们奢侈需
要的代用开胃品。他以这种情感附和罗伯特·帕克描绘的一个
"节俭的"夏龙呢制造商的夸张性漫画或乔纳森·霍尔对于茶的
推崇，霍尔认为茶比黑啤酒和潘趣酒要好，是一种"使人清醒的
伴侣"。[23]

如同对于纵欲和奢侈的批判一样，"节俭"也有自己的文化
根源。自17世纪晚期以来，节俭就是批判都市社会奢侈无度的
相关内容，然而，像萨克利夫一类的人也把它看作是哈利法克斯
中等阶层文化的组成部分。在1715年的备忘录里，贾菲特·艾

索特（Japhet Issot）写道："那些上帝自由赐予的财富长存着，而那些由人们依靠不正当行为追求的财富，由于它们是靠不诚实手段和计谋聚集起来的，因而不久就与烦恼和不安结下了不解之缘。"[24]弗朗西斯·帕拉特（Francis Parrat）进行布道时，在布道词中传达了相似的思想，18世纪头十年他担任教区牧师。在一份题为"禁绝一切罪恶"的布道词里，他告诫他的听众不要将世俗的财富等同于拯救，而在另一份布道词里，他宣讲了"知足常乐"（Be content with what you have）的道理。[25]在1661年菲比·李斯特（Phoebe Lister）所写的一封信里，可以看到中等阶层节俭观念的更为具体的表述。在与收信人谈及赴她伦敦家中做客带什么礼物时，她吩咐对方，无论男方或女方，"当你们过来的时候，我希望你们在携带物品方面做到尽量节约。我想，除了一点供孩子玩耍的玩具外，没有任何朋友指望你们带什么东西，即便在这方面你们也应当尽可能节省"。[26]

这些商人、工场主和专业人士家庭挪用节俭概念时所处的环境，使原本那种17世纪中等阶层心目中的节俭在含义上发生了变化。18世纪中叶的哈利法克斯中产阶级不再把节俭看成是文雅的对立物；相反，两种价值观相互并存。因此，新兴的中产阶级文化充满着矛盾情绪。哈利法克斯商业和专业界精英用节俭将他们自己与无所事事的富人生活的奢靡世界区分开来，人们往往对这个世界与土地所有者的世界不加区别，尽管它们实际上并不是同一回事。同时，这个世界又位于高雅文化的顶端，而商业和专业界精英则拼命谋求这种文化，以便同位于他们之下的阶层划清界限。

这种矛盾心态（ambivalence）在帕克所拟的仲裁协议里体现得十分明显。协议中出现的"斯利夫蒂"和"塞夫沃"发生了一场假设的纠纷——也许是一场小小的纠纷——这场纠纷他们无法自行解决。尽管从"普赖"和"柯利厄斯"的姓氏上几乎看不出一点对"土地所有者"阶级的尊敬，但是该文件暗示，占有土地也就被赋予某种权威，而这种权威是仲裁人所渴求的。乔纳森·霍尔的笔记也反映了同样的矛盾心态。例如，他承认，黑啤酒和潘趣酒的品位非常适中。无力提供这类奢侈品的穷人并不具有良好的道德：美德属于那些因财富而能够选择消费的人们。他在谈论自己在巴克斯顿的遭遇时所说的话也有很多是模棱两可的。尽管霍尔把那些欺负他的人称为"富裕的地产主"并坚持捍卫自己作为一个商人所具有的正直品德，但实际情况要复杂得多。欺负他的人中有一人是"韦克斯·阿瑟太太"（Lady Waxe Arse）——一名"走运的淘金者"，她的财富达 1000 英镑，但"根本谈不上是一个所谓能以地产解释她的运气的人"。她来自利物浦，很可能是商人的女儿。霍尔在此事中对他自己身份的认定也不是一种符合社会真实的正确表述。与"富裕的地产主"相对应的概念是"穷人"——这根本不是一个到北方各温泉地度假的伦敦某公司制服成员（liveryman）的恰当称呼。[27]

霍尔在多方面批判上流社会的同时对于绅士地位的渴望，恰恰从本质上反映了这种在文雅问题上的矛盾心态。从我们更全面的视角考察，他的记载反映了一个形成两种不同文雅概念过程

208

的开始：一种是值得尊敬的文雅，与诸如善良（good character）和节制等美德相联系；另一种是表面的文雅，与纵欲、刻薄和懒散等恶习联系在一起。

我们可以从多种记述材料中看到这种对照。卡罗琳·怀维尔·沃尔克是南奥兰姆镇区沃尔特克劳夫（Walterclough）的约翰·沃尔克和伊丽莎白·沃尔克夫妇的女儿，她的自传记录了父母1772年结婚前夕和婚后生活中发生的一些事情。在约翰·沃尔克与伊丽莎白·沃丁顿①恋爱和结婚过程中发生的两个世界的冲突，充分显示了文雅和节俭的矛盾。约翰·沃尔克是一名富裕的羊毛批发商和哈利法克斯精英集团主要成员的儿子；其父积极参与了管风琴事件和考尔德河通航工程。像许多同代人一样，这位父亲计划一个儿子从商，而让另一个儿子成为专业人士，为此他把彼得送往地处伦敦的一家商业学校，学习悟性看好的约翰则上剑桥大学。伊丽莎白·沃丁顿本人是肯特的一名女继承人，原先与母亲一起住在瑟斯克，其母曾嫁给一个药剂师。[28]

婚前，伊丽莎白·沃丁顿属于那种全国性的上流文化圈内的成员，博尔塞和兰福德对这种文化已经作了充分阐述。卡罗琳描写她具有"优雅的风度、端庄的服饰，是［一个］上等人"（《自传》第65页，以下仅列页码），并说她频繁参与占据上流社会大量时间的做客和重要活动。就她未来的丈夫约翰·沃克尔在剑桥获得的教养而言，他还算不上是这种上流社会的成员，或者

209

———————————

① Elizabeth Waddington，即伊丽莎白·沃尔克婚前姓名。——译者注

至少不完全如此。他的女儿记述了父亲当年首次见面给她母亲留下的印象：他举止得体，但没有掌握"在攀谈中足以用男性的温情取得女士欢心的时尚方式"，同时，尽管"他按照流行方式着装，……但缺少最新的时装"（第69页）。

然而，约翰·沃尔克的不足之处并不仅仅是个人的素养问题。因为，假如要说有什么区别的话，他的文雅程度实际上要高于他所在社区的许多成员。当伊丽莎白头一次来到哈利法克斯时，她对当地品位和素养的低下感到惊讶。女主人带她拜访"克朗尼斯特（Crownest）的沃尔克先生，当时他生活得十分节俭。沃尔克太太那时还在世，伺候她用茶的女仆腰扎的围裙上竟然有一个大洞"（第61页）。这对夫妇并不是穷亲戚，他们属于教区居民中最富裕的成员。沃尔克太太不是别人，她正是约翰·凯基尔的女儿伊丽莎白·凯基尔。1764年嫁给威廉·沃尔克时，她的父亲为她提供了一笔价值达2500英镑的嫁妆。1772年伊丽莎白·沃丁顿作为约翰·沃尔克的妻子嫁到沃尔特克拉夫时，当地也没有给她什么好印象。他们的住地远离城镇，"那里甚至没有什么令人愉悦的社交场合可言"（第73页），而她新婚期间出外拜访时遇到的穿戴最好的女性，是一名从小礼拜堂出来的妇女。实际上，她嫁过来时，等待她的只有两间"能够待客的"房间："一名韦克菲尔德室内装饰匠装饰的客厅和糊上墙纸刷上颜色的饭厅。"（第75页）

的确，看来并不是哈利法克斯精英不想文雅；一旦他们目睹文雅的形象就立刻心领神会，并竭尽所能地加以仿效。伊丽莎白是受她继父表弟的邀请首次到教区做客的，他认为，"假如人们在一位年轻女士 W 小姐的住所看到她的价值，那么她就会给周围邻居留下美好的印象"（第 60 页）。同样，当伊丽莎白和她的丈夫在度蜜月后返回教区时，"所有哈利法克斯自命高贵的人和邻居都来看望他们"，而"伊丽莎白的穿着举止如此高雅，以至于来客们全都惊羡不已"。这对伴侣"进行新婚回访时，邻里们发出欢呼赞美之声，以往还没有见过任何妇女打扮得这般高贵"（第 75—76 页）。实际上，哈利法克斯的社会并不总是让伊丽莎白感到遗憾的；她公公的合伙人举办的庆贺洗礼的宴会，包括过道边小提琴手的演奏、饭后客厅里的舞会，以及志趣相投的伙伴，这些在她女儿的传记里被作为一次成功的聚会加以记载（第 63 页）。然而，它毕竟属于例外而不是常态。

210

为什么哈利法克斯与瑟斯克相比显得如此落后？当然，由于与几家贵族宅邸和哈罗盖特温泉相邻，同时也确实靠近约克郡，瑟斯克与本郡上流社会中心地区的联系更为密切；但是从自身地位看，哈利法克斯毕竟是一个重要的商业中心，骑马至利兹和韦克菲尔德不到一天的路程，所以实际上它并不孤立。因此可以合理推断，两地这方面差别的形成，是哈利法克斯精英不愿意让自己完全被伊丽莎白熟悉的那种文化浸染的缘故。最终，在哈利法克斯，人们的美德取决于如何同时兼顾追求文雅和坚持节俭的能力。许多人之所以未能处理好这种平衡，原因在于他们为了文雅而倒向纵欲。卡罗琳·沃尔克描述曾经是她祖父合伙人的约翰·夏普住在"一所极端奢靡的房子里"，"那里决计产生不出节俭"，而他妻子则是一个"庸俗而挥霍无度"的妇人（第64、97、79 页）。由于把时间过多地花费在寻求享乐而不是利润上，夏普陷于破产，卡罗琳认为这是他应得的下场（第 97 页）。同样，她称自己的表兄、她父亲的姐姐与其前夫所生的儿了是懒惰的、好吵架的浑小子。有一次，他被安排到一名正派商人家里当学徒，但是他才干了 3 周便离开了，他"向母亲诉苦，他再也不能待下去，[因为]让他干的活太苦"（第 96 页）。随后他又到约翰·夏普手下当学徒，但却与坏朋友鬼混，结果一事无成（第102 页）。他也遭到应得的报应：他娶了一个"既无财产也无亲戚依靠的女子"，在约克郡过着［比较］贫困的生活（第 112、116 页）。

对待文雅问题的犹豫心态出现了两种极端。尽管并不那么严重，卡罗琳的父亲也未能把握好这种平衡术，因为他"一向过于节俭"（第 73 页），这种看法与她母亲对他不及时添置足够的新装的抱怨恰好吻合。的确，问题在于过于节俭可能被错误地解释为缺乏文雅，有关他的另一则故事证明了这种危险性。在与新婚妻子安居沃尔特克拉夫后，约翰·沃尔克以极大精力投入自己地产的农业经营。一个漆黑的夜晚，他在回家途中受伤，卡罗琳为此事埋怨他，因为他将所有的马匹都用于耕作，使得自己不得不靠步行四处奔波，结果酿成事故（第 77 页）。卡罗琳的看法非常明确：这种行为与一个上流人士的身份不相符合。幸好，尽管他过于节俭，但这是他"从未掌握做事的诀窍"所致（第 82 页），而卡罗琳多次责怪他没有找到改变自己命运的途径（第 73 页）。

211

这段话的意思很明白：一个人应该努力改变他的命运，但是必须采用上流社会的方式。

显然，卡罗琳·沃尔克的自传提出了有待解释的若干问题，其中很大原因在于下列困难：在中产阶级话语和文化已经获得更大发展的时期，她对 18 世纪 70 年代和 80 年代这些事情的看法在多大程度上是受她所在时代的期望和价值观影响的。然而，另一类存在较少解释问题的材料加深了人们的印象：哈利法克斯精英在文雅问题上的心态是十分矛盾的，因为他们依然怀有强烈的节俭观念。

这种材料见于 18 世纪 70 年代理查德·希尔从欧洲连续写给小乔治·斯坦斯菲尔德的 5 封信件。[29] 希尔写信时的处境并不令人愉快，因为他仍然遭受着某项委托代理业务破产的打击，斯坦斯菲尔德正在设法帮助他了结此事。在他的生涯里，起先他曾是自己父亲塞缪尔·希尔的合伙人，后来成为自立的工场主和商人。尽管他依靠斯坦斯菲尔德，但他也是同类人物并且熟悉斯坦斯菲尔德的事务，包括个人私事和商业事宜。他的信件对于这位教区大工场主和哈利法克斯中产阶级文化兴起过程中的重要人物的观念和生活方式，作了某些客观公正的评价。

1774 年 3 月 7 日，在他从布洛涅出发作长途旅行之前，希尔告诉斯坦斯菲尔德他在莱戈恩了解的贸易情况。信中提到的一个问题是显赫外表的重要性，他认为必须使斯坦斯菲尔德对此有足够的认识：

人们告诉我，没有任何地方比莱戈恩更注重摆阔和炫耀——这种愚蠢行为在一个商业城市得到如此狂热的推崇难道不让人感到意外吗？在我看来，下列情况就更令人惊讶：威尔·丹尼森［--名利兹商人］安排他的兄弟罗伯特住在意大利，指使他冒充伯爵头衔，并且怂恿他像一个东方王子那样生活，威尔巨额财产［约 20 万英镑］的绝大部分，想来就是通过这种办法积聚起来的。

212

为了进一步强调他对华丽服装必要性的观点，希尔讲述了一个教友派船长告诉他的故事。这位船长先将一船纽芬兰鱼货运抵莱戈恩港，依照惯例，他具有挑选运往伦敦的船货的优先权，但是，尽管"他换上了教友派服装正式露面，却没有任何人理会他"。他的经纪人告诉他，假如他想得到船货，就必须讲究着装。返回伦敦后，他向船主据实报告了自己花费在华丽服装上的开销。无疑，希尔讲这个故事想引人发笑，但是故事里反映出来的鲜明的道德观却使人怀疑，斯坦斯菲尔德是否会倾向于像这位教友派船长而不是像一名"东方王子"那样着装。的确，希尔谈完这个故事后接着详细讲述了他自己的着装，设法让斯坦斯菲尔德放心，他的着装肯定"同一个节俭和财产有限的普通绅士身份完全相称"。

5 封信件里的另外几封信在一定程度上反映了希尔和斯坦斯菲尔德对于"节俭的普通绅士"的对立面的理解。在 1775 年 2 月 20 日的信中，开头是一段希尔保证以"节俭"（frugality）

和"审慎"（prudence）态度使用斯坦斯菲尔德寄来的空白汇票的承诺，接着，他（一个鳏夫）讲述了自己对女儿阿米莉亚（Amelia）的养育过程。据他解释，他真切地希望女儿将来"在家庭事务方面像她母亲那样善良、亲切、正直、周到、能干和精通"。为实现这一愿望，他把女儿送到奶奶身边一起生活，希望在她的影响下，女儿未来"在面对几乎每所寄宿学校灌输的那些流行的坏习气和情感方面是一个陌生客"。人们可以想象，侮辱乔纳森·霍尔的女人韦克斯·阿瑟太太，就是在某所这样的寄宿学校里接受教育的，因为她的坏习气正是希尔期望阿米莉亚能够避免沾上的习气：无所事事的富人身上那些自命不凡的虚荣气和危险的纵欲行为。

1778 年 12 月 22 日的一封信给人们留下了同样的印象，在这封信里，希尔谈到一些侨居布鲁塞尔的英国居民的传闻，矛头大量对准挥霍无度的贵族。这些堕落者包括穷困潦倒的托林顿勋爵、一个沦落到乞讨面包的议员，以及狄龙勋爵的儿子狄龙先生，据传他欠的赌债高达 14 万英镑。正如希尔所叹息的，所有这些挥霍产生的影响是，"30 年前一个英国人的承诺可值 1000 英镑（尽管他是一个完全陌生的人），而现在它不值 1 个弗罗林，除非这种承诺有汇票作保证"。希尔对于金融惯例方面变化原因的分析很可能并不完全准确，但是反映了他对节俭和令人尊敬的商界与挥霍无度和懒惰的土地所有者世界之间对立状况的认识。在 1775 年 1 月 31 日的信里，希尔谈到他意外收到来自布洛涅最大商行的"文雅的"和"甚至是十分信赖的信函"；他没有想到他们甚至知道他的名字。他猜测，寄信的原因是：

　　一群来自英国的可怜虫聚集在这里，并且过着一种与节制背道而驰的生活，他们对我在布洛涅的行为投以亲切的目光……人们在任何化装舞会、假面舞会、剧院、音乐演奏会或其他奢侈场合都看到过他们的面容，不过从未见过我的身影。的确，我偶尔也在自己屋里花点钱招待当地一些受人尊敬的夫妇，按照法国风俗向他们递上一杯咖啡和甜露酒，这并不因为我有能力提供，而是希望从中获得某种友谊，这就是自从我到法国以后［在任何场合］陷入的全部挥霍。

希尔 1778 年 12 月 22 日的信件更加切中主题并显示出同样的情感：

　　我希望此项庭院种植，不是我提出过的而是您认可的，将在菲尔德豪斯这栋住宅中得到落实。届时你会发现它既宽敞又漂亮。这些植物提供的温暖、庇护，在它们应当发挥作用时将是比较完善的，这指的是未来的老年征兆悄悄在你机体中显示出来的时候，当然我相信距离这天还有相当一段时间，除非您自己过于刻苦和辛劳；除了这种对于您自己的事务和利益与公共事务和利益予以普遍关注外，还有另一种动机比其他任何动机都更会削弱您的生命活力，我指的是您在饮食方面那种过于节俭的方式。听我的忠告，因为我对您所说的是经验之谈和针对您个人发自内心的肺腑之言——好好生活；享受一切有益于健康的美好事物，谨向您和斯坦斯菲尔德小姐们致以上述最诚挚的祝福。那些不太真挚的祝福可以送给另外一批人，送给那些在别人付费时狼吞虎咽，但从来舍不得花钱让自己在家里享受舒服日子，又从不盛情款待别人的人。您告诉我斯卡伯勒（Scarbrough）有益于您的健康，愿您不要忘记每年去那里度假。尽可能延年益寿是我们蒙上帝之恩的责任，尽早注意这点是履行这种职责的最好方式。假如我没有记错的话，您在用餐时历来饮用便宜的麦芽酒，但愿我能够说服你坚持为自己着想，选用真正上等的伦敦黑啤酒。请相信我的断言，它对你的体质将会产生最佳的影响。你务必知道，享有充分的健康同远离各种疾病一样具有十分重要的意义。

希尔在这里把斯坦斯菲尔德描绘成一名教区"所有者"，为"公共事务和利益"殚精竭虑，然而他的善举受到"饮食方面过于节俭方式"的妨碍。人们记得小乔治·斯坦斯菲尔德是教区最富裕的人之一。因此，这种忠告的实质——避免被别人看成是在家节制而在外狼吞虎咽地吃白食的人、放弃麦芽酒而爱好"真正最上等的伦敦黑啤酒"，以及到斯卡伯勒度假——是对他的公共角色与过于节俭的生活方式相互脱节的忠告。

像斯坦斯菲尔德这样的人在某种程度上有点掉入了陷阱。他们反对和担忧令人害怕的滑坡，从愚蠢走向肆意挥霍并最终导致毁灭，他们运用节俭法宝来保护自己。与此同时，他们又渴望文雅，包括庭院花木的布局、黑啤酒以及斯卡伯勒度假的享受，过于讲究节俭会使得上流人士的形象难以维护。斯坦斯菲尔德的生活有点像走钢丝，因为他与其他人一起，试图形成这样一种社会立场，一方面谴责纵欲和懒惰，另一方面允许一定程度必要和受人尊重的文雅。

最后，有关文雅的矛盾心态也体现于妇女在新兴中产阶级文化中的地位方面。由于新的私人领域的发展越来越使哈利法克斯商人、工场主和专业人士的夫人们脱离家务，她们以及她们的女儿忙于一个特殊和排他的社会世界的构建，这个社会世界包括频繁的做客、非政治性俱乐部以及聚会。同样，这个私人领域也具有它的矛盾情结。

"画谜"——这名谴责赌博恶习的《哈利法克斯联合日报》的通信人，特别指责玩牌的妇女。1759 年 2 月 13 日，他讽刺说：

> 将冬夜的时间耗费在打牌和谈情说爱上的女性，未必没有发现款待更有益也更适当吗？在古代，单身妇女的称呼是老处女（SPINSTER），我猜测，这是因为她们主要的活计是手拿纺线杆，这种活计现在早已消失在梳妆台和茶几边了，然而我深信，与闲聊以及流言蜚语相关的茶几，还没有像一副牌那样对她们女性的娇媚产生致命的伤害。只要观察一下赌牌时的女士，你在她的面容上看不到迷人的魅力。她的精力是那样全神贯注，而内心是那样焦虑不安（因为你肯

215

定知道，一位淑女对此很少能漠然视之），以至于随着输赢她忽而异常激愤，忽而大声狂笑。我已多次见到喜怒这两种情况，事实让我确信，增进女性特有的魅力和吸引力的办法，在于她们不要把大量时间耗费在牌局上面。

这段文字透露的矛盾心态是十分明显的。"画谜"认为，妇女应该以更有益的方式打发她们的时间，而不是成天在茶几边闲聊，更不用说打牌了。同时，他依然把妇女置于另一个领域，她们在那里依然是男性注视的目标。

其他通信人在谈论懒妻子可能具有的过度挥霍和恶习时话语更为直率。一封致《哈利法克斯联合日报》主编的信就是如此，来信于 1760 年 4 月 1 日在该报发表，署名"黛博拉·德莱夫-阿伯特"（Deborah Drive-About）。事情似乎是，黛博拉被迫嫁给了"一名从事批发贸易的市民"；正如她指出的，这是"一桩违背自己心愿的特倒运的事"，因为她渴望过比这"更上等的生活"。黛博拉的丈夫对她非常"冷酷"，当她生了第二个孩子后拒绝给她添置一辆马车和增加一个仆人（第一个孩子出生后他曾经满足她的要求，为她安排了一名男仆和增添了一名女佣）。黛博拉觉得这种行为简直蛮不讲理。"先生，这是什么行当？竟然搞得有家室的男人不能让他们的家庭过上像周围邻居那样风光的日子。确实，尽人皆知，所有男人都应当懂得如何去挣钱，就像所有女人应当懂得如何去花钱一样。"显然，这名讽刺作家的写作目的在于表示对黛博拉丈夫的同情，而她的情况十分突出。丈夫告诉她，作为她嫁妆的财产仅有［为数不多的］300 英镑收入，连维持她的鞋袜开支都不够。面对"如此抠门的……可怜又可鄙的态度"，她深感受辱。不过她向阅读《哈利法克斯联合日报》的商业和专业界精英提出的上述问题，的确是一个实实在在的问题。他们的夫人现在已越来越少地真正参与家庭事务，那么应当如何看待她们所花费金钱的价值？

《联合日报》同期刊登的另一封来信提出了同样关注的问题。一个单身汉写信解释他从未结婚的原因。他说，一场婚姻由于已订婚新娘要求"相当于我们年收入一半"的零花钱而最终告吹。如他所言，他已经"前后与人数多达半打的似乎认为自己只是为了茶和四方牌局（Quadrille）而生的女性"交友，结果白费时间。这个单身汉的诉说与黛博拉一样，不能当作真实故事来对待，但是它同样证实了那种担忧：妇女在新兴私人领域里的悠闲与商业成功必不可少的谨慎是格格不入的。的确，判断这类担忧的实际程度是十分困难的，因为无法断定妇女退向私人领域的广度和深度。挥霍无度的妇女是 18 世纪讽刺故事里常见的角色；但是看来她们普遍引起了这些通信人和立遗嘱人的担忧，我们在第六章里已经对后一类人通常采取的做法进行了考察。

诚然，并不是所有哈利法克斯商业和专业界精英的成员都打算让他们的妻子和女儿完全退到私人领域的。正如 1775 年 1 月 31 日理查德·希尔向小乔治·斯坦斯菲尔德所说的那样，他希望用"有用的知识"培养他的女儿，并且教她"从事一种与我的规模相似的小型商务"。假如希尔对他女儿寄托的这些期望是一种例外，那么它们是符合规律的例外。他从欧洲发出这些信件，是因为他破产后流亡当地所致。他可以将破产原因部分归罪于自己挥霍的生活方式。因此，希尔个人已因一种矛盾心态而遭难，而这种矛盾心态又是由这名工场主在当时社会采取的立场决定的。由于过度追求文雅，他一度毁灭了自己和女儿的前程。假如他想要教给女儿一些"有用的知识"，那么一定会做得很好，因为他非常了解过于奢侈的生活所带来的危害，同时也确实因为他没有能力再负担女儿的生活费用。

诚如达维多夫和霍尔所言，新的私人领域造就的紧张关系，在一定程度上将被妇女心中期望值的改变所缓解，在私人领域里，她们对于维持商业成功所必需的价值观发挥着独特作用。新观念的推广需要时间，但是在18世纪的哈利法克斯，这种观念显然已经存在。例如，伊丽莎白·沃尔克并不直接参与其丈夫的商业活动，但是她没有因此而挥霍放纵。的确，据她女儿所言，正是靠着伊丽莎白精心管理丈夫交给她的钱款，这个家庭才保持了良好的收支平衡。介于阿米莉亚·希尔与黛博拉·德莱夫-阿伯特之间的中间道路是能够找到的。像伊丽莎白·沃尔克这样的妇女既能参加私人领域的活动，同时也完全能够抵御奢侈和纵欲的诱惑。

在浏览新兴的哈利法克斯精英文化中发现的证据表明，随着中产阶级成员考察社会等级制的深入，他们看到了一个相当矛盾的世界。文雅对于他们全体成员来说都是至关重要的，因为它不仅是地方政治权力的首要因素，并且也是将他们与下等阶层区分开来的首要边际因素。我们业已研究的史料显示，哈利法克斯精英人士正在构建一个新版的高雅文化。毫无疑问，策划这项计划的原动力一部分来自甚至连富裕商人都有的自卑感，如果他们是接触文雅世界的第一代暴发户，感受就更加强烈。不过政治和道德需要也是其中的驱动因素。这种由多项动力促成的文雅版本是围绕一系列美德构成的——这些美德包括节俭、勤奋、节欲、善良和审慎——它们与文雅走向极端可能产生的恶习，包括懒散、纵欲、挥霍和轻率形成了鲜明反差。

环视四方：历史环境中的哈利法克斯中产阶级文化

上述发展在多大程度上是哈利法克斯所特有的？也许讲究美德的文雅版本与教区的特殊环境毫无关系。总之，这类关注的许多问题——政治腐败、节俭、挥霍无度的妇女，甚至文雅本身——最先产生于 17 世纪晚期和 18 世纪早期的伦敦，这说明哈利法克斯中产阶级的矛盾心态只不过是更加广泛的发展的一种反映。

218

从某种程度看，哈利法克斯显然并无独特性，因为这种讲究美德的文雅并不是商业和专业界人士的专有财富。挥霍终究是一个意义相对的术语；它是指花费超过个人经济能力所及的那种轻率（借用经常出现在哈利法克斯精英人士脑海中的一个词语）。的确，像斯坦斯菲尔德和萨克利夫这样的人希望他们的议员乔治·塞维尔爵士生活在比他们住所远为气派的住宅里，并且赞扬他在议会里坚持不懈地为约克郡谋求利益。1759年塞维尔一旦当选议员，他在本郡席位上的稳当程度就不亚于任何代表某个袖珍自治城市的议员，其中一个原因无疑在于，就讲究美德的文雅而言，约克郡商业财产或土地财产的终身保有者们都可以把他视为杰出范例。怀着同样的心情，哈利法克斯的商业和专业界精英无疑也与地方绅士和城市贵族一起饶有兴趣地阅读一则新闻报道：议会上院审判"不幸的 E__l"期间，一名"显贵"对他儿子的忠告，因为报道的要害之处在于"这个贵族的封号不是一个小封号"。[30]

的确，要找到针对社会各阶层的对文雅潜在恶习的批判材料并不困难：当时一些戏剧和小说常常以批判的眼光揭示贵族的特征，就像对待那些一心向往奢侈和悠闲而放弃美德的商人一样。[31]就更为直接的批判而言，我们知道，伊丽莎白·沙克尔顿（Elizabeth Shackleton）这个被阿曼达·维克里（Amanda Vickery）研究的兰开夏上流妇女，深知就某一具体的个人来说，何种程度的奢侈是恰到好处的——假如伊丽莎白·沃尔克留下日记的话，这种意识在它里面同样会体现得十分清晰。[32]

然而，任何文化转型的考察，都应注意一个集团挪用现有文化形式建立新的认同感的具体方式。[33]哈利法克斯精英可以利用的现有文化形式包括文雅，甚至包括它的讲究道德的版本，但是当这些人论证和界定美德的时候，他们求助于一种以自己的工场主和商人经历为基础的商业伦理。就这一方面而言，对于哈利法克斯独特性问题的回答为"是"。在巴克斯顿受辱后，乔纳森·霍尔以这种侮辱行为不久将毁灭该镇的看法来安慰自己。同样，理查德·希尔断定，那家著名的法国商行之所以给他寄发一系列文雅友好的信件，是看中他的道德人品，而事实证明这给斯坦斯菲尔德的买卖经营带来了好处。虽然这个集团在社会等级制中与位于他们之上的人的关系充满了矛盾和反差，但是一种独特的社会地位正在形成，它建立在这些商业和专业界精英的经济和社会经历的基础之上。

例如，卡罗琳·沃尔克自传中一个常见的话题是缺乏文雅的可耻性。她多次批评上流社会成员未能维护他们的标准。自传里有两处地方谴责姑妈抢走自己兄弟家里所有最好的亚麻。造成这种犯罪行为的缘由更是一桩严重的罪孽：她嫁给了一名无利可图的牧师道森先生（Mr. Dawson）；正如卡罗琳就此事和一切同类事件对自己所作的提醒那样，"下嫁的婚姻使得家庭极端贫困"（第 75 页）。

维护文雅标准在涉及体力劳动者世界的时候显得尤为需要。在卡罗琳的孩提时代，她的父亲"偶尔结识了一个人……此人发明了一种纺绒线的机械"，他买下了这台机械，打算在自己的地产上建立一座纺纱厂。这个想法使卡罗琳的母亲深感震惊；当地所有其他工场主都对这种新鲜玩意不屑一顾，而她的父亲是一个没有业务诀窍的人。母亲随着丈夫开始投资该项计划而忧心忡忡，因为这弄得她手头拮据，不得不"蒙受许多羞辱"。工厂最终建成，并且"为周围地区大部分穷人提供了生计……由于获得较高的工资，[他们]开始改善自己的外表"。然而，卡罗琳父亲在制造业界的相对成功并非毫无缺陷。他依然长期无法改善自己的财务状况，总是因为"意外事故"赔本，结果毫无赢利。也许更为严重的是这座工厂产生的社会影响。家务档次不断下降的问题使沃尔克太太烦躁不安，她老是"被迫解雇她不满意的仆人"。这些烦恼又加进了下列事情的掺和，即"我们的仆人因与［工厂］雇用的工人交往而深受其害"。问题不仅是仆人，"我的兄弟由于与父亲一同下到工厂，现在开始有点同附近普通人家的男孩子搅和在一起的迹象，这使我的母亲感到非常伤心"（第 119—124 页）。

220

正是约翰·沃尔克的制造业活动引起了他的妻子女儿对于文雅问题的极度担忧。尽管他雇了一名监工，沃尔克仍然需要操办某些工厂管理的交代事宜，而他不仅使自己的仆人，也使自己的儿子受到工人的有害影响。18 世纪这方面的商业生活是哈利法克斯之类的制造业社区所特有的。大部分零售商、商人和地主并没有雇用这么多数量的工资关系的劳动力；正是在这种历史环境中，维持文雅才具有如此重要的意义。不过应当注意，它是一种"有用的"文雅：沃尔克的新工厂使得穷人能够"依靠较高的工资改善自己的外表"。如果没有哪怕是沃尔克那样拙劣的企业精神的注入，这种改善是不可能取得的。因此，就沃尔克这类人移用讲究道德的文雅话语并使之成为自己的话语而言，他们是依据一种社会经济的经历这么做的，他们把以上经历看作是自己通过节俭、勤奋和审慎来改造世界——这种情感使人想起考尔德河航运工程股票上的雕版画所透露出的图像信息（插图 6）。

　　上述例子显示了将这种记述作为中产阶级文化起源的故事来考察的必要性。考虑到 18 世纪的社会性质，人们几乎不会感到意外，在中产阶级文化兴起所必不可少的两条界限中，把这类精英与工人、手工匠人，或许甚至与店主和办事员区分开来的一条界线将会得到比较清晰的理解和表达。即便是聘来管理这座绒线纺纱厂的"工程师"（engineer），按照文中的话语来说，他也属于篱笆墙的工人一方（第 123—124 页）。尽管这条界限在历史编纂中尚未引起足够的重视，但是它自始就具有更为重要的意义，这恰好因为它是直接从那些身为雇主的工场主和商人所拥有的经历中形成的。

　　同样不会令人感到意外的是下列事实，即往上的一条界限无法得到十分清楚的理解和表达。哈利法克斯商业和专业界精英试图将他们与懒散奢侈的世界区分开来。他们努力工作，即便是从事上流社会的"职业"，而他们为这样做感到自豪，他们之中的大多数人希望，至少自己后代中有部分人子承父业——甚至本来被指望成为牧师的约翰·沃尔克，最终却成了一名工场主。然而，由于缺乏一种使这个集团容易明确说明他们不同于懒散的富人之处的话语，犹如依靠文雅来区分他们与位于他们之下的人那样，他们在试图表达这种差别时就不可避免地陷入了迷茫甚至矛盾之中。但是，我们可以断定，有关美德的话语初步表达了界定中产阶级文化的上限，而这种话语是在一个制造业教区特殊的社会经济环境中逐步形成的。

221

注 释

[1] Peter Borsay, *The English Urban Renaissance: Culture and Society in the Provincial Town, 1660–1770* (Oxford, 1989); Paul Langford, *A Polite and Commercial People: England, 1727–1783* (Oxford, 1992).

[2] Theodore Koditschek, *Class Formation and Urban-Industrial Society: Bradford, 1750–1850* (New York, 1990), chap. 1; Leonore Davidoff and Catherine Hall, *Family Fortunes: Men and Women of the English Middle Class, 1750–1850* (London, 1987), 22–24.

[3] David Underdown, *Revel, Riot, and Rebellion: Popular Politics and Culture in England, 1603–1660* (Oxford, 1985); William Hunt, *The Puritan Movement: The Coming of Revolution to an English County* (Cambridge, Mass., 1983); Keith Wrightson and David Levine, *Poverty and Piety in an English Village: Terling, 1525–1700* (New York, 1979).

[4] 以上两例在第三章里有比较充分的讨论，见 CDA/RP/107c, defense brief for Thomas Walton, 1755, 以及 CDA/FH/461a, Hill to Stansfield, 31 January 1775, from Boulogne。

[5] BIY/CP, I/498, testamentary, Stead v. Baumforth, and H/3489, defamation, Lister v. Barraclough, 1682.

[6] WYAS; Wakefield, QSI/122/2, West Riding Quarter Session, Indicments, Wakefield sessions, January 1783; BIY/CP, I/1545, defamation, Hitcheon v. Wilkinson, 1769.

[7] Davidoff and Hall, *Family Fortunes*, 24.

[8] T. W. Hanson, *The Lodge of Probity No.61: 1738–1938* (Halifax, 1939), 352–355.

[9] Pat Hudson, "Landholding and the Organization of Textile Manufacture in Yorkshire Rural Townships, c.1660–1810," in *Markets and Manufacture in Early Industrial Europe*, ed. Maxine Berg (London, 1991), 261–291; CDA/Sowerby register microfilm, subscription list.

[10] CDA/LG/1, Loyal Georgian Society articles, 1779.

[11] R. Bretton, "The Square and the Piece Hall, Halifax," *THAS*, 1961, 67–77; *Union Journal*, 5 June 1759; Derek Linstrum, *West Yorkshire Architects and Architecture* (London, 1978), 98–99, 186–187, 200;

W. B. Trigg, "Northowram Hall," *THAS,* 1932, 144. John Wesley 评论道，这个方形礼拜堂"非常精致"，尽管有些捐助的伦敦人认为它"过于恢弘堂皇"：见 *The Complete Works of John Wesley* (London, 1872), 3; 475; 和 James Miall, *Congregationalism in Yorkshire* (London, 1868), 267。

[12] Linda Colley, *Britons: Forging the Nation, 1707–1831* (New Haven, 1992), 100; Borsay, *English Urban Renaissance*; Langford, *Polite and Commercial People*; Amanda Vickery, "Women and the World of Goods: A Lancashire Consumer and Her Possessions, 1751–1781," in *Consumption and the World of Goods*, ed. John Brewer and Roy Porter (London, 1993), 274–301, and "Women of the Local Elite in Lancashire, 1750–1825" (Ph.D. dissertation, London University, 1991); Dror Wahrman, "National Society, Communal Culture: An Argument about the Recent Historiography of Eighteenth-Century Britain," *Social History* 17 (1992): 43–72.

[13] PRO/C.12/451/14, Chancery, Vincent v. Stansfield and Habergham, 1785; J. H. Priestly, "Old Ripponden," *THAS*, 1932, 196.

[14] CDA/HAS/378 (425) /70, Sowerby militia case; CDA/RP/2031, gamekeeper's appointment. 在我有关哈利法克斯遗嘱的样本里，我仅仅找到两例严格的长了继承权：见 BIY/OW William Greame, May 1766 和 James Lister, October 1766。John Roydes 的遗嘱为改版的继承权提供了例证（出处同上，Prerogative Court, July 1781），长子继承的部分（通常是最大的部分）往下严格按照其男性子嗣们的出生顺序传承，但是再往下长子的部分先传给女儿，然后考虑非长子们的继承人。关于阶级语汇问题的讨论，见 Asa Briggs, "The Language of Class," in *Essays in Labour History*, ed. Briggs and John Saville (London, 1967) 和 P. J. Corfield, "Class by Name and Number in Eighteenth–Century Britain," *History* 72 (1987): 38–61。

[15] William Reddy, *The Rise of Market Culture: The Textile Trade and French Society, 1750–1900* (Cambridge, 1984), 17.

[16] William Sewell 在他修订汤普森的阶级形成理论时，对于工人阶级意识的产生提出了十分相似的看法：见 "How Classes Are Made: Critical Reflections on E. P. Thompson's Theory of Working-Class Formation," in *E. P. Thompson: Critical Perspectives*, ed. Harvey Kaye and Keith

McClelland（Cambridge, 1990）, 70。

[17] 这个问题非常复杂；对于这些不同思想线索的一项概观考察见 J. G. A. Pocock, "The Varieties of Whiggism from Exclusion to Reform: A History of Ideology and Discourse," in *Virtue, Commerce, and History* (Cambridge, 1985), 215–310, 特别是 sec. II。也见 Istvan Hont and Michael Ignatieff, ed., *Wealth and Virtue: The Shaping of Political Economy in the Scottish Enlightenment* (Cambridge, 1983); W. D. Rubinstein, "The End of 'Old Corruption' in Britain, 1780–1860," *Past and Present* 101 (1983): 55–86; 以及 Gerald Newman, *The Rise of English Nationalism: A Cultural History, 1740–1830* (New York, 1987)。

[18] CDA/RP/106i, draft arbitration boud, 1748. 关于一份真实的普通样板，见 Susan Staves 下列著作里复制的零用钱合同样本：*Married Women's Separate Property in England, 1660–1833* (Cambridge, Mass., 1990), 137–139。

[19] 贵族妇女特征的讨论见 Newman, *Rise of English Nationalism*, 81。

[20] 例如，在 Sam Lees 和 John Edwards 的合伙制合同里，仲裁人将由双方挑选，并且不存在仲裁人必须由绅士担当的前提：见 CDA/MISC/645/2, 1760。

[21] CDA/SH:3/AB/13, Hall notebook.

[22] CDA/HAS/449 (714), Sutcliffe memorandum book, 1768–1777.

[23] CDA/SH:3/AB/13, Hall notebook.

[24] CDA/MISC/509/9, Issot commonplace book, 1715.

[25] 哈利法克斯教区教会布道师 Francis Parrat 的布道词，见伦敦 Dr. Williams 图书馆所藏文献手稿 Ms.24.193。感谢 Michael MacDonald 提醒我注意这些布道词。

[26] 转引自 Mark Pearson, *The History of Northowram* (Halifax, 1898), 242。

[27] CDA/SH:3/AB/13, Hall notebook. 正如该笔记本清楚表明的那样，Hall 曾经多次光顾 Scarbrough 的温泉。

[28] 这份材料显然存在解释方面的问题，因为 Caroline 所记述她父母在 18 世纪 70 年代和 80 年代的生平之事，很可能最早是由母亲用讲故事的方式告诉她的，随后她通过自己对世界的理解对这些故事进行了过滤。自传未注日期，因而难以确定 Caroline Walker 写作这些内容的具体时间，

以及事情本身与记录之间的时间距离。我寻思 Caroline 对于父母生平的了解基本来源于母亲，因为在 Caroline 自己能够记事之前，母亲的看法始终起着主宰作用。我对自传的活页（CDA/SH:3/AB/20）作了编码，下面材料的引用将在正文中出现。

[29] CDA/FH/461a. 下面引用信件原文时将在本书正文里注明日期。Hill 在欧洲大陆充当 Stansfield 的代理人，见 CDA/FH/462。

[30] *Union Journal*, 13 May 1760. 这里所说的审判几乎可以肯定是有关 Lord Ferrers 所犯的谋杀案，这项来自伦敦的报道估计也在其他地方报纸上转载。

[31] 例如见 Newman, *Rise of English Nationalism*, 63–120。

[32] Vickery, "Women and the World of Goods," 281–288.

[33] Roger Chartier, *The Cultural Origins of the French Revolution*, trans. Lydia Cochrane（Durham, N. C., 1991）.

第八章

含义与思考

本人业已指出，哈利法克斯在介于斯图亚特王朝复辟与工业革命之间的长世纪的历史，显示了中产阶级文化的起源。在 17世纪后期，这个教区是一个中等阶层的社区：一个由独立乡村工匠和小土地所有者组成的相对庞大和大致限定的集合体，一方面，它向上渐变为少数殷实的约曼农；另一方面，它向下渐变为地位低下的织布工。该社区是一个经济比较繁荣的地区；其广泛发展的乡村纺织业（通常以畜牧业为补充）为教区许多居民提供了最低程度的独立性，他们将这种独立性运用到自己生活的其他方面。

17世纪后期到 18世纪中期，教区主要工业的经济变迁以及相关的整个英国经济的变迁使这个社区发生了转型。大规模纺织制造业重要性的日趋增强，致使教区独立呢绒工匠的后代的地位下降，成为替一个新的由工场主和商人组成的集团效力的半独立的工资劳动者。这种经济发展带来的文化变迁，强调了这一新精英集团与社区其他成员之间的差别。尽管这种长期的经济和文化变迁过程所产生的影响从来就不是绝对的，但是，它们使 17 世纪后期包容面非常广泛和相对未分化的社会中层发生了两极分化，并且造就了一个新的享有共同经济和社会经历的商业和专业界精英集团。

223

1750 年以后的几十年里，在这种长期变迁过程的基础上又出现的一系列更加迅速和更加集中的变化，使得隐含在新的经济和社会实践中的阶级关系显性化。教区新精英着手实施一系列计划，这些计划对于该集团确立一种不同于中等阶层的社会统治地位产生了越来越大的影响。他们对于教区的"所有权"更为确定，更加制度化，并且集中掌握在一个人数较少、但同一性更强的集团手里。与这些政治变迁——我称之为"公共领域的形成"——相平行并确实成为这个集团同一性的一种表征的发展，是由·整套特殊的价值观、性别关系和惯例认定的私人领域的形成。公共领域和私人领域的形成将商人、工场主和专业人士集团的文化转变为一种阶级文化，因为它们为这些人提供了明确表达与其他社会集团相区别的共同认同感的手段。

因此，简单一句话，我的观点对汤普森经常被引用的表达公式作了具体变更：作为理解共同社会经济经历的结果，当一批商业和专业精英感到并明确表达他们不同于工人和闲散富人的商界人士利益的认同感时，哈利法克斯的中产阶级文化就产生了。这种利益的认同感，即他们的文化，既是在经济领域、同时也是在政治领域和社会领域里形成的，并且最终成为他们认识自己世界的话语。

虽然以上有关哈利法克斯中产阶级文化起源的观点集中注意"扩大的18世纪"的前半期，但是它对于我们理解17世纪后期至19世纪早期的整个时期依然具有潜在意义。最重要的是，它将目光的焦点对准一个社会集团——商人、工场主和专业人士——这段历史的关键人物。不管是否赞同使用"工业革命"这一说法，人们几乎不可能否定英国经济在这一个半世纪里经历了根本转变，同样难以否认的是该集团在这些发展中所起的作用。

224 从17世纪后期起，他们就是新生产方式和新消费经济兴起的幕后策划人，而新生产方式和新消费经济最终又导致了大规模生产（机械或手工）和城市化社会的出现。此外，该集团在这一时期的政治和社会发展，如议会改革、福音派宗教和新的社会机构中起着重要作用。

本书运用文化分析来探究全国现象的地方情境，由此提供一个深入了解该集团以及该集团在这些变化中所起作用的基本框架。以上两项分析特点都是重要的，因为这种阶级形成分析得出的看法正是文化和地方史角度的看法。

文化分析十分重要，因为它使我在研究阶级形成时绝不会陷入围绕这个概念的理论沼泽之中去。一方面，传统的阶级观点存在的问题，在于难以识别被公认为中产阶级的那些成员共同的经济经历。有一种关于"中产阶级"的观点是站不住脚的，特别是在把它扩大运用到全国范围的时候，因为这个集团成员的变动性太大。[1] 正如我在导论里指出的那样，在涉及18世纪时情况尤其突出，但是许多史家常将这种观点延伸到 19 世纪。[2]另一方面，语言学转向的问题在于反对阶级分析的合理性，其支持者否认此期经济社会变迁的显著事实与他们考察的那些集团成员所使用的政治语言之间存在的联系。

承认社会经济概念与语言学概念——它们分别是"阶级"（class）和"人们"（the people）——同时并存，就可能避免这种两难困境，如同帕特里克·乔伊斯在《人们的眼界》中所做的那样。甚至在那些采取比较明显的派别立场的史家之间也存在某些共识。不管像西奥多·科迪茨切克那样对于布拉德福德历史所作的老练的马克思主义论述，还是加雷斯·斯特德曼·琼斯对于宪章运动所作的语言学分析，双方都认为"共同意识"是对立方观点的重要特征。科迪茨切克承认，阶级的语言或话语——我在本书中称之为阶级的"文化"——在　定程度上是独立于物质基础的。琼斯也乐于承认，19 世纪上半叶工人各方面的社会经济经历使得宪章主义话语对他们产生了吸引力。[3]

我坚持认为，应当把阶级形成理解为一种文化转变过程，将以上两例涉及的"共同意识"作为分析问题的首要因素。这种文化分析突出显示了马克思主义和语言学转向的洞察力。的确，只有当阶级被作为一种文化看待时，它的含义才能得到理解。在这种文化中，通过自觉认识他们在生产关系中的地位（深嵌在某种文化环境中的生产关系），一个集团形成了（但不是被认识决定）自己的态度、习惯和对于自身世界的独特观念。按照这种理解，阶级分析的重心并不在于个人形形色色的社会和经济经历，而在

225

于他们作为一个集团立足于自身经历所建立的特定世界的结构，因为正是这种结构，而非某个集团的人们以及他们的经历，才具有长远的性质。然而这样一来，经历与认同的联系便显示在人们面前，表明两者都具有真实和重要的意义。

出于相同的原因，地方史对于这种看法来说也是至关重要的；它同样解决了一些与阶级概念有关的难题。我已经指出，阶级形成只有放在地方范围内才能搞清楚，因为只有在这种环境中才可能探究和解释个人的经济、社会及政治行为与他们为自己构建的阶级意识的关系。有关地方史必要性的观点属于一种分析模式（mode of analysis）性质的观点。例如，它不是一种谈论教区特殊偏好——纯粹好古癖——的观点，这种立论的基础在于误以为18世纪中间集团的眼界本质上是一种地方性眼界。哈利法克斯精英熟悉地区和全国的发展，从更广大的世界引进思想、范例和价值观。同样，它也不是一种谈论哈利法克斯中产阶级文化起源独特性的观点；这不是一项有关尼罗河某个确切发源地的研究。当地的历史环境使得我可以探索观念和行为的具体结合如何以某种特殊的方式造就中产阶级的文化。

226　　　因此，哈利法克斯中产阶级文化的兴起，提供了分析18世纪和19世纪早期中间集团的不同经历和揭示他们在这些经历基础上构建的共同文化特征的途径。由于18世纪地方甚至地区研究的相对缺乏，因而进行比较分析的重大尝试存在较大困难。不过，现有证据表明，尽管哈利法克斯兴起的这种文化在外观上不同于其他商业社区的文化，但是它们都具有与18世纪经济、政治和社会发展相联系的重大特征。

距离哈利法克斯不到 10 英里的利兹镇显示了这种异同点。威尔逊（G. R. Wilson）对位于约克郡西区纺织业中心地带商人团体的出色研究，表明利兹早已存在的商业中心，为该镇营造了一种特殊的社会经济环境。威尔逊的书名冠之以《绅商》（*Gentlemen Merchants*）绝不是无关紧要的，因为利兹的商人，特别是在 18 世纪下半叶，通过联姻或购买地产，越来越融入土地所有者阶级的队伍。[4]商人在利兹的统治地位越发衬托出工场主在哈利法克斯的突出地位，因为商人并不雇用大批劳动力。导致商业地区和制造业地区差异的因素是当地经营的呢布种类的差异。利兹位于约克郡西区制造宽幅毛呢地区的中心地带，正如帕特·赫德森指出的那样，独立约曼农呢绒工匠的生产仍然在当地占统治地位。相反，哈利法克斯周围地区的窄幅毛呢和绒线呢生产却是以比较无产化的劳动力为特征的。[5]

还存在其他方面的差异。其一是利兹作为法人城镇的身份——尽管并不是一个有权选送代表出席议会的自治城镇。从很早开始，利兹的商界人士就已建立了一种体现他们拥有社区所有权的政治机构。哈利法克斯必须建立同样类型的机构。诚然，正因为它们是同类性质的机构，所以除了差异之外，毕竟存在着相似之处。例如，为了回应利兹早一年建立的流通图书馆，哈利法克斯成立了同类图书馆，两家图书馆都显示了它们的组织者对于本社区所拥有的所有权。[6]

227

另外一些商业社区也拥有重要的大规模制造业：布拉德福

德的绒线呢工业和兰开夏城镇的棉布工业。这些地方的故事再次体现了差异之外的相似性。其中一项重要差异，是那种最迅速的经济发展在哈利法克斯出现的时间比布拉德福德和兰开夏要早得多。结果，哈利法克斯的商业社区达到临界点变化的时间也早得多：这个时间是18世纪中叶而非18世纪晚期。

一个富裕的商界和专业界精英集团兴起的时机，也许与地方乡绅的关系有着最密切的联系。的确，工场主与地方乡绅的关系并不一定是对立的。阿曼达·维克里有关18世纪科尔内河谷（Colney valley）的著作反映了这两个集团彼此交往的程度，同哈利法克斯商界和专业界精英与仍住在该教区的少数乡绅家庭交往的情况非常相似。此外，与哈利法克斯精英讲究美德的文雅类似的一些价值观和习惯，在地方乡绅中也颇为流行。[7]但是，哈利法克斯商界和专业界精英拥有明确表达他们阶级认同感的特殊社会空间，因为他们的人数远远超过了地方乡绅。这个集团通过他们众多自愿团体表达的所有权意识，在构建自己的阶级认同感方面起着重要作用，而这些团体基本上是不让乡绅参加的。布拉德福德和兰开夏的棉纺织业地区本身也都有这类团体——运河、收费公路、图书馆等团体——不过，尽管工场主、商人和专业人士似乎起着领导作用，但是地方乡绅却参与其中，使这些团体构建的集团认同感在性质上发生了微妙的变化。[8]人们同样可以认为，布拉德福德和兰开夏的富裕商人、工场主和专业人士直到18世纪下半叶才达到临界点变化的事实，在19世纪的阶级紧张关系中得到了反映。例如，根据科迪茨切克的看法，布拉德福德乡绅在 18 世纪保持的强大影响，为 19 世纪早期辉格党和不从国教者日趋强烈的制造业利益与信奉国教的托利党地产主精英利益展开斗争提供了历史基础。[9]

再往远处看，谢菲尔德和伯明翰显示了 18 世纪商业社区的另一类变种。如同布拉德福德和哈利法克斯一样，谢菲尔德和伯明翰也是重要的制造业中心，不过，尽管它们拥有大型的制造业和商业企业，但当地小工匠师傅的生产方式依然要比哈利法克斯盛行。因此，比较大规模地使用工资劳动力成为哈利法克斯经历中的一项重要因素，但是在这两个城镇却显得不那么突出。这里我们也发现了弥补差距的相似性。正如约翰·莫尼（John Money）关于西米德兰的研究所表明的那样，该地区具有与哈利法克斯相似的社团文化；报纸、戏剧、科学团体和政治行动都促进了米德兰新的商业认同感的形成。[10]

最后，尽管完全有理由从 17 世纪起把伦敦称为高雅文化的摇篮，但是它在经济、社会和文化方面的复杂性，使得任何有关该地区中产阶级文化的重大讨论都有点令人质疑。贵族世界使伦敦产生的非同寻常的拉力，更不用说经济运作的多样性和城市的整体规模，这些因素造就了一种非常特殊的、与其他环境几乎毫无共同之处的"都市"经历。严格地讲，甚至无法用我们可以将哈利法克斯与伯明翰比较的方法来与伦敦进行比较。[11]

简言之，以上的考察清楚表明，18 世纪这些商业社区经历的形成取决于其内部特定的社会、经济和文化力量的作用。因此，哈利法克斯只不过是中产阶级文化的发生地之一而已。[12]

229

对于这个问题的简要解答，引发了有关18世纪哈利法克斯之类地区形成的中产阶级文化与19世纪中产阶级文化的关系问题。显然，两者之间存在着一定关系，因为哈利法克斯商人、工场主和专业人士家庭中间形成的文化范式与19世纪中产阶级相关的文化范式十分相符。莫里斯、达维多夫与霍尔、科迪茨切克以及希德研究的自愿团体、家庭观念和企业家的驱动力，在1750至1775年的哈利法克斯都可以找到它们的早期形态。[13]

就阶级形成的文化理论而言，哈利法克斯中产阶级文化如何成为英国中产阶级文化组成部分的问题，就变成了在某种特定环境中得到明确表达的一整套价值观、观念和习惯，怎样在那些处于相关而又不同的环境里的个人与集团中形成的问题。要回答这个问题，从时间维度思考地方阶级文化和全国范围阶级文化的形成将会是有益的。

起初，由于它起源于一种特定的社会经济环境，因而阶级意识是以具体实践的方式表达和领会的。个人知道他们共同分享一种阶级文化，因为社会实践的连锁网络造就了社会内部自我实现和自行选择的界限。例如，哈利法克斯呢布大厅建设中显示出来的阶级意识在下列意义上是实践性的，这个组织的成员只是通过做大厅建设必须要做的事而意识到他们的阶级认同感的。为建设费用进行的捐款，确定选址和方案的投票，身边环绕着列队行进的"工人们"（workmen）并在新大厅中央广场落座，使这个集团明白了他们不同于社会地位低于他们的人的阶级认同感。归属公共领域的某一团体，选择某种体现"工场主大厅装饰应有的淡雅朴素"的建筑图样，使这个集团明白了他们区别于社会地位高于他们的人的阶级认同感。[14]

实践作为阶级认同感的一种媒介，在阶级文化形成的早期阶段具有特别重要的意义，因为阶级认同明确的概念化尚处在形成过程之中。例如，要形成一套与具体实践相符的阶级认同的"词汇表"，必须花费时日。在18世纪，甚至几乎还不存在任何将中产阶级成员与绅士区分开来的术语，即便像"工人"（workman）和"制造者"（maker）这样简单的术语，也只是到了1750年之后才真正与包括高级技工在内的一个集团联系在一起的。构建明晰的中产阶级认同的概念经历了一段时间；到18世纪后期，形成了必要的词汇表。由于阶级关系实体的确立，这些关系逐步以比较抽象、同时也更加明晰的方式得到理解和表达。

这种阶级认同表达的时间维度，从具体方式到抽象方式的转换，同样有助于解释从一种地方性的阶级文化向全国性的阶级文化的过渡。阶级认同明晰的概念化不仅与时间有关，并且也与空间有关。这里再一次涉及某种地方性阶级关系实体的抽象和时间距离问题。这种时间距离随着地方中产阶级文化在地区并最终在全国范围内得到表达，以及随着地方性中产阶级文化与全国性中产阶级文化联系的建立而逐步得到消除。

作为这类过程的一个实例，不妨考虑下面对于 E·P·汤普森《英国工人阶级的形成》所作的解读。在许多方面，工人阶级的历史呈现出与中产阶级历史相同的一些问题。反对汤普森观点的主要的和十分尖锐的意见之一，是认为19世纪30年代和40

231

年代工人的经历过于多样，当时工厂制尚未普及，以至于难以把他们统一归类为"英国工人阶级"。鉴于这一涉及经历与认同的关系问题，注意以下情况是重要的：该书最吸引人的一个部分是有关卢德派（the Luddites）的讨论，尤其是针对约克郡西区的卢德派。原因恰好并不在于它是一种引人入胜的论说，反映资本主义势力尚未占据上风，哪怕是在短暂时间之内。原因倒在于它道出了卢德运动是一种地方性的阶级文化，因为这些剪绒工特殊的社会经济经历与他们的阶级认同的关系是显而易见的。尽管汤普森并没有从地方阶级文化向全国性阶级文化转变的角度展开自己的论述，但是他意识到了这类问题，因为他努力探索卢德运动各个分支——那些随后在更大地域内得到表达的特殊的地方阶级文化之间的相同点和不同点。例如他指出，暗探只有随着卢德派成员离开他们邻近的社区并试图进行更广泛接触时才能渗透到这些组织的内部；因此，正因为交往所需的抽象使得伪装者难以被发现，所以从这种早期的、纯粹实践形式的工人阶级文化中产生的组织容易受到打击。在最后分析中，我总体上被汤普森关于全国性工人阶级形成的论断所折服，但是有关实际的、特定环境化的地方性阶级话语与比较抽象的全国性阶级话语关系的含蓄观点，还需要作出更加明确的表达。[15]

这种过程对于中产阶级文化能够产生的某种意识作用，鲜明地体现在共同的商业认同感的表达上。这种认同感的一个方面，来自从广义角度理解的制造业利益对于政府贸易政策产生的影响。显然，就像导致废除印花税法的抗议那样，制造业利益的压力可以是非常强大的。然而正如塞缪尔·加伯特（Samuel Garbett）成立一个制造业界游说团的图谋受挫所显示的那样，"制造业阶级"（manufacturing class）的统一性还是有限的，至少在这个阶段是如此。[16]不过，英国商业精英在构建共同的商业认同感方面，较之位于他们之下的集团要成功得多。在约克郡西区，绒线呢委员会的成就和对克拉格河谷（Cragg Vale）造假币者的起诉表明，当地不同社会经济和文化环境中的人们可以多么有效地构建一种区别于他们所雇用的工人的认同感。[17]及至18世纪末，当西区和西部诸郡的纺织品商人和工场主为取消损害毛纺织业的限制性法律而大举行动时，看来也出现了同样的过程。[18]直到那个时候，两个地区的雇主与他们的工人的关系仍然具有显著不同的特点，因为西部诸郡工人的无产化已经历了一个很长的时期。因此，这种统一图谋的实现，有赖于约克郡和西部诸郡商人和工场主以更具普适性的话语来表达他们地方的阶级文化，就像以往那样寻找一名文化上共同的命名人。[19]

上述具体案例暗中包含了工业化在阶级形成中所起的引擎作用。这种作用是无法否认和掩盖的，因为，如果不涉及工业革命，就不可能解释从一种中产阶级文化向统一的中产阶级文化的转变。的确，强调将工业革命作为一个"事件"包括进来并重新思考我们观察这一事件的方法的必要性，是本书的一项暗示。[20]

对于研究工业革命的史家来说，文化和地方史的重要性几乎无人不晓。许多学者已开始更加关注经济发展进程中地方和地区的多样性；在此过程中，他们已比过去更乐于承认，工业发展所

232

233 需的文化条件应当像经济条件一样得到解释。[21]从工业革命史组成部分的角度来看，本书关于中产阶级文化起源的论述为"工业文化"的起源提供了一种解释，因为哈利法克斯商人、工场主和专业人士的世界观是一种为工业化提供可能性的世界观。这种中产阶级文化将节俭和勤奋作为自己的目标；在观念方面，它成功地把独立的手工工匠降为依赖工资的劳动者；它还包含了一种"理性"经济实践的明确表述。

这些我称之为"过程"和"结晶化"的阶级形成的特殊阶段也有助于深入理解工业革命的意义。其独特性使得我们可以将整个18世纪长期经济增长（过程）的证据与同一世纪晚期开始出现的一种十分引人注目的变化（结晶化）证据结合起来。它表明，自18世纪起某些地区和某些工业经历的逐步经济增长，导致了一系列工业革命必不可少的认识、观念和价值观的产生。如同哈利法克斯中产阶级的经历那样，这些认识和价值观是经济和社会实践结构变动的产物。然而，这种长期变迁过程造就的工业文化实际上是比较隐晦的。于是，我们同样有必要去分析——仍然就某些地区和工业而言——各种系列的价值观和实践是怎样在新的"工业家"集团的世界观中得到清晰明白的体现的。反过来，这种发展又为工业化的进一步扩展提供了可能，因为它造就了这些价值观和实践可以得到明确表达的、更加广泛的社会和文化环境。因此，尽管工业革命是一种"事件"，但是它是一个同时包含渐变和革命的事件。

我并未心血来潮地认为，工业革命单方面地导致了中产阶级的形成。一方面，这里所作的大略考察表明，工业化与阶级形成互为导因；难道由于中产阶级作恶者的历史呈现出那种形式，我们就无法指望在工业革命的历史中发现渐变和革命吗？

另一方面，这里发展的文化理论基本上与 19 世纪有关阶级的语言、政治和文化观是相符的。这些观念表明，并且我本人也赞同，不管怎样，拿破仑战争和政治改革的鼓动对于中产阶级的形成至少起了与工业化同样重要的作用。的确，按照本书的观点，将 18 世纪晚期和 19 世纪早期形成的全国范围的中产阶级，看成是一个具有同一社会和经济经历的紧密的、一致的、凝聚的集团是错误的。相反，就像 18 世纪中叶的"前辈"一样，它是一种文化，而不是一种事物，是一种通过各式各样路径表达出来的文化，每种路径都具有自己的特征。除了工厂场地和分发制商人的货栈外，艺术、文学、政治改革以及不从国教者会众和学术团体都提供了手段，凭借这些手段，经历时间的流逝，在哈利法克斯等地源头的基础上，以及按照赋予采纳这些新文化形式的个人和集团的各种经历以特定含义的方式，一种日趋紧密的中产阶级文化得到了明确的表达。

不过我并不同意本书中由语言学转向提供的某些观点，即断言这种阶级文化就是如此，因为认为这种文化只不过是一种政治修辞的看法并未理解它的含义。假如我所提出的下列看法是正确的，即从地方性向全国性的转变是一个过程，在这个过程中，地方阶级文化得以在越来越广大的范围内得到表达；那么，我们可以预料，发展中的阶级话语将会逐渐失去它与某种特殊的社会经

234

济和文化经历的具体联系。在从实践的阶级认同表达向比较抽象的阶级认同表达转变的过程中，将不同地方环境联系在一起的共同因素变得越来越突出。因此，任何在"全国"范围内起作用的话语或文化必然会是相当抽象的，它强调一般性的政治或文化修辞而非某种特殊经历。

到18世纪末出现的全国性的中产阶级文化的抽象性，在达维多夫和霍尔有关一场斗争的叙述中得到了十分出色的描绘，这场斗争讲的是伊萨克·泰勒和他的家庭在萨福克郡拉文翰村的"懒散村民"中竭力维护中产阶级认同感的事情。显然，中产阶级文化不可能在这样的环境里发源或得到保持。达维多夫和霍尔指出，该家庭从伦敦带来了他们的中产阶级文化，并且通过写信、读书和抽空访问首都来为这种文化注入新的活力。[22] 在一种阶级关系的实践性欠缺的条件下，泰勒家庭的中产阶级认同感必然是相对抽象的，并且显然并不与任何社会经济实体相挂钩。这并不是说19世纪的地方环境，或确切地说是某种特殊的社会经济和文化经历，已经变得无关紧要。有关19世纪中产阶级的地方研究显示，详细说明日益增长的全国性的中产阶级意识与地方环境的关系是可以做到的；科迪茨切克对于布拉德福德的广泛研究就属于这方面的典型个案，因为他说明了布拉德福德经济和社会发展的特殊性如何影响到阶级形成过程的"结果"。[23]

因此，在19世纪，存在着两种层面的中产阶级文化。在地区和全国的层面上，它往往是一种抽象但却相对一致的政治、文化和经济观念的表达，当它们形成政治和社会行动时，显然最具有活力。这种全国性的中产阶级文化也在特殊的地方环境中被挪用，因为它使得地方集团可以将他们社会经济经历中暗含的政治意义显示出来，而这些挪用不仅为全国性阶级文化增添了内容，并且也体现了它的性质和发展。

18 世纪后期和 19 世纪早期阶级形成的历史——达维多夫与霍尔、科迪茨切克以及其他一些人的著作中显现的历史——是一种造就全国性中产阶级文化的价值观和观念同时在地方和全国环境中表达的历史。这种表达是一系列政治、社会和经济的危机的产物。这些危机——与美洲殖民地和法国的战争、政治改革的压力、劳资双方之间日趋增强的经济紧张状况——既为地方和全国中产阶级的领导者（包括政治和文化领域）构建更大范围的阶级认同提供了机遇，同时也提供了可以让一个更大的集团深入理解这种观念含义的环境。

然而，构建这种全国性中产阶级文化所依据的观念却来自某些地方；所缺少的是有关这种文化最初如何形成的分析。泰勒家庭并没有在拉文翰形成他们中产阶级的认同感；他们是随身带来的。同样，科迪茨切克所说的市民阶级节俭、勤奋和审慎的价值观，是他笔下自由主义的、往往是不从国教的企业家行动背后的驱动力，这些价值观并不起源于他研究的时期；自我奋斗的人（self-made man）的观念到 1820 年已经存在。两项研究所缺乏的内容是中产阶级文化的起源，即这种表达过程开始的起点。

我已经指出这些起源来自经济发展的过程。十分清楚，它改变了哈利法克斯这类地方的社会结构和生产关系。与经济的日趋

236

复杂化和消费品的扩大相联系，这种转变——其本身既是经济转变又是文化转变——造就了一种新的商业和专业界精英，他们具有自己独特的社会经济经历。当这个集团给予他们的共同经历以一种连贯一致的政治和社会表达时，他们的文化就可以理所当然地被称之为中产阶级文化。中产阶级文化产生的时间和特征是因地而异的。在哈利法克斯，这种文化产生于 1750 年后的几十年，通过本书业已探讨过的社团、争议和特殊的社交方式而正式定型。在其他地方，不同类型的经济发展——更多商人、更多小工匠师傅，或者不同的社会环境——既有的行业团体或大批乡绅家庭的存在，造就了他们自己特殊的历史。但是这些不同的历史体现了一个共同点，因为正是在 18 世纪中期到晚期那些商业社区的特定环境里，可以找到中产阶级文化的起源。

注　释

[1]　例如见 Jone Seed 对 Theodore Koditschek 有关布拉德福德著作的批评："Class Formation in Early Industrial England," *Social History* 18 (1993): 17–30。

[2]　William Reddy 主张，我们差不多应当抛弃阶级概念：见 *Money and Liberty in Modern Europe: A Critique of Historical Understanding* (New York, 1987) 和 "The Concept of Class," 载 *Social Classes in Europe since 1500: Studies in Social Stratification*, ed. M. L. Bush (London, 1992), 13–25。

[3]　Patrick Joyce, *Visions of the People* (Cambridge, 1991); Theodore Koditschek, *Class Formation and Urban-Industrial Society: Bradford, 1750–1850* (New York, 1990); Gareth Steadman Jones,

"Rethinking Chartism," 载 *Languages of Class: Studies in English Working-Class History, 1832–1982* (Cambridge, 1983), 90–179。

[4] R. G. Wilson, *Gentlemen Merchants: The Merchant Community in Leeds, 1700–1830* (Manchester, 1971).

[5] Pat Hudson, "Proto-industrialization. The Case of the West Riding Woollen industry in the Eighteenth and Early Nineteenth Centuries," *History Workshop* 12 (1981): 34–61. 商人在西区的另一个主要市镇韦克菲尔德也是经济上居统治地位的集团。该镇贸易被少数"商人王公"(merchant princes) 控制,他们极力限制新商号或制造商行的发展:见 J. W. Walker, *Wakefield: Its History and People* (1934; East Ardesley, Yorks, 1967), 397–401。

[6] 1767 年利兹流通图书馆的建立被作为 1768 年在哈利法克斯创办一家图书馆的理由之一:见 R. J. Morris, *Class, Sect, and Party: The Making of the British Middle Class, Leeds, 1820–1850* (Manchester, 1990), 171。

[7] Amanda Vickery, "Women and the World of Goods: A Lancashire Consumer and Her Possessions, 1751–1781," 载 *Consumption and the World of Goods*, ed. John Brewer and Roy Poter (London, 1993), 274–301; 和 "Women of the Local Elite in Lancashire, 1750–1825" (Ph.D dissertation, London University, 1991)。

[8] John Styles 十分友好地告诉我有关布拉德福德这方面的历史。他通过对该地区的广泛研究得出了他的结论;当然,我从这种知识得出的结论是自己的结论。

[9] Koditschek, *Class Formation*, 特别是第五章。一段类似的历史——显然在若干重要方面作了修正——出现在 John Seed 有关曼彻斯特的论文里:见 "Gentlemen Dissenters: The Social and Political Meanings of Rational Dissent in the 1770 and 1780s," *Historical Journal* 28 (1985): 299–325; 和 "Unitarianism, Political Economy, and the Antinomies of Liberal Culture in Manchester, 1830–1850," *Social History* 7 (1982): 1–25。

[10] 例如见 John Money 对自己不愿意使用"中产阶级"术语所作的阐述:*Experience and Identity: Birmingham and the West Midlands, 1760–1800* (Manchester, 1977), 141。

[11] Peter Earle, *The Making of the English Middle Class: Business, Society, and Family Life in London, 1660–1730* (London, 1990).

[12] 尽管我怀疑在他写作这本书的时候真是这么想的，但是 E. P. Thompson 的下列论断，即"阶级意识在不同时间和不同地点以相同的方式出现，但决不会有完全相同的方式"，可以当作在地方背景下分析阶级形成的一种要求来理解：见 *The Making of the English Working Class* (Harmondsworth, 1968), 9。

[13] Morris, *Class, Sect, and Party*, 6–7; Leonore Davidoff and Catherine Hall, *Family Fortunes: Men and Women of the English Middle Class: 1750–1850* (London, 1987), 18–35; Koditschek, *Class Formation*, 165; 以及 John Seed, "From 'Middling Sort' to Middle Class in Late Eighteenth– and Early Nineteenth–Century England," 载 Bush, *Social Orders and Social Classes*, 130–133。

[14] 引自 Ling Roth, *The Yorkshire Coiners* (Halifax, 1906), 213。

[15] Thompson 在其他著述里进行了同样含蓄的地方与全国对照。他那令人回忆的《18 世纪的社会：没有阶级的阶级斗争》(Eighteenth-Century Society: Class Struggle without Class) 一文，可以作为特定地方环境里阶级斗争新对抗的历史，按照后来在更加宽广的背景下得到清晰表达的方式来读解：该文载 *Social History* 2 (1978): 133–165。

[16] Money, *Experience and Identity*, 35–47.

[17] John Styles, "'Our Traitorous Money Makers': The Yorkshire Coiners and the Law, 1760–1783," 载 *An Ungovernable People*, ed. John Brewer and John Styles (London, 1980), 172–249; 也见他的 "Embezzlement, Industry and the Law in England, 1500–1800," 载 *Manufacture in Town and Country before the Factory*, ed. Maxine Berg, Pat Hudson, and Michael Sonenscher (Cambridge, 1983), 173–210。

[18] John Smail, "New Languages for Labour and Capital: The Transformation of Discourse in the Early Years of the Industrial Revolution," *Social History* 12 (1987): 49–71; Adrian Randall, "New Languages or Old? Labour, Capital, and Discourse in the Industrial Revolution," *Social History* 15 (1990): 195–216, 和 *Before the Luddites: Custom, Community and Machinery in the English Woollen Industry, 1776–1809* (Cambridge, 1991)。

[19] 尽管术语不同，但 Patrick Joyce 在其讨论"阶级"（以经济利益进行的

狭义界定）与 "人们"（people）之间的差异时仍然形成了相似的观点：见 *Visions of the People*, 导言。

[20] 关于该问题成因的分析，见 Pat Hudson and Maxine Berg, "Rehabilitating the Industrial Revolution," *Economic History Review* 45 (1992): 24–50。

[21] 见 Maxine Berg, *The Age of Manufactures: Industry, Innovation, and Work in Britain, 1700–1820* (London, 1985); Pat Hudson, *Industrial Revolution* (London, 1992)。

[22] Davidoff and Hall, *Family Fortunes*, 61.

[23] Koditschek, *Class Formation*, 尤其是第五章和第六章。

索 引

（索引中的页码系指原书页码，即本书的边码）

图书在版编目(CIP)数据

中产阶级文化的起源：1660—1780年约克郡的哈利
法克斯/(美)约翰·斯梅尔(John Smail)著；陈勇
译. —上海：上海人民出版社，2023
书名原文：The Origins of Middle-Class Culture
：Halifax，Yorkshire，1660－1780
ISBN 978－7－208－18325－4

Ⅰ.①中… Ⅱ.①约… ②陈… Ⅲ.①中等资产阶级
-文化-研究-英国-18世纪 Ⅳ.①D756.19

中国国家版本馆CIP数据核字(2023)第130756号

责任编辑 吴书勇
封面设计 李婷婷

中产阶级文化的起源

——1660—1780年约克郡的哈利法克斯

[美]约翰·斯梅尔 著

陈勇 译

出	版	上海人民出版社
		（201101 上海市闵行区号景路159弄C座）
发	行	上海人民出版社发行中心
印	刷	江阴市机关印刷服务有限公司
开	本	890×1240 1/32
印	张	11
插	页	5
字	数	223,000
版	次	2023年9月第1版
印	次	2023年9月第1次印刷

ISBN 978－7－208－18325－4/C·686

定　　价 98.00元